A Economia Pode Salvar o Mundo

«Uma exposição apaixonada pelo poder do raciocínio económico para melhorar a vida das pessoas. O autor desmistifica equívocos comuns sobre o que é a economia, mostrando o que os economistas de última geração estão a fazer na realidade — desde ajudar os pais a criar os seus filhos, encontrar maneiras mais eficientes de associar doadores de rim, até desenvolver ferramentas para lidar com as alterações climáticas e construir sociedades mais felizes. Angner revela que, por detrás da sua mestria técnica, a economia é um empreendimento profundamente moral que nos deve dar esperança de que muitos dos nossos problemas mais urgentes possam ser resolvidos.»

Niall Kishtainy, autor de *Uma Breve História da Economia*

«Angner combina história económica, teoria e prática de uma maneira incrível para mostrar como a economia pode ser tão poderosa. Escrito de forma acessível e envolvente, este livro está repleto de lições para mostrar como a economia pode tornar a sua vida prática e o mundo à sua volta um lugar melhor.»

Jack Meaning e Rupal Patel, economistas do Banco de Inglaterra e autores de *Can't We Just Print More Money?*

«Este livro maravilhoso desmistifica a economia e explica as ferramentas práticas que ela fornece para podermos pensar sobre os desafios que todos enfrentamos na vida quotidiana — de dicas para adormecer as crianças a fazer o possível para combater as alterações climáticas. Um modelo de clareza e sabedoria sobre um assunto que tantas vezes é incompreendido e difamado.»

Diane Coyle, professora de Política Pública, Universidade de Cambridge

«Uma explicação brilhantemente clara de como, nas mãos certas, os *insights* da economia podem ser usados para tornar o mundo um lugar melhor.»

Rohini Pande, professor de Economia Henry J. Heinz II, diretor, Economic Growth Center, Yale

«Uma nova voz otimista que oferece regras úteis para ajudar a entender o mundo à nossa volta e a torná-lo um lugar melhor. A escrita de Angner é agradavelmente humana, cheia de inteligência e humor cáustico. Este livro é aprazível de ler e, ao mesmo tempo, é sério em relação à necessidade de inspirar a mudança.»

Professor Klaus Schwab, fundador e diretor executivo, *The World Economic Forum*

«Numa era de crescente irracionalismo, a economia está a ser alvo de ataque. Precisamos de uma economia comprometida com os princípios de análise racional, mas não de uma forma arrogante. Este livro revela-nos essa economia e como o debate sobre ela pode ajudar a tornar o mundo um lugar melhor. Recomendo vivamente.»

Mark Pennington, professor de Economia Política e Política Pública, King's College London

«Uma leitura divertida e envolvente, concebida para nos ajudar a fazer melhores escolhas, levar uma vida melhor e criar um mundo melhor. Angner ensina-nos a entender as realidades que definem a vida do nosso mundo com a ajuda da economia, desde ensinar um bebé a dormir, escolher entre empregos ou construir uma comunidade. Ele ensina-nos a gerir essas realidades — incluindo economizar e investir —, aplicando as ferramentas e os *insights* aprendidos com a teoria económica e a investigação comportamental.»

L. A. Paul, *Millstone Family Professor*, Filosofia e Ciência Cognitiva, Yale

«Apresenta orientações otimistas para melhorar a sociedade e as nossas vidas. Com uma clareza imaculada, humor e uma autoridade sólida, Angner esboça soluções para os problemas mais persistentes, pequenos e grandes, desde o mau planeamento da reforma até à própria pobreza. Os mesmos temas simples, mas revigorantes, percorrem todas as histórias de sucesso: confiar nos dados, usar o *kit* de ferramentas metodológicas do economista e ter uma atitude mais empírica para resolver os nossos problemas mais difíceis. As suas prescrições incluem dicas práticas de mudança de normas para que as pessoas comuns implementem as suas recomendações. Quer mostremos quer não o bom senso de seguir as suas lições, *A Economia Pode Salvar o Mundo* expõe as estruturas de tomada de decisão que causam ameaças persistentes à nossa felicidade e bem-estar e oferece aos leitores as ferramentas, o conhecimento e o impulso otimista para neutralizar essas ameaças.»

J. D. Trout, professor de Filosofia da cátedra John e Mae Calamos, Illinois Institute of Technology

A ECONOMIA PODE SALVAR O MUNDO

A economia pode salvar o mundo

Actual é um selo da Editora Almedina do Grupo Editorial Alta Books (STARLIN ALTA EDITORA E CONSULTORIA LTDA).

ISBN: 978-65-87019-95-6

Impresso no Brasil — 1ª Edição, 2025 — Edição revisada conforme o Acordo Ortográfico da Língua Portuguesa de 2009.

Dados Internacionais de Catalogação na Publicação (CIP)
(BENITEZ Catalogação Ass. Editorial, MS, Brasil)

A597e
1.ed. Angner, Erik
A economia pode salvar o mundo : ideias simples para resolver grandes problemas / Erik Angner ; tradução Jorge Silva. – 1.ed. – Rio de Janeiro : Actual, 2025.
266 p.; 15,5 x 23,5 cm.

Título original: How economics can save the world.
ISBN 978-65-87019-95-6

1. Desenvolvimento econômico. 2. Desenvolvimento sustentável – Aspectos econômicos. 3. Economia. 4. Economia – Mudança social. 5. Estratégias – Soluções de problemas. 6. Tomada de decisões. I. Silva, Jorge. II. Título.

10-2024/148 CDD 338

Índice para catálogo sistemático:
1. Mudança social : Desenvolvimento econômico : Economia 338

Aline Graziele Benitez – Bibliotecária – CRB-1/3129

Grupo Editorial Alta Books

Produção Editorial: Grupo Editorial Alta Books
Diretor Editorial: Anderson Vieira
Editor da Obra: Marco Pace
Vendas Governamentais: Cristiane Mutüs
Gerência Comercial: Claudio Lima

Assistente Editorial: Andreza Moraes
Tradução: Jorge Silva
Revisão: Inês Castelhano
Diagramaçao: Almedina
Fotografia de contracapa: © Rickard Kilström
Capa: Adaptação de Joana Carvalho

ALTA BOOKS
GRUPO EDITORIAL

Rua Viúva Cláudio, 291 – Bairro Industrial do Jacaré
CEP: 20.970-031 – Rio de Janeiro (RJ)
Tels.: (21) 3278-8069 / 3278-8419
www.altabooks.com.br – altabooks@altabooks.com.br
Ouvidoria: ouvidoria@altabooks.com.br

Editora
afiliada à:
ASSOCIADO

ERIK ANGNER

A ECONOMIA PODE SALVAR O MUNDO

Ideias Simples para Resolver Grandes Problemas

ACTUAL

Para Elizabeth

Índice

Prefácio

Nunca quis ser economista.

Na verdade, queria ser o oposto disso. A minha opinião sobre a disciplina foi moldada pelos economistas que vi na televisão e nos telejornais, e eles não me impressionavam.

Fui para filosofia da ciência, em parte, porque estava interessado na natureza da ciência e no método científico, na utilização adequada da ciência no processo político e na fronteira entre ciência e pseudociência. A economia pareceu-me intrigante, com o que vi como sendo o fosso entre a pretensão e a realidade.

Para ter a certeza de que sabia do que estava a falar, decidi fazer ao mesmo tempo um doutoramento em economia. A experiência foi reveladora. O material assemelhava-se pouco ao que eu esperava. A economia moderna é manifestamente inacessível. Senti um choque cultural não muito diferente do que tive quando estudei no estrangeiro, em Florença. A economia, como a Itália, tem as suas próprias normas, regras e práticas — incluindo uma linguagem própria, mas, assim que ultrapassei os meus preconceitos, descobri um mundo de ideias fascinantes e úteis. As pessoas que conheci não eram apenas amáveis e sedutoras, mas também genuinamente interessadas em tornar o mundo um lugar melhor.

No final, aprendi duas coisas. Primeiro, a perceção pública da economia está desalinhada. (Por falar nisso, culpo principalmente os próprios economistas por serem péssimos a descrever o que fazem.) Segundo, a economia oferece não só análises ponderadas sobre onde estamos e como chegámos aqui, mas também ferramentas reais que podem ajudar-nos a tornar o mundo um lugar melhor — um lugar mais adequado ao progresso humano.

O meu objetivo com este livro é discutir o que *é* a economia, mostrando o que ela *faz*. Não quero com isto dizer que a economia moderna é perfeita. Há muitas maneiras pelas quais a ortodoxia pode ser melhorada. Claro que não estou a defender a profissão de economista, cujo desempenho deixa muito a desejar.

Defendo a ideia de que a economia enquanto ciência pode ser aplicada para o bem da humanidade e do planeta. Descartar isso seria marcar um golo na própria baliza. Na medida em que a teoria, a prática e a profissão podem ser melhoradas, corrigi-las é um imperativo moral.

Não estou a tentar inspirar mais pessoas a serem economistas, embora ficasse encantado se o fizessem. Em vez disso, o que eu espero é: chegar às pessoas que não são economistas, mas que se preocupam com o futuro da humanidade e do planeta, que votam, que acreditam na mudança social e que podem utilizar métodos, ideias e teorias da economia para fazer do mundo um lugar melhor.

Deixe-me dizer-lhe como. A economia é demasiado importante para ser deixada apenas nas mãos dos economistas.

Introdução: como salvar o mundo

Quando a covid surgiu, no início de 2020, o acontecimento global mais aterrorizante e destrutivo de uma geração interrompeu a vida tal como a conhecíamos. Estávamos todos desesperados por respostas e soluções. Todos, dos líderes governamentais aos cidadãos comuns, procuravam pessoas que tivessem conhecimento para ajudar. Epidemiologistas, virologistas, físicos e até engenheiros foram chamados a explicar tudo — e a apressarem-se para resolver o problema.

Poucos pensaram em perguntar aos economistas. Deveriam tê-lo feito.

Os economistas estavam, de facto, aptos a ajudar. A economia ajuda-nos a entender muitos dos problemas que enfrentamos — a título individual e como sociedade. Melhor ainda: a economia oferece soluções. Isto dá-nos esperança de que é possível melhorar e está ao nosso alcance.[1]

Os primeiros relatórios sugeriram que o vírus surgiu em «mercados de produtos frescos» em Wuhan, na China.[2] São mercados onde as pessoas comercializam animais e produtos de origem animal para animais de estimação, alimentos, decoração e remédios tradicionais. Compreender como um novo coronavírus pode surgir exige que se entenda como os mercados de animais e partes de animais são organizados, porque existem e como funcionam. Qual a relação da vontade das pessoas de terem animais como animais de estimação, comida, decoração e remédios com as preferências pessoais e a cultura local. A razão pela qual as pessoas fornecem animais para venda tem que ver com a necessidade de ganhar a vida e com a disponibilidade de percursos de carreira alternativos.

Isto é economia.

Se o vírus não tivesse saído de Wuhan, não teria causado uma pandemia global. Provavelmente, nem teríamos conhecimento disso. Mas isso não aconteceu, e agora temos conhecimento. Um vírus não se pode mover sozinho. Não precisa. Ele viaja à boleia.[3] Entender como um vírus se pode disseminar pelo mundo a partir de um único local requer entender como as pessoas viajam e migram. O quanto as pessoas querem deslocar-se reflete desejos de longa data e fugazes, bem como tendências do Instagram. O quanto podem movimentar-se reflete estados de guerra e de paz, quão ricas são as pessoas e como as riquezas são distribuídas, os preços do petróleo e a regulamentação governamental.

Isto também é economia.

Os funcionários do governo mobilizaram-se para prevenir e controlar a propagação do vírus. Impuseram proibições de viagens e implantaram várias outras medidas «não farmacêuticas»,[4] ou seja, lavar as mãos. Ficar em casa. Distanciamento social. Mas as pessoas nem sempre fazem o que lhes mandam. Compreender como e quando as pessoas cumprem as instruções requer compreender os padrões de comportamento, normas e todos os tipos de crenças e atitudes. Saber se as pessoas seguem as instruções requer o respetivo acompanhamento. Isto, por sua vez, requer a medição de coisas como padrões de movimento, comportamentos e hábitos — em grande escala e em tempo real.

Isto também é economia.

As pessoas queriam agir — para impedir a disseminação da doença, incentivar o bom comportamento, distribuir vacinas e compensar as pessoas que sofriam sem terem culpa nenhuma. Descobrir o que pode e deve ser feito requer descobrir o que aconteceria se agíssemos — ou se não fizéssemos nada. Isto envolve não só prever a reação das pessoas, mas também avaliar os méritos de cada caminho alternativo. Fazer um julgamento de todas as coisas exige que comparemos o bom e o mau de uma forma sistemática. Provavelmente, queremos atribuir alguns números às coisas. Estes números podem ser em dólares ou libras, mas não precisam de ser. Unidades de felicidade ou «utilidade» também podem servir. Poderíamos chamá-lo de análise de custo-benefício, porque estamos a pesar custos e benefícios.

Sim, isto é economia.

Uma vez que o vírus foi controlado de forma gradual, as pessoas queriam relaxar as restrições e voltar ao normal. Mas muitas perceberam que podíamos melhorar nos negócios, como de costume. A pandemia não só causou novos problemas, como exacerbou os já existentes: desigualdade, disparidades de saúde, residência precária, falta de acesso a cuidados de saúde e assim por diante. Os problemas existentes tornaram-nos mais vulneráveis. Deveriam ter sido corrigidos há muito tempo. Reconstruir melhor requer entender as condições que se aplicam — tanto as oportunidades como as limitações. Uma economia extremamente complexa exige que milhões e milhões de pessoas coordenem as suas atividades — principalmente para que os produtores queiram produzir o que os consumidores querem consumir. Entender como fazer isso funcionar requer descobrir como coordenar as atividades de toda a economia.

É tudo economia.

Este livro ilustra como a economia pode ajudar-nos a fazer do mundo um lugar melhor.

Não são só as pandemias. A economia pode ajudar-nos a lidar com uma série extraordinária de problemas, desafios e crises. A economia trata do comportamento individual e das consequências sociais. Os grandes desafios que a humanidade enfrenta são todos, em parte, causados pelo comportamento humano, seja individualmente ou em grupo. A guerra, as alterações climáticas, a poluição, a discriminação, etc., são causadas pelos seres humanos. Mesmo que não fossem, as soluções envolveriam o comportamento humano. Resolver problemas requer que as pessoas ajam de maneira diferente: deixem de travar guerras, de discriminar pessoas com origens diferentes, de queimar combustíveis fósseis ou qualquer outra coisa. Encontrar a melhor solução requer avaliar custos e benefícios. Implementá-los exige coordenação entre muita, muita gente.

Todos os grandes problemas têm uma realidade física subjacente. A realidade física condiciona os caminhos do desenvolvimento e o leque de soluções. Haverá outros cientistas a estudar esta realidade. Deveríamos ouvi-los. Outros cientistas estudam realidades sociais e políticas. Deveríamos ouvi-los também. (Não estou a dizer que devemos ouvir *apenas* os economistas.) Mas nenhuma ciência física, médica ou política pode abordar as grandes questões sozinha. Entender como surgiram os desafios que a humanidade enfrenta, tentar prever o que vai acontecer a seguir, prevenir desastres futuros — tudo isto é economia.

O que é a economia?

A economia sempre esteve relacionada com corrigir o mundo — tornando-o um lugar melhor, mais adequado para a prosperidade do ser humano.

Isto pode surpreender o leitor. Muitas pessoas acreditam que economia se resume a prever o mercado de ações, no melhor dos casos, ou a promover os interesses da classe dominante, no pior. Há economistas que fazem essas coisas. Mas, em geral, não é verdade. A economia tem um amplo alcance. Não se trata apenas, nem principalmente, de fazer previsões. Não se resume apenas ao mercado de ações, indicadores de desemprego e afins. E as propostas dos economistas são bastante radicais. Muitas vezes, focam-se em melhorar a vida dos menos favorecidos — libertando os pobres e oprimidos, tornando as suas vidas mais suportáveis e os seus futuros mais brilhantes.

O que é a economia? De onde veio? Para que serve?

Arthur Cecil Pigou, um economista de Cambridge, é conhecido como o pai da economia do bem-estar. Ele tentou responder a estas três perguntas há um século. Pigou disse que algumas ciências visam produzir luz, enquanto outras visam produzir frutos. Algumas trazem-nos conhecimento que queremos em benefício próprio; algumas trazem-nos conhecimento que queremos porque nos ajuda a tornar o mundo um lugar melhor. Algumas satisfazem um desejo puramente intelectual; algumas satisfazem um desejo de melhoria social ou de outro tipo. Para Pigou, a economia cai diretamente na segunda categoria. Ele escreveu: «Não é o espanto, mas sim o entusiasmo social que se revolta contra a sordidez das ruas mesquinhas e a tristeza das vidas murchas que é o início da ciência económica.»[5]

Como salientou Pigou, a economia nasceu da frustração com o sofrimento e a miséria. É impulsionada por um desejo de melhoria social. Pensa na melhoria em termos de bem-estar humano. Bem-estar, nesse sentido, é o que o se possui quando a vida está a correr bem. Bem-estar é o que é bom para alguém. É algo que se tem — não algo em que se está. Então, num nível fundamental, o bem-estar é o objeto da economia. É disso que trata a economia. Melhorar o bem-estar económico é o tema central da economia. É também o que os economistas estão a tentar promover nas suas recomendações de políticas. É fruto do trabalho dos economistas, quando as coisas correm bem. E o bem-estar é o padrão de avaliação — a medida pela qual podemos dizer se a economia é um sucesso ou um fracasso. A economia é, na visão de Pigou, um empreendimento profundamente moral.

Pigou fez questão de enfatizar que a economia é uma *ciência*. É o tipo de coisa que nos diz o que é e o que não é, como a física e a biologia. Não é o tipo de coisa que nos diz o que deve ser e o que não deve ser, como a teologia. A economia por si só não nos diz — na verdade, não pode — que o sofrimento e a miséria são maus. Pigou cita o grande pensador positivista francês Auguste Comte: «Cabe ao coração sugerir os nossos problemas; cabe ao intelecto resolvê-los.»[6] Uma vez que o coração se rebela contra a sordidez das ruas mesquinhas e a tristeza das vidas murchas, como deveria, a economia pode dizer-nos como resolver as coisas. Pigou compara a economia com a medicina. É uma ciência. É guiada pela sua relevância para problemas práticos imediatos e busca «o conhecimento para a cura que o conhecimento pode ajudar a trazer».[7] A economia, acreditava, podia curar o que aflige a sociedade humana da mesma forma que a medicina pode curar o corpo humano. Pigou escreveu logo após a Primeira Guerra Mundial, quando a necessidade de cura — social e individual — estaria na mente de todos.

O economista austríaco Friedrich A. Hayek não podia estar mais de acordo. Segundo ele: «Provavelmente, é verdade que a análise económica nunca foi o produto de uma curiosidade intelectual desapegada sobre a razão de ser dos fenómenos sociais, mas de uma grande vontade de reconstruir um mundo que dá origem a uma profunda insatisfação.»[8] A ambição de consertar um mundo imperfeito ajuda a explicar o escopo abrangente da economia. Com isto, refiro-me aos comportamentos e fenómenos que podem ser estudados por um economista. A economia não trata apenas da busca de riqueza e das instituições (como o mercado de ações) que a permitem. O escopo da economia é tão amplo quanto necessário para tornar o mundo um lugar melhor. A economia é uma ciência, mas nasce de um desejo apaixonado de melhorar um mundo que é evidente e dolorosamente imperfeito. E a sua tarefa é reconstruir o mundo para o tornar melhor do que era antes. Os economistas da esquerda e da direita estão de acordo. Karl Marx disse a célebre frase de que o objetivo não é apenas interpretar o mundo, mas *transformá-lo*.[9]

O predecessor de Pigou, Alfred Marshall, apelidou a economia de «um estudo da humanidade nos negócios comuns da vida». O texto recorda-nos que a economia não se resume a ambições e aspirações mais elevadas. Não se trata apenas de necessidades mais insignificantes. Não se trata apenas de dinheiro e riquezas — embora também se trate deles. Para Marshall, a economia trata de todos e quaisquer desejos, comportamentos e atividades ligadas ao bem-estar humano. Com o esforço certo, esperava que tanto a pobreza como a ignorância fossem gradualmente extintas:

> Agora, por fim, estamos a empenhar-nos seriamente em indagar se é necessário que existam as chamadas «classes inferiores»: isto é, se é necessário um grande número de pessoas condenadas desde o nascimento ao trabalho árduo, a fim de fornecer aos outros os requisitos de uma vida refinada e culta; enquanto eles próprios são impedidos pela sua pobreza e labuta de ter qualquer participação ou parte nessa vida.[10]

Marshall pensou que a pobreza e a ignorância podiam ser eliminadas. Ele achava que o bem-estar estava ao alcance de todos — com a aplicação criteriosa da ciência económica.

Uma das visões mais influentes da economia pertence a Lionel Robbins, da London School of Economics. O seu *Essay on the Nature and Significance of Economic Science*, publicado pela primeira vez em 1932, pode ser o texto mais famoso de metodologia económica de todos os tempos. Segundo ele: «A economia é a ciência que estuda o comportamento humano como uma relação entre fins e meios escassos que têm usos alternativos.»[11]

A economia trata do comportamento humano numa situação em que as coisas são escassas. Isto significa apenas que há menos do que as pessoas querem. O dinheiro é escasso. Quando paga a renda da casa, fica com menos dinheiro para gastar na alimentação. E quando gasta o dinheiro com alimentação, tem menos para gastar em presentes para a sua mãe ou para a sua mulher. O dinheiro é escasso mesmo para os milionários. Os Musks e os Bezos não podem, ao mesmo tempo, manter, doar e investir todo o seu dinheiro noutro projeto inútil por vaidade. O tempo é escasso. Uma hora em que trabalha é uma hora em que não está a dormir. E cada hora que dorme é uma hora em que não vai ao cinema. A atenção também é escassa. Há um limite de atenção e temos de decidir, de alguma forma, como utilizá-la. Os governos também enfrentam a escassez. Tal como acontece com as pessoas, há limites para a quantia que podem gastar em manteiga quando gastaram tanto em armas — e vice-versa. Os governos podem pedir dinheiro emprestado para financiar os gastos do défice de uma forma que nós não podemos. Mas enquanto houver *alguns* limites, haverá escassez.

Sob escassez, as pessoas e os países não obtêm tudo o que desejam. Têm de tomar decisões, e essas decisões exigem trocas — desistir de uma coisa para conseguir outra. Se decidir dormir até tarde, há outras coisas que não pode fazer: ir trabalhar, terminar o romance que estava a ler ou aproveitar o nascer do sol. O modo como deve trocar uma coisa por outra depende dos seus fins, objetivos e propósitos. A economia tem pouco a dizer sobre isso. As metas podem ser altas ou baixas, materiais ou imateriais, etc. O que torna uma escolha *económica* tem que ver apenas com as trocas que devem ser feitas — que uma coisa deve ser sacrificada para que alguma outra seja alcançada. Quando está a fazer *scroll*, está a sacrificar algum tempo que poderia ser usado a ler livros. E quando a defesa nacional responde por 10% de todas as despesas federais, como acontece nos EUA, há muitas outras coisas que não pode pagar.[12]

A esfera económica, portanto, não se limita a questões de dinheiro ou mesmo de coisas materiais. Artes e cultura, guerra e paz, trabalho e lazer são exemplos da economia na aceção de Robbins. Quando os artistas fazem arte, estão a fazer sacrifícios em termos de tempo, esforço e atenção. Quando os políticos iniciam guerras, estão a fazer sacrifícios em termos da vida de outras pessoas. Quando as famílias decidem que um dos pais vai ficar em casa para cuidar do filho recém-nascido, estão a sacrificar parte dos rendimentos e da igualdade que advém de ser uma família com ordenados duplos. O resultado dessas escolhas refletirá os sacrifícios específicos que foram feitos. Robbins esforçou-se para especificar que a economia inclui até o que ele chamou de «indulgências para cometer o que, de outra forma, seria considerado uma ofensa contra a religião ou a moralidade» — basicamente, sexo, drogas e *rock 'n' roll*.[13] As decisões para se envolver na prostituição, usar drogas ilícitas, tocar ou ouvir música são escolhas na escassez, tal como a decisão que uma comunidade enfrenta em relação à legalização do jogo e da marijuana. É tudo economia.

As visões de Pigou, Hayek, Marshall e Robbins moldaram a economia moderna em aspectos fundamentais. A economia trata de escolhas individuais em momentos de escassez — mas também das consequências dessas escolhas para a sociedade como um todo. A economia resume-se a coisas pequenas. Está relacionada com as pequenas decisões que as pessoas tomam todos os dias sobre a vida, o trabalho e o lazer. Está também relacionada com as grandes coisas: questões como por que razão alguns países são pobres e alguns países são ricos e como lidar melhor com o risco de catástrofe climática. É sempre sobre o que é bom para as pessoas — o que faz as suas vidas valerem a pena — e sobre como melhorar o mundo em que vivem. O seu grande enfoque em melhorar o mundo torna a economia uma disciplina diferente de muitas outras.

É importante salientar que a economia não trata apenas de entender como o mundo funciona — trata de mudá-lo. Longe de ser um projeto desinteressado, frio e calculista, a economia nasceu de uma profunda deceção com o estado do mundo — e de um desejo apaixonado de o melhorar. Longe de ser um esforço tecnocrático para resolver as coisas à superfície, a economia espera reconstruir o mundo e torná-lo melhor — incluindo a eliminação da pobreza e da ignorância. Longe de ser uma busca limitada focada em dinheiro e riquezas, trata-se de tudo o que os humanos desejam e precisam. É sobre tudo o que ajuda os seres humanos a viver vidas satisfatórias, gratificantes e plenas — vidas que valem a pena ser vividas.

O caminho da economia

Este livro é sobre como a economia pode ajudar-nos a construir um mundo melhor — um mundo em que as pessoas vivam vidas melhores e com mais significado. A economia faz isso. Oferece soluções reais, exequíveis e baseadas em evidências para grandes problemas. As suas propostas podem ajudar a nossa vida privada, as nossas comunidades, os negócios e a política. As soluções são distintas, inovadoras e muitas vezes contraintuitivas. São bastante diferentes do que é oferecido noutros lugares, por exemplo, noutras ciências sociais e comportamentais.

Não espero que acredite na minha palavra. Cada capítulo aborda um grande desafio que enfrentamos, enquanto indivíduos e comunidades.

Também descreve como os economistas propõem que lidemos com isso. Irei descrever a maneira económica de acabar com a pobreza e reduzir a desigualdade; melhorar a parentalidade sem se prejudicar a si mesmo; abordar o comportamento antissocial; salvar vidas; ser feliz, humilde e rico; construir uma comunidade e economizar recursos; e mais.

As soluções não farão do mundo um lugar melhor de forma mágica e por si só. Se está à espera de varinhas mágicas ou de milagres, vou encaminhá-lo para o corredor da ficção. (Não que haja algo de errado com a ficção.) A segunda melhor opção, e a melhor que podemos esperar de forma realista, é encontrar soluções sustentadas por evidências. É isso que a economia oferece. A evidência dá-nos motivos para agir e motivos para pensar que as nossas ações farão a diferença. Obviamente, o aconselhamento económico precisa de ser implementado com cautela e cuidado. Tem, acima de tudo, de estar aliado a uma ética decente. Isso inclui uma visão da boa vida e uma boa sociedade. Eu diria que também precisa de ser aplicado tendo em vista a estética. Já que estamos a construir um mundo melhor, podemos torná-lo bonito, com a ajuda de poetas, pintores e artistas.

As soluções podem surpreendê-lo. Algumas pessoas esperam que os economistas «solucionem» todos os problemas através de privatizações, desregulamentação ou liberalização. Os economistas, de facto, às vezes sugerem essas medidas, mas, por vezes, opõem-se veementemente a elas. A assessoria específica dependerá do problema a ser resolvido, bem como do contexto em que se insere — incluindo os valores das pessoas envolvidas. Existem problemas que os economistas desejam resolver aumentando os impostos, dando dinheiro aos pobres, promovendo a igualdade, estimulando a humildade ou capacitando as comunidades. Uma coisa que essas soluções tendem a ter em comum é que estão longe de ser conservadoras, no sentido de defender o *statu quo*. As soluções económicas são discretamente radicais — e frequentemente libertadoras. Muitas vezes, são concebidas para promover os interesses dos menos favorecidos, não dos ricos e poderosos.

Pode ficar tentado a perguntar: «Isto é realmente economia?» A série de problemas que os economistas abordam e as soluções que propõem é realmente vasta, mas a resposta será um entusiástico: «Sim!» Deve recordar-se de que a economia trata de tudo e qualquer coisa relacionada com o bem-estar humano. Às vezes, as pessoas queixam-se do «imperialismo» dos economistas — o que é uma forma de dizer que se queixam porque não são convidados nem bem-vindos. Mas, em grande medida, o alegado imperialismo da economia é apenas um reflexo do seu amplo escopo. Isto é um recurso — não um erro. Então, mais uma vez, a economia mais impressionante hoje em dia é a interdisciplinaridade. É economia, mas não é só economia, e baseia-se numa grande gama de influências da psicologia, neurociência e outras, até à literatura e à teologia.

As ferramentas da economia

Como é que os economistas sabem o que funciona? É uma pergunta justa, especialmente agora, que as redes sociais e tradicionais estão repletas de «especialistas» em todos os tópicos concebíveis. Vou dar-lhe uma ideia do que torna a economia séria e diferente disso. As soluções dos economistas — ao contrário das de alguns formadores de opinião que podia citar — não são simplesmente tiradas do nada. Não conseguirei rever todo o registo empírico subjacente às várias soluções,[14] mas irei descrever de onde vêm as soluções dos economistas e o que os faz pensar que as suas propostas irão funcionar.

A chave é entender as ferramentas que os economistas utilizam para investigar e melhorar a realidade económica. Existem muitas ferramentas. *Experiências de laboratório, estudos de campo, experiências de campo* e *inquéritos* permitem que os economistas recolham dados sobre as crenças, preferências e comportamentos das pessoas numa ampla gama de circunstâncias. *A econometria* — estatística para economistas — faz os números falarem por si. A *teoria* e os *modelos* ajudam o economista a criar um quadro do mundo, fornecendo estrutura para os dados empíricos e oferecendo orientação ao fazer inferências. O número e a sofisticação das ferramentas que os economistas usam para investigar o mundo continuam a aumentar. O *kit* de ferramentas padrão inclui agora técnicas futurísticas de imagem cerebral emprestadas da neurociência. Estas técnicas permitem-nos espreitar, por assim dizer, o cérebro a fazer escolhas.

O *kit* de ferramentas do economista também inclui uma certa maneira de ver o mundo. É a *forma económica de pensar.*[15] A forma económica de pensar é uma coleção de heurísticas ou regras práticas. As heurísticas, por si, não nos dizem nada sobre o mundo. Em vez disso, dizem-nos como o abordar. Uma heurística central diz-nos para pensar nos fenómenos sociais como o resultado não intencional e talvez imprevisto de escolhas individuais. Algumas pessoas veem conspirações em todo o lado. O teórico da conspiração parte do princípio de que tudo o que acontece deve refletir algum desígnio tortuoso ou algo do género, mas o economista sabe que muitos fenómenos sociais surgem sem que haja nenhum projeto. Outras heurísticas dizem-nos para tratar as pessoas como fundamentalmente iguais, pensar à margem, procurar custos de oportunidade, pensar no longo prazo, resolver o equilíbrio, e assim por diante. Falaremos sobre o que estas heurísticas significam na prática, porque elas apresentam a maneira certa de pensar sobre os muitos desafios que enfrentamos e o que nos dizem sobre a melhor maneira de os enfrentar.

As ferramentas da economia — especialmente a forma económica de pensar — ajudam a explicar o que é a economia, o que os economistas fazem e o que torna as soluções dos economistas distintas. Pode pensar em estudar economia como quem pretende conhecer as ferramentas na caixa de ferramentas. Pode pensar num economista de pleno direito como alguém que as domina. A aplicação consistente das ferramentas da economia é o que torna as propostas económicas reconhecíveis como *economia* — em oposição à psicologia, sociologia, literatura ou qualquer outra coisa. Quando terminar de ler este livro, também estará a caminho de se tornar uma espécie de economista — se ainda não o é. (E isso não é uma coisa má.)

Porquê importar-se?

Porque devemos importar-nos? Porquê prestar atenção à economia? A razão mais óbvia é que nos preocupamos connosco, com outros seres humanos, comunidades e o mundo em que vivemos. Não é como se a economia pudesse responder a todas as perguntas e resolver todos os problemas — certamente não por si só. Não espero que isso resolva a sua vida amorosa ou remova as nódoas chatas das suas calças. Mas na medida em que a economia pode nos pode ajudar a melhorar, às nossas vidas, às nossas comunidades e ao mundo à nossa volta — e pode! —, todos os que se importam têm motivos para tentar aprender o que a economia pode ensinar.

Pode não se importar com todos os desafios de que falo neste livro. Talvez não tenha interesse em ser feliz e rico, preferindo outros objetivos e atividades. Tudo bem. Não lhe estou a dizer quais devem ser os seus objetivos e propósitos finais, mas tenho a certeza de que se importa com *alguns* dos desafios. Se se preocupa com *qualquer* um destes problemas, deve preocupar-se com as suas soluções reais, exequíveis e baseadas em evidências. Se não se preocupa com *nenhum* dos desafios — nem as alterações climáticas, nem a felicidade, nem a comunidade, etc. —, é provável que tenha problemas maiores do que aqueles que podem ser abordados num livro.

O facto de a economia oferecer soluções — e não apenas entendimento — é particularmente importante numa época em que somos bombardeados com informações sobre os problemas que a humanidade enfrenta. A economia pode oferecer uma certa esperança onde a esperança é desesperadamente escassa. Existe um termo para a forma específica de desamparo ou torpor que as pessoas vivenciam depois de ouvir os factos sobre as alterações climáticas. O termo é «desespero climático». Algumas relatam sentir-se igualmente desanimadas ao ler sobre fome, desigualdade, poluição, discriminação, etc. Isto é alarmante. Sermos mais informados sobre um desafio não nos deve deixar menos motivados a fazer algo em relação a isso. Se os cientistas comunicam o seu conhecimento sobre um problema de uma forma que torna as pessoas *menos suscetíveis* a resolvê-lo, os cientistas falharam. Não estou a dizer que devemos deixar de falar sobre os problemas, estou a dizer que devemos estruturar a nossa discussão, se possível, de uma maneira que inspire a ação. O leitor pode nunca ter pensado em economia como algo edificante, no entanto, enquanto disciplina totalmente orientada para a política e focada no problema, pode sê-lo.

Saber mais sobre economia é bom por outro motivo: permite que melhore as suas soluções, para se tornarem mais adequadas às necessidades humanas. A política económica requer contribuições da comunidade e de outras partes interessadas. A ciência económica, por si só, não nos pode transmitir os problemas que são mais urgentes. Isso é algo para fazer com o coração (e a reflexão filosófica). A economia também não nos pode dizer que soluções são moralmente permissíveis. Não nos pode dizer os valores que são mais importantes ou que considerações devem ser feitas nas suas análises de custo-benefício. Para ser o melhor possível, a economia requer contribuições da comunidade. Mesmo uma política económica bem pensada não funcionará na prática sem uma certa adesão das pessoas que a recebem. E se for implementado, precisa de ser endossado pelos decisores políticos e pela população perante a qual eles prestam contas.

Saber mais sobre economia é igualmente útil, independentemente da sua ala política. Se se considera de direita, vai encontrar sugestões que vão ao encontro de conceções preexistentes. Mas também vai perceber que pode haver algo a ser dito sobre intervenções que pode associar à esquerda — dar dinheiro aos pobres, por exemplo. A mesma coisa se aplica se for de esquerda. Uma sociedade de esquerda decente não pode ser comandada por ideias estapafúrdias. Ainda precisa de resolver problemas de produção e distribuição. Se houver recursos que possam ser usados para ajudar os pobres e oprimidos, alguém tem de produzir esses recursos. Gerir uma sociedade decente — uma sociedade na qual se orgulharia de viver — exige economia.

Há boas notícias. Dado o ponto em que nos encontramos, um pouco de estudo pode resultar num grande aumento da compreensão. Se ainda não teve a oportunidade de saber o que os economistas têm feito, a sua curva de aprendizagem será íngreme. Mesmo um pequeno investimento de tempo e esforço pode dar-lhe muito novo conhecimento. Como diriam os economistas: na margem, o seu retorno sobre o investimento será sólido.

E aqui está um último motivo para se importar. Saber mais sobre o que a economia é permite-nos avaliá-la como uma disciplina. A economia sempre teve mais do que a sua quota-parte de críticos. Desde o início, foi perseguida por um movimento que denunciava os seus praticantes, atacava as suas suposições, rejeitava as suas conclusões e protestava contra a sua influência.[16] O historiador de economia William Oliver Coleman dá ao movimento o nome de *antieconómico*. Os antieconomistas não discordam apenas ou criticam teorias ou práticas específicas dentro da economia. Eles querem dispensar todo o empreendimento e começar tudo outra vez. Mas o que se passa é o seguinte: se a economia é boa ou má, depende do que ela faz; que desafios pode enfrentar e que problemas pode resolver. Até termos a resposta a essas perguntas, não estamos em posição de responder à questão se a economia é boa ou má.

Olhar em frente

Ao longo de dez capítulos, vai conhecer maneiras pelas quais a economia pode ajudar a tornar o mundo um lugar melhor — um lugar mais adequado para o ser humano prosperar. Vai aprender soluções para problemas grandes e pequenos. Vai perceber que a economia pode restaurar o mundo da mesma forma que a medicina pode curar o corpo. Vai ficar a saber por que razão os antieconomistas estão completamente enganados. Vai aprender as ferramentas da economia e, no processo, tornar-se-á uma espécie de economista. Para o ajudar a dominar a linguagem técnica, vai encontrar um glossário na página 233. (O aperto de mão secreto vou ter de lhe ensinar pessoalmente.)

Pigou e os seus companheiros de viagem tinham razão. A economia não é perfeita, mas confiar nela é melhor do que não confiar. A economia é uma ciência — sim, como a física. Chamá-la de «ciência moral» não é um oxímoro. Ela ajuda a explicar e a prever coisas que, de outra forma, seriam confusas. E não é só isso. Mantém a promessa de melhorar as nossas próprias vidas e de tornar o mundo um lugar mais feliz, melhor e mais justo para nós e para os nossos filhos. Isto verifica-se especialmente quando se trata dos pobres e espoliados — as pessoas cuja miséria levou Pigou e os seus companheiros de viagem à revolta há um século.

A economia realmente pode salvar o mundo.

1
Como acabar com a pobreza

A minha avó era pobre. Nasceu durante a Primeira Guerra Mundial, a quinta de seis filhos. Aos 16 anos, foi-lhe diagnosticada tuberculose. A doença era uma das principais causas de morte na altura, especialmente entre os menos abastados. A sua mãe e avô sucumbiram, mas a minha avó sobreviveu. Para sua surpresa, viveu até aos 92 anos. A doença deixou-a permanentemente incapacitada e com necessidade de hospitalização contínua. Quando tomei a vacina contra a tuberculose, ela chorou, por saber que eu não teria de sofrer o que ela sofreu.

A minha avó teve pouca educação escolar ou formação profissional. Era a melhor aluna da turma, até que teve de abandonar a escola. A sua paixão pela aprendizagem manteve-se até ao fim. Ela colecionava dicionários e enciclopédias de vendas de recheios de imóveis e lojas de segunda mão, para nunca perder uma palavra ou um facto. Estudou várias línguas estrangeiras por diversão. Embora nunca tenha aprendido francês sozinha, conseguia ajudar-me com os meus trabalhos de casa de francês extrapolando o seu conhecimento de outras línguas e os princípios da etimologia. Lia atentamente o jornal todos os dias, fazia anotações e chamava-me para discutir. Quando morei num fuso horário diferente enquanto fazia uma pós-graduação, ela gostava de poder telefonar-me às três da manhã (horário dela), quando sentia vontade de falar sobre política internacional ou o que quer que tivesse acabado de ouvir no Serviço Mundial da BBC.

O motivo de ela ser pobre não é nenhum mistério. Ela era tão inteligente, curiosa e empreendedora como qualquer outra pessoa da família. Era pobre porque não tinha dinheiro. Ela não tinha dinheiro porque os seus pais também tinham dificuldades e porque a sua deficiência a impedia de trabalhar. Uma rede de bem-estar social limitada significava que a minha mãe (nascida durante a guerra mundial seguinte) cresceu intermitentemente sem-abrigo, quando não estava num sistema de acolhimento. Tão-pouco é um mistério do que é que a minha avó teria precisado para aliviar a sua pobreza — para viver uma vida melhor e sustentar a filha. Ela precisava de dinheiro para comida, casa e educação para a filha. Com mais dinheiro, a sua qualidade de vida teria melhorado muito.

Numa conversa lendária, F. Scott Fitzgerald disse: «Os ricos são diferentes.», ao que Ernest Hemingway respondeu «Sim, têm mais dinheiro.»[1] A troca de palavras nunca aconteceu de facto, mas não importa. O princípio aplica-se à minha avó. O que lhe faltava, acima de tudo, era dinheiro — não melhor carácter, moral ou genes. Não há como saber o que ela poderia ter alcançado se não tivesse sido tão pobre durante tanto tempo.

Por coincidência, o mesmo se aplica à perspetiva económica em relação à pobreza. Desde o início que a pobreza e a miséria têm feito parte das preocupações centrais da economia. A perspetiva económica em relação à pobreza é, basicamente, dar dinheiro aos pobres. Se não é dinheiro, são outros tipos de recursos e oportunidades. A perspetiva económica parte do pressuposto de que as pessoas pobres são fundamentalmente iguais a todas as outras, menos numa coisa. Em última análise, o problema não é mau carácter, má moral ou maus genes. Os economistas acreditam que as pessoas pobres são tão boas a gerir dinheiro como qualquer outra pessoa — nem melhores nem piores. Se se der dinheiro, recursos e oportunidades aos pobres, o problema da pobreza será resolvido.

Este capítulo descreve a perspetiva económica da pobreza. Vou falar sobre o que é, de onde vem e que evidências a suportam. Vamos ficar a par do modo como os economistas a estudam com a ajuda da metodologia do ensaio controlado e aleatório. Iremos ver que a economia responde melhor aos desenvolvimentos científicos e às evidências empíricas do que muitas pessoas pensam. Também ficaremos a saber por que motivo a economia é classificada como a ciência «sombria». Tenho a certeza de que aqueles que usam este termo — muitas vezes, progressistas céticos em relação à economia — não fazem ideia da sua origem.

Como irei explicar, a origem do termo não poderia ser mais racista: era utilizado para criticar os economistas que se aliaram aos reformadores morais para abolir a escravatura. Os apologistas pró-escravatura alegavam que os negros eram fundamentalmente inferiores e, consequentemente, adequados para viver apenas sob um chicote «benéfico». Os apologistas *odiavam* os economistas por defenderem que todos os seres humanos eram basicamente iguais e, portanto, igualmente merecedores de liberdade e prosperidade.

A perspetiva económica da pobreza concede-nos uma janela para a alma da economia — o que ela é e o que tenta concretizar. No contexto histórico, a perspetiva económica da pobreza ajuda-nos a ver porque não é um oxímoro chamar a economia de «ciência moral».

Dar-lhes dinheiro

Margaret Thatcher, primeira-ministra britânica, certa vez perdeu a paciência. Um colega conservador defendia que o partido deveria mover-se para o centro político, traçando a linha entre o capitalismo e o socialismo. Thatcher não queria nada disso. Ela enfiou a mão na pasta, pegou num exemplar do livro de Hayek *A Constituição da Liberdade*, atirou-o para cima da mesa e disse: «É nisto que acreditamos.»[2] Hayek era conhecido pela sua veemente defesa do mercado livre como um meio para distribuir bens e serviços, tendo recebido o Prémio Nobel da Economia em 1974.[3] Continua a ser uma espécie de ícone entre liberais e conservadores. Thatcher era sua fã, tal como o presidente dos Estados Unidos, Ronald Reagan.

Hayek achava que o governo deveria dar dinheiro aos pobres. Era «totalmente legítimo», segundo ele, que o governo fornecesse a «garantia de um certo rendimento mínimo para todos».[4] Por rendimento mínimo, referia-se a um nível abaixo do qual pessoas como a minha avó não deveriam cair, se e quando fossem incapazes de se sustentar. Hayek não achava que todos deveriam ser igualmente ricos. Ele só queria que todos tivessem o rendimento necessário para viver uma vida minimamente boa e digna. Ele acreditava que os governos deveriam despender dinheiro para os pobres, mesmo que isso envolvesse tirar aos ricos. Hayek entendeu que essa redistribuição era compatível com o mercado livre. Um pode ser para ambos. Podemos até defender que o mercado livre *funciona melhor* se todos tiverem algum dinheiro para gastar. Se algumas pessoas são tão pobres que não se podem envolver em transações de mercado, no fim de contas, o mercado não cumpre a sua função.

Não sei se Thatcher e Reagan leram essas partes da obra de Hayek. No que diz respeito aos economistas, porém, não há nada de invulgar no ponto de vista de Hayek.

A economia da pobreza é uma vibrante subdisciplina da economia. Não há melhor introdução a esta área do que os livros dos dois laureados com o Prémio Nobel de 2019 Abhijit V. Banerjee e Esther Duflo. Ambos dão aulas de economia no MIT. Os livros — *A Economia dos Pobres* e *Boa Economia para Tempos Difíceis* — são excelentes leituras.[5] Não é de estranhar que há muita coisa a acontecer nesta subdisciplina, de que apenas poderei abordar uma pequena parte.

Muito desse trabalho, no entanto, sustenta a ideia de que devemos apenas dar dinheiro aos pobres. Num capítulo intitulado «Dinheiro e Dignidade», Banerjee e Duflo citam dados de quase 200 países em desenvolvimento nos quais o governo transfere dinheiro para as pessoas pobres.[6] A maioria desses países implementa um esquema de transferência de dinheiro incondicional. Este é um sistema no qual todos os que satisfazem os critérios básicos de elegibilidade recebem uma certa quantia. Não há restrições. Os destinatários podem gastá-la no que quiserem. O número total de pessoas inscritas em pelo menos um dos programas do estudo foi de mil milhões. É muita gente. São muitos dados.

Os programas que dão dinheiro aos pobres sem restrições têm vantagens óbvias, como Banerjee e Duflo esclarecem. O sistema é barato e fácil de gerir. Enviar dinheiro é muito mais fácil do que distribuir cereais, leite ou outros produtos volumosos e perecíveis. As transferências incondicionais requerem pouca triagem ou monitorização. Certificar-se de que os destinatários são merecedores e responsáveis é complicado e existe o risco de excluir pessoas acidentalmente. Além disso, as transferências incondicionais permitem que as pessoas gastem o dinheiro com o que mais precisam: algumas precisam de comida, outras precisam de medicamentos. Algumas precisam de casa, algumas precisam de investimento no negócio da família. Quando os fundos são irrestritos, a pessoa é livre para obter o maior retorno possível. As transferências incondicionais são indiscutivelmente justas, uma vez que todos obtêm o mesmo benefício. As transferências incondicionais também não estigmatizam, da mesma forma que algumas intervenções direcionadas o fazem. Permitir que os menos afortunados tomem as suas próprias decisões de gastos respeita a sua autonomia e dignidade.

O perigo, claro, é que o dinheiro sem restrições seja gasto de forma imprudente, irresponsável ou imoral. Nada impede o destinatário de o gastar em tabaco ou álcool, em vez de comida, medicamentos e alojamento. As transferências incondicionais também podem ter outros efeitos adversos. O dinheiro de graça pode minar a disposição das pessoas para trabalhar. Se assim for, aumenta o risco de tornar as pessoas dependentes de esmolas e restringir o desenvolvimento económico. Esse resultado pode ser ainda mais prejudicial do que o problema que as transferências pretendiam corrigir. Os economistas estão, em geral, muito alinhados com a possibilidade de existirem consequências involuntárias e indesejáveis. Hayek é famoso pelos seus textos sobre estes temas, entre outros. Estes medos devem ser levados a sério.

Para perceber isso, economistas como Banerjee e Duflo analisam os dados — grandes quantidades. A conclusão é que os medos são injustificados. Segundo eles:

> O que fica muito claro em todas estas experiências é que não há nada que faça crer nos dados que os pobres gastam o dinheiro apenas com desejos e não com necessidades. No mínimo, aqueles que recebem essas transferências *aumentam a parcela* das suas despesas totais que vão para a alimentação... a nutrição melhora, assim como os gastos com educação e saúde. Também não há evidências de que as transferências de valores levem a maiores gastos com tabaco e álcool. E as transferências monetárias geralmente aumentam os gastos com alimentos tanto quanto as rações alimentares... Não há evidências de que as transferências monetárias façam as pessoas trabalhar menos.[7]

Os números descritos no estudo são médias. Podemos assumir com segurança que há muitos indivíduos irresponsáveis, imorais e preguiçosos entre os mil milhões. É provável que muitas famílias nesses países não beneficiem destes regimes. E não importa quão cuidadosamente um programa seja implementado, não há garantia de que dar dinheiro de graça a uma família ou aldeia irá ajudar. O argumento de Banerjee e Duflo é que, em *média*, os esquemas parecem ter funcionado muito bem, com poucas desvantagens. Estes regimes de transferência monetária incondicional ainda custam dinheiro. O dinheiro tem de vir de algum lugar, mas os dados sugerem que ajudam muito e resultam em poucos danos ou desperdícios. Hayek teria ficado encantado.

Refletindo sobre a vida e as escolhas das pessoas à volta do mundo, Banerjee e Duflo consideram notável como até mesmo as pessoas mais pobres são semelhantes a todas as outras. As pessoas pobres têm menos dinheiro — algumas muito menos —, mas, tirando isso, não são menos racionais do que qualquer outra pessoa. Na verdade, segundo Banerjee e Duflo, verifica-se o oposto. «Exatamente porque têm tão pouco, muitas vezes pensam muito bem nas suas escolhas: precisam de ser economistas sofisticados apenas para sobreviver.»[8] Não faltam inteligência, curiosidade, carácter ou desejo de viver aos pobres. Eles precisam de dinheiro, recursos e oportunidades. Quando uma política inteligente lhes dá o que precisam, podem viver melhores vidas. E quando a vida das pessoas pobres melhora, todos nós passamos a viver «num mundo melhor, mais saudável e mais humano».[9]

Que seja aleatório

Mas como sabemos? Imaginemos que o leitor repara que há muitos bebés recém-nascidos na altura em que as cegonhas aparecem. Sabe que não deve pensar que as cegonhas trouxeram os bebés, mas também sabe que os dois acontecimentos podem ter uma causa comum. O ciclo regular das estações pode ter algo que ver com isso. A conexão poderia, em princípio, funcionar na direção oposta também. Os bebés podem estar a atrair as cegonhas. A questão é que duas coisas que tendem a acontecer juntas não permitem que se infira que uma coisa é a causa da outra. A *correlação* não implica *causalidade*, como dizem os economistas.

É uma história um pouco ridícula, mas o problema geral é um grande problema em economia. Imagine que percebe que as mulheres que têm filhos acabam por ter carreiras menos brilhantes. Porque é que isso acontece? Uma hipótese óbvia é que o facto de terem filhos faz com que o ritmo das suas carreiras abrande. Talvez haja discriminação contra as mães trabalhadoras no local de trabalho. Talvez o mercado de trabalho seja, de alguma forma, menos acolhedor para elas. Mas pode haver uma causa comum. Talvez as mulheres com menos ambição profissional possuam também maior probabilidade de ter filhos e menos probabilidade de ter um bom desempenho laboral. Nesse caso, é a falta de ambição que produz carreiras menos bem-sucedidas, e não os filhos. Também é admissível que uma carreira menos intensa faça com que se tenha filhos. Uma mulher que sente que a sua carreira está prestes a estagnar pode ter mais filhos do que uma mulher cuja carreira vai de vento em popa. Uma mera correlação não nos diz o que causou o quê.

Imagine que repara que os pobres de países com esquemas de transferência de dinheiro incondicional se saem melhor do que os pobres noutros países. Uma explicação óbvia é que o dinheiro gratuito os ajuda a viver vidas melhores e com mais significado. Mas pode haver uma causa comum. Talvez os países com esquemas de transferência de dinheiro incondicional sejam mais bem governados, tenham políticos mais honestos, funcionários públicos menos corruptos, um sistema de educação melhor, mais capital social e um estado de direito mais confiável. Neste caso, qualquer combinação destes fatores poderia explicar por que razão os pobres desse país se saem melhor do que os pobres de outros lugares. Também é concebível que a relação causal ocorra na direção oposta. Talvez o facto de os pobres viverem relativamente bem num país inspire os políticos desse país a ajudá-los, enviando dinheiro.

O problema não é exclusivo da economia. O mesmo acontece na medicina. Imagine que dá medicamentos, terapia, cirurgia ou água benta a pessoas doentes. Imagine também que o paciente melhora com o tempo. Talvez a intervenção — seja medicamento seja água benta — tenha feito a diferença. Mas não podemos deduzir isso apenas por acompanhar a recuperação das pessoas ao longo do tempo. Na medicina, o problema foi resolvido há muito tempo com a ajuda do ensaio clínico controlado e aleatório.[10] O método é tão apreciado que é conhecido como «padrão-ouro». Veja como funciona. O leitor recruta um grupo de participantes. Idealmente, quer que seja grande e também representativo de uma população de interesse ainda maior. Então, divide os participantes aleatoriamente em dois grupos. O grupo de «teste» recebe a intervenção. O grupo de «controlo» não recebe nada. Se os tornar aleatórios de forma correta, os dois grupos serão estatisticamente idênticos. Tanto quanto pode determinar, não haverá diferenças entre eles antes da intervenção. Se o grupo de teste se sair melhor do que o grupo de controlo posteriormente, terá evidências para pensar que a intervenção fez a diferença. Caso contrário, não.

Os economistas adotaram entusiasticamente o estudo controlado e aleatório. De fora, a economia pode parecer monolítica e inalterável, mas quando os economistas começaram a experimentar o estudo controlado e aleatório, rapidamente o transformaram numa parte do *kit* de ferramentas habituais. A metodologia «padrão-ouro» oferece-lhes uma nova maneira de descobrir o que causa o quê. Isso permite-lhes responder a questões económicas antigas de muitos tipos diferentes, incluindo questões sobre discriminação no local de trabalho. Também inclui questões sobre a redução da pobreza. Os resultados dos ensaios controlados e aleatórios ajudam a moldar as respostas dos economistas a velhas questões. E também inspiram novas perguntas.

Os economistas podem não ser capazes de dividir as pessoas em grupos de teste e controlo de forma aleatória. Fazer isso pode ser impraticável. Também pode ser antiético. Imagine que queria saber o que os bebés fazem à carreira de uma mulher. Pelas razões que acabei de explicar, não basta comparar mulheres que tiveram filhos com mulheres que não tiveram. Também não pode arranjar algumas centenas de bebés e distribuí-los aleatoriamente pelas mulheres no mercado de trabalho.

Porém, muitas vezes, os economistas habilidosos podem encontrar soluções alternativas. O leitor pode não precisar de usar a aleatoriedade, se a natureza já fez isso por si. Há alguns anos, Petter Lundborg, Erik Plug e Astrid Würtz Rasmussen perceberam que os tratamentos de fertilidade funcionam da mesma maneira. Os economistas usaram dados a partir de 18 538 mulheres dinamarquesas sem filhos que passaram por um processo de fertilização *in vitro* (FIV). O procedimento às vezes funciona, outras, não. O sucesso é praticamente aleatório. Pelo menos, não há razão para pensar que depende de percursos anteriores de carreira e afins. Os economistas foram capazes de comparar dois grandes grupos de mulheres que eram estatisticamente idênticos, tirando algumas terem filhos e outras não. A comparação mostrou que ter um filho afetou os rendimentos das mulheres. Também mostrou que as mulheres com filhos tiveram, de facto, carreiras menos brilhantes. Os autores descreveram o efeito como «negativo, grande e duradouro». Isso é verdade, embora os pais dinamarqueses desfrutem de uma generosa licença de maternidade e assistência aos filhos subsidiada.[11] Os autores também tentaram explicar o efeito. A sua principal conclusão é que as mulheres com filhos mudam para empregos com salários mais baixos perto de casa. O estudo apresentou evidências sólidas para a hipótese de que ter filhos causa um abrandamento nas carreiras, bem como um mecanismo plausível para a explicar.

O ensaio controlado e aleatório que ocorreu naturalmente, então, respondeu a uma questão antiga de grande interesse económico, mesmo na presença de obstáculos práticos e éticos.

Os economistas interessados no estudo da pobreza têm mais facilidade, de certa forma. Ao contrário das crianças, o dinheiro pode, de facto, ser distribuído aleatoriamente pelas pessoas. Não há obstáculos práticos ou éticos intransponíveis. O meu colega Johannes Haushofer fez isso. Ele associou-se a outro economista, Jeremy Shapiro, e a uma organização não-governamental chamada GiveDirectly.[12] A organização doa dinheiro sem restrições a famílias pobres em países em desenvolvimento. Juntos, realizaram um estudo controlado e aleatório numa zona rural do Quénia. Foram selecionadas famílias de forma aleatória em aldeias selecionadas aleatoriamente e receberam dinheiro. As outras famílias, não. Para serem elegíveis, as famílias só precisavam de satisfazer um critério básico de elegibilidade. As quantias eram consideráveis, correspondendo a vários meses de despesas de uma família média.

O que aconteceu? Os investigadores regressaram nove meses depois. Descobriram que as famílias que receberam a transferência incondicional consumiram mais e pouparam mais. Gastaram mais com comida. Aumentaram a sua segurança alimentar, o que significa que tiveram acesso mais confiável a alimentos que satisfizessem as suas necessidades e preferências. Os beneficiários fizeram mais investimentos, em coisas como coberturas metálicas e gado. Os investimentos valeram a pena, pois geraram mais negócios e receitas agrícolas. Receber dinheiro aumentou o bem-estar psicológico das pessoas e parece ter aumentado o empoderamento feminino. Enquanto isso, as famílias que recebiam dinheiro não o gastavam em «bens tentadores», como tabaco e álcool.[13] Ao todo, as consequências foram boas, e os efeitos perversos legitimamente temíveis simplesmente não se materializaram.

O estudo controlado e aleatório fornece evidências sólidas para a eficácia das transferências monetárias incondicionais. Mais uma vez, os resultados são apresentados em médias. É quase certo que houve casas que não beneficiaram, de facto, com as transferências. Tudo o que as conclusões de Haushofer e Shapiro dizem é que, em média, as consequências eram desejáveis. Além disso, o facto de as transferências de rendimento funcionarem numa zona rural do Quénia não significa *necessariamente* que irão funcionar no Bangladesh ou nas Fiji. Mas nenhuma evidência científica é 100% conclusiva. Existe sempre a possibilidade de os resultados não se resistirem ou não se ajustarem noutras geografias. A análise oferecida por Haushofer e Shapiro é a melhor possível. Dá-nos uma base muito boa para fazer escolhas informadas sobre a política anti pobreza.

«A boa economia por si só não nos pode salvar», observam Banerjee e Duo. «Mas, sem isso, estamos condenados a repetir os erros de ontem. A ignorância, as intuições, a ideologia e a inércia combinam-se para nos darem respostas que parecem plausíveis, prometem muito e previsivelmente nos traem.»[14] Se queremos resolver a pobreza, estamos melhor com a economia do que sem ela. Agora, as transferências monetárias incondicionais não vão ajudar em todas as situações e certamente não irão resolver todos os problemas por magia e por si só. O dinheiro precisa de ser combinado com «cuidado», na linguagem de Banerjee e Duflo. Pode não ser ideal entregar dinheiro às pessoas e simplesmente afastar-se. Então, que mais pode ser feito?

O sentimento de escassez

Os economistas comportamentais Sendhil Mullainathan e Eldar Shafir abordam o problema da pobreza persistente de um ângulo diferente. O livro *A Tirania da Escassez*, de 2013, foca-se em aspectos mais psicológicos do problema.15 Mullainathan nasceu numa pequena aldeia agrícola na Índia. Agora, dá aulas na Universidade de Chicago, depois de ter estado em Harvard e no MIT. Shafir é um economista americano que é, há muito tempo, um dos líderes da investigação sobre a decisão comportamental e dos economistas comportamentais. Está na Universidade de Princeton. Os dois cofundaram o ideas42, uma organização sem fins lucrativos com sede em Nova Iorque que cria soluções comportamentais para problemas sociais difíceis.

Mullainathan e Shafir salientam que muitos programas anti pobreza são baseados na ideia de que os pobres simplesmente não se esforçam o suficiente.[16] A ideia é que precisam de ser motivados ou incentivados se quiserem alimentar e educar os seus filhos, procurar trabalho e sair da pobreza. Um limite vitalício para o número de anos que uma pessoa pode receber pagamentos de assistência social é um exemplo. Outros programas de combate à pobreza vêm com condições ou restrições que impedem os pobres de gastar dinheiro como bem entenderem. Os vales de refeição nos EUA não podem ser utilizados para comprar comida quente, por exemplo. A ideia é que as condições e restrições constroem o carácter, ou pelo menos impedem as pessoas de fazerem gastos excessivos e irresponsáveis.

Mullainathan e Shafir acham que estes programas estão a fazer exatamente o contrário. Para eles, os pobres não carecem de motivação ou responsabilidade. O problema é diferente. Mullainathan e Shafir acham que existem razões *psicológicas* pelas quais os pobres não sobem na vida através dos seus próprios esforços. A solução é tornar a vida dos pobres mais fácil — e não mais difícil.

Mullainathan e Shafir usam o termo «escassez» de maneira um pouco diferente de outros economistas. O leitor sabe como o termo é utilizado normalmente: para se referir a uma situação em que há falta de algo que as pessoas desejam. Mullainathan e Shafir, pelo contrário, estão interessados no sentimento de escassez. Essa é a experiência subjetiva de não ter o suficiente. «Por escassez, queremos dizer ter menos do que alguém sente que precisa», escrevem.[17] A sensação de escassez pode ser, e muitas vezes é, originada pela falta de dinheiro. Mas não tem de ser esse o caso. Também pode advir da falta de comida, tempo, energia, saúde, emprego, relações — ou qualquer outra coisa com a qual uma pessoa se preocupa e deseja mais. O leitor não precisa de ser pobre para experimentar a escassez nesse sentido. Mas ser pobre obviamente torna a pessoa vulnerável a um intenso sentimento de escassez — falta de muitas das coisas que fazem a vida valer a pena.

A sensação de escassez é uma poderosa força mental, de acordo com Mullainathan e Shafir. Tem consequências profundas para a maneira como pensamos e agimos. Segundo eles:

> Quando experimentamos escassez de qualquer tipo, somos absorvidos por ela. A mente orienta-se automática e poderosamente para as necessidades não satisfeitas. Para quem está esfomeado, essa necessidade é a comida... Para quem não tem dinheiro, pode ser o pagamento da renda desse mês; para o solitário, falta de companhia. A escassez é mais do que apenas o desprazer de ter muito pouco. Ela altera a forma como pensamos, impondo-se nas nossas mentes.[18]

A sensação de escassez tem tendência para permanecer como pensamento dominante. Como tal, influencia o que percebemos, no que nos concentramos, como decidimos, o que valorizamos e desejamos — e, finalmente, como escolhemos viver as nossas vidas. A escassez toma conta de nós.

Ser aprisionado pela escassez pode ser uma coisa boa.[19] Pode tornar-nos mais atentos e mais eficientes. Quando o tempo ou algum outro recurso está prestes a acabar, a escassez pode tornar-nos mais conscientes e mais focados. A escassez é a razão pela qual as reuniões se tornam mais eficazes quando estão a terminar. É por isso que algumas pessoas se tornam mais produtivas, criativas e prolíficas perto do fim de um prazo. (Pergunte-me sobre isso!) Também pode tornar-nos mais cuidadosos e menos propensos a cometer erros idiotas.

Ser aprisionado pela escassez também pode ser mau. Uma vez que o sentimento de escassez se torna suficientemente intenso, pode dominar-nos. Pode reduzir a nossa capacidade de perceber, focar, decidir e escolher. Mullainathan e Shafir usam o termo *largura de banda* para se referirem à nossa capacidade/energia mental. A escassez reduz a capacidade mental — às vezes, drasticamente. A escassez interfere na nossa inteligência fluida, ou seja, quão bem processamos informações e tomamos decisões. Isso atrapalha o controlo executivo, o que mantém a tendência para agir impulsivamente. Torna-nos menos perspicazes, menos visionários, menos controlados.

Como é que os investigadores estudam a escassez? Ficará com uma ideia através de um exemplo. Laurel Aynne Cook e Raika Sadeghein estavam interessadas em saber como os sentimentos de escassez levam as pessoas a contrair empréstimos sobre os ordenados.[20] Estes empréstimos a curto prazo com taxas de juro muito altas podem ser úteis para lidar com uma crise ocasional. Mas são muito caros, de facto. É comum os clientes pedirem emprestado mais do que precisam e mais do que podem pagar. Então, podem entrar num ciclo em que precisam fazer um segundo empréstimo para pagar o primeiro. Pode ser muito difícil fugir a um ciclo como este. Os credores têm como alvo pessoas com maior escassez percecionada. (As pessoas que não experimentam escassez comummente não sonhariam em pedir dinheiro emprestado nesses termos.)

Cook e Sadeghein recrutaram adultos americanos *online* para o seu estudo. Todos os participantes foram informados de que precisavam de 500 dólares para cobrir as despesas. Os participantes foram escolhidos de forma aleatória e divididos em diferentes grupos. Alguns foram instruídos a imaginar que estavam falidos; alguns foram instruídos a imaginar que acabavam de receber o vencimento. Alguns foram informados de que estavam prestes a perder algo que valorizavam, como o carro; alguns foram informados de que agora não podiam pagar algo que planeavam comprar. Alguns foram informados de que o empréstimo sobre o salário era a única oportunidade de obterem dinheiro; outros foram informados de que tinham outras fontes de recursos, mas podiam optar por fazer um empréstimo de qualquer maneira.

Os investigadores previram que as pessoas com muita escassez percecionada teriam maior probabilidade de contrair um grande empréstimo sobre o salário. Eles esperavam um efeito particularmente significativo entre as pessoas que enfrentavam o que chamavam de ameaça tripla. Esta é uma situação em que as pessoas estão falidas, enfrentam uma perda e têm poucas opções. De facto, os participantes que enfrentaram uma ameaça tripla fizeram empréstimos em excesso. Pediram mais dinheiro emprestado do que aquele de que precisavam para cobrir as suas despesas. Pediram emprestado, em média, 725 dólares para cobrir uma despesa de 500 dólares.[21] Os investigadores concluíram, assim, que os consumidores com o maior grau de escassez percecionada provavelmente tomarão más decisões — decisões que se revelarão dispendiosas e que agravam ainda mais a situação financeira difícil de alguém que já está em apuros.

Num aparte, as ciências sociais e comportamentais foram recentemente abaladas por algo chamado de *crise de replicação*. Uma replicação é uma tentativa de repetir um estudo, na esperança de obter os mesmos resultados. As replicações são uma forma de controlo de qualidade, em que investigadores independentes confirmam o trabalho dos autores originais do estudo. A «crise» é que um número surpreendente de estudos famosos falhou. As replicações malsucedidas são embaraçosas para o autor e lançam dúvidas sobre a qualidade do seu trabalho. Embora o seu registo esteja longe de ser perfeito, a economia parece melhor do que as suas disciplinas relacionadas.[22] E o estudo de Cook e Sadeghein foi, de facto, replicado com sucesso.[23]

O que é que a escassez tem que ver com a pobreza persistente? A resposta é que a escassez tem a tendência para se perpetuar. Se a escassez comprometeu a sua capacidade de pensar como deve ser e agir racionalmente, é provável que faça algum disparate. O leitor pode não perceber os sinais dos problemas que estão por vir, pode interpretar mal os sinais, pode ser incapaz de pensar nas coisas e, consequentemente, pode deixar de tomar as medidas adequadas. Depois, pode nem perceber que errou. Os erros ao gerir recursos limitados criam ainda mais escassez. Isto, por sua vez, reduz ainda mais a sua energia mental — e degrada ainda mais a sua capacidade de pensar como deve ser e agir racionalmente. «A escassez cria a sua própria armadilha», como Mullainathan e Shafir destacaram.[24]

Cook e Sadeghein estudaram este processo analisando queixas apresentadas ao Departamento de Proteção Financeira do Consumidor dos Estados Unidos.[25] Analisaram 200 queixas selecionadas aleatoriamente de pessoas que contraíram empréstimos sobre o ordenado. Muitas das queixas eram de pessoas que experimentaram a tripla ameaça. Precisavam de dinheiro. Precisavam dele com urgência, muitas vezes para evitar alguma despesa saúde, com a casa ou de transporte. E tinham poucas outras opções. Muitas queixas descreviam a necessidade de contrair um empréstimo sobre o salário para quitar um anterior. As queixas descreviam um grande impacto emocional em pedir dinheiro emprestado a altas taxas de juro. O desgaste emocional era agravado pelo assédio dos credores, que em alguns casos telefonavam com frequência com mensagens ameaçadoras em casa e no trabalho. As queixas também descreviam credores que retinham informações sobre o valor do empréstimo, taxa de juro, histórico de pagamentos, e assim por diante. Sem essa informação, os mutuários enfrentavam ainda mais problemas para fazer os pagamentos no prazo. A falta de pagamentos leva a taxas e encargos adicionais, *stress* adicional e decisões ainda piores. Assim, pessoas já vulneráveis encontram-se num círculo vicioso em que escassez gera escassez — e tudo o resto.

Mullainathan e Shafir fazem de tudo para salientar que as pessoas pobres não são diferentes das outras pessoas.[26] Elas não nasceram com menos capacidade mental do que todas as outras. Têm o mesmo sistema visual, aparato cognitivo, poder de processamento e por aí fora. A diferença entre pobres e ricos é que os pobres são mais propensos a passar pela escassez em múltiplas dimensões. A escassez reduz a sua energia mental, o que interfere na sua capacidade de pensar com clareza e agir com sabedoria. Isso torna-os mais propensos a decisões imprudentes, especialmente no que diz respeito ao dinheiro, o que leva a mais escassez e ainda menos energia mental. Eles permanecem pobres, em parte, por causa do *stress* psicológico de viver à luz da escassez num mundo de abundância — não por causa de genes defeituosos ou de outras diferenças inatas.

Entender a escassez dá-nos ideias práticas para ajudar as pessoas a sair da pobreza, solidão e desespero — e para ajudá-las a evitá-la, para começar.[27] É pouco provável que as pessoas com pouca capacidade mental beneficiem de coisas como campanhas informativas ou incentivos. Intervenções dessas funcionam apenas se as pessoas tiverem a capacidade de absorver as informações e mudarem racionalmente o seu comportamento em consonância. O que os pobres precisam é de mais energia mental. As intervenções precisam de se concentrar em aliviar a sensação de escassez. Isso significa tornar as suas vidas mais fáceis de viver. Significa projetar programas que sejam mais indulgentes com as pessoas que cometem erros. As soluções podem incluir produtos financeiros, assistência logística e melhores condições de trabalho. Essas intervenções podem ajudar a reduzir a volatilidade financeira que as pessoas pobres experimentam, atenuar os sentimentos mais intensos de escassez e devolver-lhes a energia mental de que precisam para melhorar as suas vidas.

As transferências de dinheiro podem obviamente ter o efeito de aliviar a sensação de escassez. Ao dar poder de compra e energia mental aos pobres, as transferências de dinheiro servem para os empoderar e aumentar a sua autonomia. Mas, às vezes, é melhor apenas dar aos pobres o que eles precisam. A assistência às crianças, por exemplo, é fundamental para permitir que os trabalhadores pobres possam voltar ao trabalho.[28] Se lhes der dinheiro, eles podem pagar creches, mas, para isso, é preciso pesquisar: analisar as opções, saber quanto custam e tentar avaliar qual é a melhor para cada criança. O processo pode ser *stressante*. Requer capacidade mental. Para alguém que já enfrenta escassez, pode ser melhor ter um programa de assistência às crianças largamente subsidiado e proporcionado por um governo que também faz controlo de qualidade.

O leitor pode pensar que facilitar a vida das pessoas pobres diminuirá a responsabilidade pessoal. Mullainathan e Shafir defendem que se verifica o oposto.[29] Obter mais energia mental permite que as pessoas assumam a responsabilidade pelas suas vidas e tenham sucesso, mesmo que a armadilha da escassez cause pequenas falhas ocasionais.

Mais uma vez, estas intervenções não irão resolver a pobreza por si só e de forma mágica. Não vão ajudar todas as pessoas pobres. Mas ajudar as pessoas a sair da armadilha da escassez fará, em média, uma diferença nas suas vidas — e na pobreza persistente.

A ciência sombria

«Não é uma "ciência alegre", mas triste... não, uma ciência triste, desolada e, de facto, bastante abjeta e angustiante; o que poderíamos chamar, a título de eminência, a *ciência sombria*.»[30] O historiador britânico do século XIX Thomas Carlyle era contra a economia. Durante muito tempo, a palavra «sombrio» esteve associada ao Diabo.[31] Na sua utilização moderna, «sombrio» tem que ver com infortúnio e desastre; desgraça e depressão; o triste, escuro, lúgubre, lamentável e desconsolado. A sua difamação — «a ciência sombria» — permanece.

O que tinha a economia que provocou Carlyle? Foi a falta de graça e sofisticação dos seus praticantes? Foi o foco em coisas vulgares e materiais — como a prosperidade e a riqueza? Ou foi o modo como os economistas deslocaram a autoridade tradicional, como a religião?

Não foi nenhuma destas hipóteses. Foi a *escravatura*. Os economistas eram contra; Carlyle era a favor. Ele difamou a economia como obscura e diabólica porque os economistas defenderam os direitos das pessoas de pele escura.

John Stuart Mill foi filósofo e economista durante um período em que as duas disciplinas ainda não estavam claramente separadas. Ele é famoso especialmente pelo seu livro *Utilitarismo* e pela sua defesa do Princípio da Maior Felicidade.[32] Toda a ação e toda a organização, defendia Mill, deviam ser avaliadas pela quantidade de felicidade que geram. Tudo o que fazemos e tudo o que dizemos deve ser guiado por esta ideia de «a maior felicidade para o maior número». A mudança de frase deve-se a Jeremy Bentham, colega filósofo/economista de Mill.[33] Utilitaristas como Mill e Bentham obrigam-nos a fazer uma espécie de cálculo, determinando a quantidade de felicidade que existiria se agíssemos de várias maneiras — e escolher em conformidade.

Uma característica decisiva deste cálculo utilitário é que ele atribui exatamente a mesma importância a todo e qualquer indivíduo. A felicidade do leitor tem o mesmo valor da minha; a do padre pela do mendigo; a do rei pela dos proscritos. Não importa quem o leitor é ou de onde é — se nasceu na Escócia (como Carlyle), Inglaterra (como Bentham e Mill), África, Índia ou nas Índias Ocidentais. «A sociedade entre iguais», escreveu Mill, «só pode existir com base no entendimento de que os interesses de todos devem ser considerados de forma igual.»[34]

O cálculo utilitário levou Mill e Bentham a defender uma reforma social radical e a promover várias causas emancipatórias. Mill era um defensor ativo dos direitos das mulheres. Ele abominava «a subordinação legal de um sexo ao outro», que dava ao marido direitos sobre a esposa e o controlo da sua propriedade.[35] Mill queria nada menos que «perfeita igualdade». Bentham escreveu um tratado a defender o que hoje chamamos de direitos dos homossexuais. Na época, a sodomia era considerada um crime contra a natureza, punível com a morte. Bentham defendeu que os atos homossexuais entre parceiros dispostos deveriam ser legais, por não gerarem dor, mas prazer. Tanto Mill como Bentham eram contra a escravidão. Bentham lamentou «o mal da escravatura» — defendendo que o sofrimento dos escravos não pode ser superado por nenhum benefício proporcional ao mestre.[36] Todos os seus argumentos consideravam a felicidade dos oprimidos, espoliados e vulneráveis tão importante como a de todos os outros.

Mill e Carlyle eram amigos íntimos na década de 1830. Mais tarde, separaram-se, por razões que se tornarão óbvias.[37] Mill ajudou Carlyle a seguir uma carreira literária, sugerindo que ele escrevesse uma história sobre a Revolução Francesa e fornecendo-lhe importantes fontes de material. A amizade até sobreviveu a um episódio infeliz quando quase todo o manuscrito foi incinerado após Mill o deixar em casa.

Carlyle estava a par dos pontos de vista de Mill sobre igualdade e emancipação e simplesmente não os defendia. Em 1849, publicou um ataque generalizado à «ciência da oferta e da procura». O artigo apareceu pela primeira vez na *Fraser's Magazine for Town and Country*, onde foi atribuído a um certo Dr. Phelim M'Quirk. Foi republicado quatro anos depois com o próprio nome de Carlyle. O tratado, que tem cerca de 50 páginas, é *cruelmente* racista, e o próprio título é impublicável. O objetivo é defender a escravatura nas Índias Ocidentais. A linguagem é atroz. A peça descreve os escravos como sub-humanos, tratando-os como «gado de duas pernas» que precisam de um «bom chicote» — para o seu próprio bem, é claro. Economistas como Mill defendiam que algumas nações eram ricas e outras pobres por causa das suas diferentes histórias e instituições, mas Carlyle discordou. Para ele, era tudo uma questão de raça. Abolir a escravatura não teria hipótese de funcionar. Libertar os escravos apenas iria transformar as Índias Ocidentais numa «Irlanda negra», afirmou ele, que, tal como os seus homólogos «brancos ou pálidos», estaria «a morrer de fome». O Diabo está na ociosidade. Carlyle concluiu que o homem branco tinha o direito — ou melhor, o dever — de deixar o chicote voar.

Carlyle ficou particularmente irritado com a maneira como os economistas uniram forças com um grupo de cristãos evangélicos que costumavam reunir-se no Exeter Hall, em Londres. Os evangélicos opunham-se à escravatura, alegando que todas as pessoas são feitas à imagem de Deus. Depois de introduzir o termo «a ciência sombria», Carlyle prossegue:

> A Filantropia de Exeter Hall e a Ciência Sombria, lideradas por qualquer causa sagrada da Emancipação Negra, ou algo semelhante, para se apaixonar e fazer disso um casamento, darão à luz descendência e prodígios; bezerros escuros, abortos inomináveis, enormes monstruosidades, como o mundo não viu até agora!

Carlyle estava a protestar muito, mas conseguiu transmitir o seu ponto de vista. Tratar os negros, os brancos e os irlandeses (que Carlyle considerava não-brancos!) como iguais levaria à miscigenação, à abominação, à ociosidade, ao horror e ao caos. Os economistas eram a favor desse tipo de coisa? Uma ciência sombria, de facto.

Igualitarismo analítico

A ideia de que a ciência deve tratar as pessoas como fundamentalmente iguais tem um nome pomposo. Chama-se igualitarismo analítico. O termo deve-se a dois historiadores da economia, Sandra J. Peart e David M. Levy.[38] É analítico porque nos diz como analisar as coisas. E é igualitarismo porque nos diz para tratar as pessoas como iguais. Não é uma lei da natureza. É uma regra prática que nos diz como estudar o mundo e as pessoas que nele vivem.

O igualitarismo analítico já há muito tempo que faz parte do modo de pensar económico. Peart e Levy delinearam as raízes históricas do conceito desde os inícios da disciplina. Aqui, Adam Smith, no seu *Riqueza das Nações* — de certa forma, o documento fundador da economia moderna:

> A diferença de talentos naturais em diferentes homens é, na realidade, muito menor do que imaginamos; e o talento muito diferente que parece distinguir homens de diferentes profissões, durante o seu crescimento até à maturidade, não é, em muitas ocasiões, tanto a causa como o efeito da divisão do trabalho. A diferença entre as personagens mais díspares, entre um filósofo e um simples porteiro, por exemplo, parece surgir não tanto da natureza como do hábito, costume e educação. Quando vieram ao mundo, e durante os primeiros seis ou oito anos da sua existência, talvez fossem muito semelhantes, e nem os seus pais nem os seus companheiros de brincadeira perceberiam qualquer diferença notável. Mais ou menos nessa idade, ou logo depois, começam a trabalhar em ocupações muito diferentes. A diferença de talentos passa então a ser notada e aumenta gradualmente, até que finalmente a vaidade do filósofo está pouco disposta a reconhecer qualquer semelhança.[39]

Smith acreditava que todas as pessoas são fundamentalmente iguais e insistia que as nossas análises as tratassem dessa forma. Ele não nega que existam diferenças — por exemplo, entre um filósofo conceituado e um humilde porteiro. A sua teoria é que as diferenças se devem especialmente a desigualdades de «hábito, costumes e educação». Se quisermos explicar o facto de uma pessoa ser isto e outra ser aquilo, é insuficiente falar sobre as diferenças inatas. Essa conversa, pensou Smith, pouco faria além de afagar o ego das classes altas. Em vez disso, devemos explorar que diferenças de hábito, costumes e educação tornaram as pessoas desta ou daquela maneira.

Mill concordou. O seu compromisso com a ideia de que as pessoas devem ser tratadas da mesma forma é bastante evidente na sua resposta a Carlyle, que também apareceu na *Fraser's Magazine*.[40] Nunca houve uma «doutrina mais condenável», escreve Mill, do que a ideia de que «um tipo de seres humanos nasce servo de outro tipo». A ideia de que qualquer diferença observável entre os seres humanos se deve a alguma «diferença original da natureza» é, para Mill, «um erro vulgar». Se uma árvore é mais alta do que outra, somos compelidos a inferir que uma semente deve ter sido mais forte do que outra? Solo, clima, humidade, exposição, pragas, animais a pastar, seres humanos intrometidos e o mero acaso não fazem diferença? Para Mill, seria absurdo pensar assim. Apesar das diferenças superficiais, as pessoas são fundamentalmente as mesmas e devem ser tratadas dessa forma. Se uma é pobre e a outra é rica, não é porque a primeira seja inerentemente inferior à segunda. As diferenças entre negros e brancos, ricos e pobres devem ser explicáveis através de «influências externas». Se qualquer uma dessas influências estiver sob o nosso controlo, melhorar a sorte da humanidade é possível e desejável. Para Mill, como observam Peart e Levy, a raça é «analiticamente irrelevante».[41]

Na obra de Mill, a moral e a metodologia entrelaçam-se. Ele começou com um *princípio moral* segundo o qual cada pessoa tem o mesmo valor. Esse é o princípio utilitarista. O princípio moral inspirou uma regra metodológica que dizia aos cientistas para tratar todos como fundamentalmente iguais nas suas análises. Isso é o igualitarismo analítico. A regra prática metodológica serve para focar as influências externas que determinam por que motivo uma pessoa é afortunada e outra não. Sabendo quais são essas influências externas, os cientistas sabem como melhorar a sorte da humanidade. Quando são guiados pelo princípio moral, eles farão isso. O princípio moral combinado com a regra metodológica prática é o que ajudará os cientistas a corrigir o mundo — incluindo a abolição da escravatura.

A ideia de que as pessoas devem ser tratadas da mesma forma tem sido um ingrediente fundamental na economia desde os tempos de Adam Smith e John Stuart Mill. Continua a moldar os esforços dos economistas para entender o mundo e o seu trabalho para o melhorar.

O anti igualitarismo de hoje

Há cientistas que consideram que as pessoas não devem ser tratadas fundamentalmente da mesma forma. Esses cientistas procuram diferenças individuais sempre que veem desigualdade. Um exemplo particularmente famoso é o livro *The Bell Curve*, de Richard J. Herrnstein e Charles

Murray.[42] Foi publicado pela primeira vez em 1994 e causou uma grande controvérsia, que ainda não desapareceu. Os autores não são economistas. Um era psicólogo e o outro cientista político.

Herrnstein e Murray começam por observar que a sociedade americana está cada vez mais estratificada. Quem já tem muito ganha cada vez mais, enquanto quem tem pouco ganha cada vez menos. A estratificação levou à segregação, com as classes mais abastadas cada vez mais distantes fisicamente das mais pobres.[43] Compreender a estratificação e a segregação, dizem eles, requer coragem para aceitar que as pessoas são fundamentalmente diferentes — especialmente no que diz respeito à inteligência. Se não o fizermos, poderão acontecer coisas negativas. «Tentar lidar com os problemas da nação sem entender o papel da inteligência», dizem eles, é «tratar sintomas, em vez de causas, tropeçar em supostos medicamentos que não têm hipótese de resultar».[44] A estratificação e a segregação, segundo os autores, devem ser entendidas como movidas por diferenças de inteligência. As diferenças cognitivas são «a força divisória decisiva» e, portanto, «a posição social está obrigada a basear-se, até certa medida, em diferenças herdadas».[45] Os ricos são apenas mais espertos do que os pobres. Como há pouco que podemos fazer para remediar diferenças fundamentais na inteligência, tentar eliminar a estratificação e a segregação é, na melhor das hipóteses, inútil — e, na pior, prejudicial.

Há, na verdade, diferenças entre os indivíduos. Pelo menos algumas dessas diferenças têm uma base biológica e são, em parte, hereditárias. As diferenças individuais podem ter consequências para a sociedade como um todo. Tudo isso está aberto à investigação científica. O leitor não precisa de ser racista ou má pessoa para reconhecer tudo isso ou interessar-se pelo estudo científico desses fenómenos.

O que quero dizer é que as escolhas metodológicas têm consequências. A maneira como os cientistas estudam o mundo afeta aquilo que eles descobrem. Diferentes métodos servem para pôr em melhor evidência diferentes aspectos do mundo. Em contrapartida, o que eles veem influencia as soluções que apresentam. Se os cientistas procuram diferenças inatas — como fizeram Herrnstein e Murray, e, antes deles, Carlyle —, não é surpreendente que seja isso que encontram. E não devemos surpreender-nos se, no final das contas, os cientistas inferirem que há pouco que pode ser feito para melhorar as coisas além de proteger os mais afortunados das esperanças e aspirações dos menos afortunados.

Uma ciência moral

O modo de pensar da economia reflete um impulso profundamente moral. A ideia de que os pobres, escravizados, desprovidos de direitos e desprotegidos devem ser considerados na mesma medida que todos os outros remonta aos primórdios da disciplina. A ideia ajudou a moldar a maneira através da qual os economistas estudam o mundo e as pessoas que o habitam. Isso permanece profundamente enraizado. Reflete-se nos esforços feitos pelos economistas para compreender o mundo. E também se reflete nas suas propostas para o melhorar. A ideia de que pobres e ricos são basicamente iguais também é resultado da economia. É uma conclusão a que os economistas chegaram após décadas ou séculos de trabalho sobre a pobreza, as suas causas e as suas consequências.

Os economistas têm todos os motivos para estarem orgulhosos dessa história. Carlyle era cruelmente racista e as instituições que defendia eram desumanas e injustas. Bentham e Mill estavam do lado certo da história, quer estejamos a falar dos direitos das mulheres, quer dos direitos dos homossexuais, quer da abolição da escravatura. O leitor não precisa de ser economista para saber que as pessoas devem ser tratadas de forma igual. Não precisa de ser uma má pessoa para analisar as diferenças individuais — ou para criticar a economia. Só posso conjeturar que as pessoas que defendem a campanha de difamação de Carlyle sobre «a ciência sombria» não têm consciência da sua história profundamente racista.

O episódio deveria ser mais conhecido. O facto de não ser é uma oportunidade perdida para a economia. Compreender o impulso moral original revela-nos muito sobre o que é a economia — e o que a torna diferente de outras formas de estudar o mundo. O seu compromisso de tratar as pessoas de forma igual inspirou a campanha de difamação de «ciência sombria». Mas esse mesmo compromisso ajuda os economistas a ver o que impede as pessoas de viverem as suas vidas no seu esplendor. Sugere maneiras de melhorar essas condições, especialmente para os mais vulneráveis. Longe de ser um empreendimento ténue, desapaixonado e tecnocrático, a economia é e sempre foi uma ciência profundamente moral. Na melhor das hipóteses, pode inspirar compaixão pelos pobres e desapossados, um desejo de fazer algo em relação à sua situação e estratégias reais e exequíveis para a resolver.

Não há nada de sombrio em relação à economia da pobreza. É inspiradora, construtiva e útil.

2
Como criar crianças felizes e manter a sanidade

Quando a nossa filha mais velha tinha cerca de três anos, não dormia grande coisa — nem nós. Ela tinha problemas para adormecer e não dormia bem à noite. Ficámos cada vez mais cansados. A privação de sono é horrível. Afeta o pensamento e a concentração, a memória e o humor — até mesmo o sistema imunológico. Não conseguir dormir de noite dificulta o funcionamento normal a qualquer hora do dia. E quando duas pessoas que moram juntas estão irritadas e incapazes de pensar como deve ser, facilmente o ambiente fica tenso. (Se, quando era miúdo, pensou que os seus pais eram estúpidos e aborrecidos, talvez tivesse razão — e a culpa pode ter sido sua.)

Alguma coisa tinha de ser feita. Estávamos exaustos. Como eu e a minha mulher somos cientistas sociais — com três doutoramentos entre os dois —, fizemos o que fomos treinados para fazer. Comprámos uma série de manuais para pais e livros com dicas para ajudar a dormir. Demos o corpo às balas com muita paciência.

Ler aqueles livros foi uma experiência frustrante. Imagino que os autores tinham boas intenções, mas os seus conselhos eram, na maioria, inúteis. Em primeiro lugar, eram contraditórios.[1] Os conselhos que davam eram, por vezes, opostos. Alguns livros diziam que tinha de dar colo ao seu filho até ele adormecer e pegar nele imediatamente se acordasse. Outros diziam que tinha de deitar o filho no berço quando ainda estivesse acordado e não voltar a pegar nele até de manhã, mesmo que chorasse. Mas os conselhos contraditórios eram apenas um dos problemas dos livros.

O segundo problema era os livros oferecerem poucas evidências. Os vários escritores eram semelhantes, não nas conclusões a que chegavam, mas na confiança que demonstravam. Como cientistas sociais, eu e a minha mulher queríamos saber como os autores podiam ter tanta certeza. Queríamos dados. Encontrámos muito poucos. Os autores costumavam referir-se apenas a «nos meus 30 anos de experiência como pediatra», ou algo assim. Isso fez-nos pensar para que servem três décadas de experiência se dois médicos conceituados acabaram por chegar a conclusões completamente opostas.

O terceiro problema talvez fosse o pior: os livros deixavam-nos com a impressão de que poderíamos causar danos permanentes à nossa filha, a nós mesmos ou à nossa relação se não seguíssemos as instruções específicas que eles preconizavam. Os defensores de adormecer o bebé ao colo, por exemplo, sugeriram que deixar uma criança a chorar sozinha poderia prejudicar o seu desenvolvimento emocional, enfraquecer a resposta emocional dos seus pais e prejudicar o vínculo com a criança.

Os livros, no geral, eram mais do que inúteis. Deixaram-nos com a nítida impressão de que poderíamos estar a prejudicar o futuro dos nossos filhos se fizéssemos as escolhas erradas. No entanto, não ajudavam muito a tomar as decisões mais corretas. Instilaram em nós o medo de fazer alguma coisa mal, mas não davam muitas dicas de como evitá-lo.

A frustração inspirou-me a fazer uma pesquisa no PubMed. Trata-se de um enorme banco de dados público de ciência biomédica mantido pela Biblioteca Nacional de Medicina dos EUA. Nessa pesquisa, surgiu um artigo recente da prestigiante revista *Pediatrics*.[2] Era exatamente o que eu estava à procura. Era um estudo que abordava as medidas que os pais podem tomar para ajudar os filhos a adormecer e manterem o sono durante a noite. E revelou-nos o que precisávamos de saber.

O estudo era um ensaio controlado e aleatório, a mesma metodologia de que falámos no capítulo anterior. Os investigadores recrutaram famílias com bebés e dividiram-nas aleatoriamente em três grupos:

1. Um grupo de controlo foi instruído a não fazer nada em particular. Receberam apenas um folheto informativo sobre os padrões de sono infantil e algumas dicas para lidar com crianças com

problemas para adormecer. (Os outros grupos receberam a mesma informação.)

2. Um segundo grupo foi instruído a tentar fazer algo com o nome de *Ferberização*. (O nome vem de Richard Ferber, que inventou o método.) As instruções diziam para colocar a criança no berço quando ainda estava acordada e depois deixá-la sozinha por um período predefinido — mesmo que chorasse. Depois, os pais eram solicitados a voltar para junto da criança, acalmá-la um pouco sem pegar nela ao colo ou acender as luzes e deixá-la sozinha outra vez. Isso deveria prosseguir até que a criança adormecesse. Na primeira noite, os pais deviam deixar a criança sozinha durante apenas alguns minutos de cada vez. Nas noites seguintes, deviam aumentar o período em que a criança ficava sozinha. A criança acabaria, passado uma semana, por ser deixada sozinha durante cerca de meia hora de cada vez. A ideia por detrás da *Ferberização* é que as crianças precisam da oportunidade de aprenderem a acalmar-se sozinhas.
3. Um terceiro grupo foi convidado a tentar fazer o *bedtime fading*. As instruções diziam para colocar a criança no berço enquanto ainda está acordada e averiguar quanto tempo leva a adormecer. Se demorasse mais de 15 minutos, os pais eram instruídos a deitá-la meia hora mais tarde, na noite seguinte. Se demorasse menos de 15 minutos, os pais eram instruídos a deitá-la meia hora antes na noite seguinte. Isso deveria continuar até que a criança atingisse um ponto ideal em que adormecesse consistentemente em menos de 15 minutos. A ideia por detrás do *bedtime fading* é regular o relógio interno da criança para a ajudar a adormecer de forma confiável na hora certa.

Os resultados foram evidentes. As crianças dos dois grupos de tratamento (grupos 2 e 3) adormeceram mais cedo, acordaram com menos frequência e dormiram mais do que as crianças do grupo de controlo (grupo 1). Ambos os métodos de treino de sono funcionaram. Funcionaram igualmente bem, de facto, tanto quanto os investigadores puderam perceber. Mas e quanto ao impacto emocional? Os investigadores mediram os níveis de *stress* nas crianças e nos pais durante o estudo. Os níveis de *stress* diminuíram ao longo de vários meses, à medida que as crianças dormiam melhor. E o vínculo entre pais e filhos? Os investigadores testaram-no passado um ano. Não encontraram diferenças na vinculação entre os diferentes grupos, nenhuma diferença em problemas emocionais ou comportamentais entre as crianças e nenhuma consequência negativa detetável para a criança ou para os pais — ou para a sua relação.

O estudo ensinou-me muito a mim e à minha mulher sobre o treino de sono. Também nos tranquilizou. Quando a criança tem idade suficiente, o treino de sono parece funcionar, independentemente do método que os pais utilizam. Não tem consequências negativas reais. Como pai, deve sentir-se à vontade para usar qualquer método que desejar. Não precisa de ter receio de causar danos ao seu filho, a si mesmo ou à sua relação. O resultado não *garantia* que o treino de sono funcionaria connosco ou com qualquer pessoa. Um único estudo nunca terá a última palavra sobre o assunto. Mas, para nós, esse artigo superou toda a pilha de livros sobre o sono dos bebés. Isso deu-nos razões para tentar o treino de sono e a confiança de que estávamos a fazer tudo o que podíamos. Uma pesquisa gratuita no PubMed acabou por ser mais confiável — e mais tranquila — do que centenas de dólares gastos em livros para pais.

Este capítulo explora como a economia pode torná-lo um melhor pai. Os economistas têm conselhos sobre tudo, desde a amamentação até ao treino de sono. Podem ajudá-lo a desenvolver estratégias que pode utilizar, para o benefício dos seus filhos, em todas as fases das suas vidas. Não há *garantias* de que os conselhos irão ajudar. Mas, ao contrário da maioria dos conselhos que recebe enquanto pai, estes são sustentados por dados. Os dados dão-lhe motivos para tentar e motivos para pensar que pode funcionar. A paternidade pode ser *stressante*, mesmo nas melhores circunstâncias. Imagino que será sempre. Mas, felizmente, os economistas também têm conselhos para os pais. Foram feitos com o objetivo de o ajudar a manter a sanidade, até mesmo a felicidade, enquanto cuida bem dos seus filhos. E isso não é tudo. A economia pode ajudar a resolver a tensão nas discussões sobre parentalidade. Essas conversas podem ser surpreendentemente tensas. As tensões podem ser tão elevadas que as pessoas falam sem ironia sobre «guerras de mães». Uma coisa que a economia nos ensina é que o que é bom para uma pessoa não precisa de ser bom para outra. As circunstâncias são importantes, assim como as preferências pessoais. Em muitos casos, não haverá uma solução única para todos. Além disso, quando se trata de preferências pessoais, temos bons motivos para ceder aos pais. Muitas vezes, a mamã (e o papá) realmente sabem melhor.

Posso perdoar o leitor por ser cético. Pode, com propriedade, referir que a literatura sobre parentalidade já é vasta. Pode deduzir que os economistas têm pouco a acrescentar. Poderia igualmente observar que os economistas normalmente não lidam com crianças do ponto de vista profissional. Pode concluir que estarão sempre em desvantagem em comparação com médicos e enfermeiras que o fazem. No entanto, a literatura sobre o sono sugere que os médicos na sua prática real provavelmente não sabem tanto quanto pensam, ou tanto quanto se esperaria que soubessem, sobre coisas como treino de sono, mesmo depois de décadas de experiência. Que assim seja. Os economistas, de facto, têm muito a contribuir.

Não estou a dizer que os economistas, ou os pais envolvidos em particular, sabem sempre o que é melhor, nem que devemos parar de ouvir médicos, enfermeiras, autoridades de saúde pública e outros profissionais de saúde. Mas os economistas têm ideias para partilhar, se o leitor quiser ser um pai melhor, mais feliz e menos cansado — e talvez também tenham ideias para evitar conflitos desnecessários. Prometo não ficar ofendido se não acreditar na minha palavra. Não tem de o fazer.

A parentalidade economicista

Emily Oster é professora de economia na Brown University, em Providence, Rhode Island. A sua área de especialidade original era a economia de desenvolvimento. É o ramo da economia que estuda por que motivo alguns países são pobres e outros são ricos. Mas ela é célebre fora do âmbito da economia pelos seus dois livros sobre gravidez e educação infantil: *Expecting Better* e *Cribsheet*.[3] Ambos são grandes *bestsellers*, o que indica que pais de todos os tipos consideram que os seus livros são úteis e reconfortantes. Ambos prometem conselhos práticos baseados em dados reais.

O que faz Oster pensar que tem algo a dizer sobre parentalidade? Ela própria é mãe, mas não é essa a questão. A questão é que a sua formação como economista a coloca numa boa posição para ajudar os pais de primeira viagem a lidar com os desafios que estão a enfrentar.[4] Um desafio traduz-se numa enorme quantidade de informações — de amigos, familiares e desconhecidos na Internet. Os conselhos são muitas vezes contraditórios e desconcertantes, mesmo que bem-intencionados. Atingem-no quando já está sobrecarregado e privado de sono. O que precisa de fazer é filtrar todas as informações, libertar-se do material inútil e descobrir o significado do resto. É aí que entra a economia.

Os economistas são treinados para distinguir informações credíveis de informações que não o são. As informações credíveis vêm de estudos bem elaborados; as informações não credíveis são anedóticas e não sistemáticas. Os economistas também são treinados para perceber o que os dados dizem sobre *causalidade*, ou seja, o que causa o quê. Quando olhamos para os dados sobre amamentação, por exemplo, não queremos apenas saber que as crianças amamentadas têm a tendência a ter melhores resultados. Queremos saber se eles tiveram melhores resultados *porque* foram amamentados — ou por algum outro motivo, talvez porque tinham mães com mais escolaridade. A economia pode ajudar os pais de primeira viagem a lidar com a sobrecarga de informações, eliminando aquelas que não merecem a nossa atenção e obtendo ideias práticas do que resta. Iremos apenas observar um pequeno número de exemplos aqui, o que já lhe dará uma ideia.

Será que amamentar é bom? A questão é surpreendentemente sensível. Há muita informação a circular. A sua qualidade é mesclada e a proveniência muitas vezes incerta. Oster quer saber o que dizem as evidências. Ela analisa os benefícios para o lactente, para a mãe e para o mundo. Encontra evidências convincentes de que a amamentação reduz o risco de eczema infantil e infeções gastrointestinais (GI).[5] Quando os investigadores de um estudo controlado e aleatório encorajaram as mães a amamentar, a probabilidade de ocorrência de um eczema passou de 6% para 3%. A probabilidade de infeções gastrointestinais passou de 13% para 9%. Oster também encontrou fortes evidências de que a amamentação reduz o risco de cancro da mama para a mãe, possivelmente em 20–30%.[6] Salientou que a fórmula é feita de leite de vaca e que a produção de leite é responsável pela geração de gás metano, o que é mau para o ambiente.

Muitos supostos benefícios não foram sistematicamente estudados, ou então as evidências são confusas. Mas, mesmo assim, há de facto benefícios em todos os sentidos.

Tudo isso faz com que a amamentação pareça ótima — talvez até para um acéfalo. Mas não avancemos tão rápido, afirma Oster. O facto de trazer benefícios não quer dizer que a amamentação seja necessariamente adequada a si. Há, porém, sempre alguma incerteza. Nenhum dos estudos é perfeito e alguns podem estar errados. Alguns benefícios e custos podem nunca ter sido estudados. Não podemos dizer com certeza que a amamentação não afeta a personalidade de um bebé ou a qualidade da vida social dos seus pais, por exemplo — apenas que não temos, neste momento, evidências convincentes de que isso aconteça. A incerteza deve ser enquadrada numa decisão racional. Além disso, a evidência científica não é a única coisa importante aquando da tomada de uma decisão racional. Os fatores situacionais em combinação com as preferências pessoais também são importantes. Algumas pessoas realmente não querem amamentar. Outras simplesmente não podem. Se isso se aplica a si, não é uma desgraça para o bebé, para si ou para o mundo.

Apropriando-nos de um termo popular em outras áreas pela economia, podemos colocar desta forma: a amamentação é uma boa *opção predefinida*. É um bom ponto de partida para a maioria das pessoas, na ausência de razões convincentes para não o fazer. Temos boas razões para tornar o mundo mais acolhedor para as pessoas que desejam amamentar, proporcionando-lhes liberdade, tempo, espaço e outros recursos que as ajudem a amamentar sempre que quiserem. Mas! Se não funcionar para si, não há motivo para se sentir culpada. E também não há razão para menosprezar — ou envergonhar — as pessoas que não o fazem. Os possíveis danos associados a não amamentar — eczema e problemas gastrointestinais — não são muito graves. Além disso, as hipóteses de uma criança sofrer essas consequências por não ser amamentada são baixas. A queda de 6% para 3% é grande em termos relativos: é uma redução de 50%. Mas ainda é baixa em termos absolutos: é uma redução de apenas 3 pontos percentuais. Mais uma vez, se a amamentação funcionar para si: ótimo! Se não, não é nenhuma tragédia.

Oster também analisa a questão do *co-sleeping*, em que o bebé dorme na cama dos pais. A recomendação atual é evitar o *co-sleeping* e deixar o bebé dormir sozinho num berço. A principal razão tem que ver com a síndrome da morte súbita do lactente (SMSL), ou «morte no berço». A SMSL é a morte inesperada de uma criança com menos de um ano de idade. Oster analisa as evidências e descobre que dormir junto dos pais, na verdade, aumenta a probabilidade de SMSL. Existem outros fatores além do *co-sleeping* que também importa observar. A amamentação reduz a probabilidade de SMSL; pais que fumam ou bebem aumentam-na. Quando um bebé que é amamentado, cujos pais não fumam ou bebem e dorme em *co-sleeping*, as taxas de SMSL vão de 0,08 a 0,22 mortes para cada 1000 nados-vivos. Quando um bebé alimentado com biberão, cujos pais fumam e bebem e dorme em *co-sleeping*, as taxas de SMSL vão de 1,77 para 27,61 mortes para cada 1000 nados-vivos.[7]

Se considerarmos os dados, a escolha de o bebé não dormir com os pais é um ótimo padrão. É um bom ponto de partida para os pais, na ausência de motivos convincentes para o fazer. Também temos um bom motivo para ajudar os pais de primeira viagem a fazer com que resulte. Todos os pais finlandeses recebem uma «caixa de bebé» gratuita, cheia de produtos para bebés e que funciona como berço. A BBC relata que a caixa pode ter ajudado a Finlândia a atingir uma das taxas de mortalidade infantil mais baixas do mundo.[8] Oster reconhece que existem razões pelas quais os pais podem querer abandonar o padrão e optar pelo *co-sleeping*, afinal. O cálculo parece um pouco diferente do anterior. A probabilidade de haver algum problema ainda é baixa. Felizmente, a SMSL permanece rara, em termos absolutos, mas o problema que pode acontecer à criança se não tiver sorte é grave. A morte súbita de um filho é o pior pesadelo de todos os pais. Por esse motivo, devemos decidir com todo o cuidado e certificarmo-nos de que temos um motivo convincente para o *co-sleeping*. Também devemos tomar todas as outras precauções. Acima de tudo, devemos evitar fumar e beber.

Razões egoístas para ter mais filhos

Oster está longe de ser a única economista a voltar a sua atenção para a parentalidade. Bryan Caplan é professor de economia na George Mason University, nos arredores de Washington. Ele trabalha com grandes questões políticas sobre imigração e ensino superior. Provavelmente é mais famoso por causa de uma banda desenhada sobre a ciência e a ética da imigração, com o ilustrador Zach Weinersmith.[9] Um dos seus livros é intitulado *Selfish Reasons to Have More Kids.*[10] O leitor não tem de ser egoísta para gostar do livro. Também não tem de querer mais filhos. O subtítulo explica o livro: *Why Being a Great Parent is Less Work and More Fun Than You Think* (por que razão ser um ótimo pai é menos trabalhoso e mais divertido do que pensa).

Caplan está particularmente impressionado com a pesquisa em genética comportamental, ou seja, o estudo de como os genes e o ambiente influenciam comportamentos e atitudes. Para perceber o efeito dos genes no comportamento e nas atitudes, os cientistas estudam crianças e adultos que foram adotados quando eram bebés. Isso permite que os cientistas separarem o contributo fornecido pelos pais biológicos (os genes) do contributo fornecido pelos pais adotivos (o meio ambiente). Caplan conclui que:

> Quando os filhos adotivos são pequenos, são mais parecidos com os parentes adotivos que veem todos os dias do que com os parentes biológicos que nunca conheceram. No entanto, à medida que os filhos adotivos crescem, a história sofre uma reviravolta chocante: *a semelhança com parentes biológicos permanece, mas a semelhança com parentes adotivos geralmente desvanece-se.*[11]

O ambiente em que uma criança é criada — incluindo os estilos parentais dos pais adotivos — tem um efeito sobre a criança. Esse efeito é, em grande parte, passageiro. A longo prazo, o comportamento e as atitudes são determinados maioritariamente pelos genes. E isso verifica-se não só em relação a fatores como a altura e o peso: também se verifica em relação à «inteligência, personalidade, conquistas, valores, e por aí fora».

Tudo isso, para Caplan, significa que estamos a fazer a parentalidade errada. Refletir sobre as descobertas da genética comportamental tem implicações de longo alcance sobre como pensamos em criar os filhos — e as implicações são libertadoras.

Primeiro, descontraia![12] Os pais preocupam-se em demasia, sentem muita culpa e, como resultado, são muito menos felizes do que poderiam ser. Há muita pressão para proporcionar um ambiente repleto de brinquedos e materiais educativos e preencher a agenda com atividades físicas e outras. Se os seus filhos precisassem de todo o seu tempo, atenção e dinheiro para serem bem-sucedidos, certamente haveria muita pressão. Mas não precisam, e não há. As crianças não precisam de brinquedos com a chancela de Einstein para as coisas funcionarem. Também não precisam de aulas de balé, aulas de piano, prática de futebol e aulas de línguas. A culpa que muitos pais sentem por não poderem dar aos filhos mais disto ou daquilo é basicamente desnecessária. Se estiver simplesmente bem, os seus filhos provavelmente também estarão bem — mesmo que faça uma pausa. Caplan resume isto da melhor forma: «Provavelmente, os seus filhos herdarão sem traumas o seu cérebro, sucesso, charme e modéstia.»[13]

Em segundo lugar, trate os seus filhos com bondade e respeito. Ser austero não vai ajudar os seus filhos a construir o carácter. Ser gentil não os tornará moles. A maneira como os trata terá um efeito limitado no seu comportamento e atitudes, mas isso vai influenciar o modo como eles vivenciam a infância e como se lembram de si. O seu estilo parental é importante no momento. Concentre-se na jornada, não no destino. «Crie os seus filhos com amor, controle o seu temperamento e aproveite o tempo em família», aconselha Caplan.[14]

Em terceiro lugar, o leitor também conta![15] Não há uma compensação clara entre a felicidade dos pais e o futuro dos seus filhos. Como os seus esforços são menos importantes do que julga, pode relaxar. Depois de abandonar a ideia de que precisa de manter as crianças ocupadas o tempo todo, terá muito mais tempo e energia para fazer as coisas de que gosta. Comece por descartar atividades de que ninguém gosta. Se o leitor e o seu filho gostam das atividades, ótimo! Caso contrário, pode deixá-las sem se sentir mal. Em seguida, dê às crianças mais «tempo para elas» — tempo para brincadeiras não estruturadas —, para que também possa ter tempo para si. Tudo isso deve ser algo incrivelmente fácil de executar, quando pensa nisso. Como diz Caplan, «assim que percebe que a parentalidade moderna se tornou algo trabalhoso, fazer os pais mais felizes é como encontrar uma agulha num palheiro».[16] Há um bónus adicional. A sua felicidade no momento vai passar para as crianças. Elas vão notar que está menos *stressado* e mais divertido. Não se preocupe; seja feliz.

Para esclarecer, Caplan não está a defender uma atitude completamente *laissez-faire* para educar crianças. A maior parte da pesquisa foi desenvolvida com famílias de classe média em países de primeiro mundo.

As conclusões mantêm-se apenas dentro da faixa normal de condições que as crianças vivenciam nessas famílias. Precisa de proporcionar aos seus filhos uma quantidade padrão de comida, bebida, alojamento, carinho, amor, tempo, atenção e assim por diante, para que o argumento entre em ação. Vai querer manter os seus filhos protegidos da violência e do abuso. Esses são problemas reais para muitas crianças. Mas o tipo de coisa que preocupa muito os pais — rapto por um estranho, por exemplo — é *extremamente* improvável. As crianças, em geral, nunca estiveram tão seguras. Sem contar os bebés, diz Caplan, «as crianças são as pessoas mais seguras nos Estados Unidos», e as crianças são muito mais seguras do que eram, digamos, na década de 1950.[17] Além disso, como os estilos parentais podem ter efeitos a curto prazo, o leitor pode ter boas razões para adotar uma abordagem mais ativista para educar os seus filhos. Se *alguma* estrutura e até disciplina faz com que as crianças sejam mais bem-comportadas, isso pode facilitar a sua vida — e a delas também.

Em quarto lugar, tenha mais filhos! Quando percebe que não precisa de sacrificar todo o seu dinheiro e todo o tempo em que está acordado, os filhos parecem ser um bom negócio. O leitor pode ter toda a fofura adorável, a satisfação de fazer parte do ciclo da vida, etc., por uma fração do que pensava ser o custo. Caplan faz questão de ressaltar que não há um número ideal de filhos para toda a gente. As circunstâncias individuais e preferências pessoais são importantes. «Estou aqui para lhe fornecer informações, não para gerir a sua vida», diz. A sua perspetiva é que, se tem alguma tendência para ter filhos, provavelmente pode ter um ou dois a mais do que pensa que deseja.

Parte do problema é que as pessoas estão a considerar a decisão da maneira errada.[18] Os filhos exigem um grande investimento inicial. Quando são pequenos, exigem muito do seu tempo e atenção — e dinheiro também. Eles são dispendiosos, principalmente em termos de sono. Muitas pessoas são *míopes*, no sentido de que carecem de visão. Os custos iniciais são muito grandes. Suponha que, quando é jovem, pensa que só consegue ter duas crianças. Se for míope, pode basear as suas decisões inteiramente nesses custos iniciais. Mas o número de filhos que deseja pode aumentar com o tempo. Na meia-idade, quando os seus filhos são adolescentes e demasiado fixes para andar na escola, pode querer três, para ter alguém com quem sair. E na velhice, talvez precise de quatro, para ter uma hipótese decente de netos e um fluxo suficientemente constante de visitas. Nesse caso, Caplan propõe que o leitor talvez deva fazer uma média e apontar para três, enquanto na sua versão míope teria apenas dois. Pensar nisso racionalmente requer pesar os custos iniciais em relação a uma vida inteira de recompensas — incluindo netos.

O trabalho de Caplan ilustra muitas das maneiras pelas quais a economia pode ajudar os pais de primeira viagem. Isso ajuda-nos a filtrar e a dar sentido às informações disponíveis para nós. Inclui os dados provenientes da genética comportamental. Sem Caplan a explicar-nos isso, poderíamos não estar cientes da sua existência — e quase certamente não teríamos pensado nas suas implicações para a paternidade. A economia também nos ajuda a tomar decisões sábias, com base nas melhores informações disponíveis, mesmo que limitadas. Em particular, diz-nos muito sobre como pensar sobre o tempo no contexto da tomada de decisões — e como evitar a miopia. E a economia sublinha como as circunstâncias individuais e as preferências pessoais são importantes, o que significa que os «[diversos] estilos parentais merecem o nosso respeito».[19] A perspetiva económica encoraja-nos a relaxar, a sentir menos culpa, a aproveitarmo-nos mais a nós mesmos e ao nosso tempo com as crianças e julgar menos os pais que fazem escolhas diferentes das nossas. Isso é muito bom.

A economia por detrás

Pode perguntar: porque é que tudo isto é economia? O trabalho de Oster e Caplan é muito diferente do que poderia vir-lhe à mente quando pensa na disciplina. As creches são muito diferentes das sociedades de responsabilidade limitada, e a parentalidade está a anos-luz do investimento. Mas a parentalidade faz parte dos negócios comuns da vida, nas palavras de Marshall. Ter um filho pode parecer um milagre para as pessoas envolvidas. Mas formar uma família, ter filhos e criá-los são coisas que a humanidade tem feito continuamente desde que existe. Pode pensar na parentalidade como um «grande negócio», considerando a quantidade de tempo, dinheiro e atenção que é preciso investir.

A parentalidade também é um comportamento individual em condições de escassez, como Robbins usou o termo. Os recursos disponíveis para os pais — tempo, dinheiro, atenção, etc. — são de facto escassos. Muitos pais estão plenamente conscientes de quão pouco tempo um dia tem e de quanto dinheiro custa a criar um filho. Nos Estados Unidos, isso corresponde a 200 a 300 mil dólares por criança até aos 17 anos.[20] Esse número pode facilmente duplicar se incluir o custo de uma educação universitária. As escolhas que os pais fazem são claramente económicas, sendo consideravelmente importantes para pais e filhos. E as escolhas têm efeitos para a comunidade e para a economia como um todo.

É verdade que, historicamente, os economistas têm dado mais atenção às ocupações e atividades tradicionalmente masculinas. As atividades femininas estereotipadas, incluindo a educação dos filhos, foram subestimadas. Isto é um infortúnio. O facto de uma atividade ser tradicionalmente considerada um trabalho feminino não a torna menor em termos económicos ou menos digna de estudo por parte dos economistas. Felizmente, isso está a mudar — como ilustra a economia da parentalidade.

A economia da parentalidade, de facto, oferece uma boa visão do funcionamento interno da economia. Já mencionei a fluência dos economistas com números e a sua capacidade de extrair informações dos dados. A fluência vem da formação em econometria. A econometria é uma das ferramentas mais importantes da caixa de ferramentas. É um elemento fundamental de qualquer currículo de economia. A econometria geralmente trata de causalidade — distinguindo situações em que uma coisa acontece *por causa* de outra, de situações em que duas coisas ocorrem em simultâneo. Sem esse tipo de conhecimento, é improvável que façamos progresso. Dificilmente sairemos de uma situação complicada em que profissionais igualmente competentes e experientes nos dizem para fazer coisas completamente opostas. Não é preciso ser-se economista para interpretar os dados, mas ajuda.

Os economistas também podem ajudá-lo a determinar o que fazer à luz das informações. Saber o que os dados dizem e o que não dizem não nos informa, por si só, sobre o que fazer. Os meteorologistas podem dizer a probabilidade de chuva e podem explicar por que razão chove. Essa informação é relevante para a decidir se leva guarda-chuva quando sai de casa de manhã. Mas conhecer as probabilidades não toma a decisão por si. O que o leitor faz depende não só das probabilidades, mas também dos seus objetivos e valores. Será que é muito mau se chover e não tiver guarda-chuva? Será que é mau andar por aí num dia ensolarado? A meteorologia não responde a essas perguntas.

A economia realça que as decisões devem ser tomadas à luz de *circunstâncias individuais e preferências pessoais*.[21] As circunstâncias individuais são factos que se aplicam a si, que não precisam de se aplicar a mais ninguém e com os quais mais ninguém pode estar familiarizado. Os dados científicos são importantes para tomar a sua decisão, mas as circunstâncias individuais também são. As preferências captam as coisas que queremos. As preferências dos pais geralmente dizem respeito aos filhos. Queremos certas coisas para os nossos filhos — coisas como saúde e felicidade, que são importantes. As preferências também devem preocupar os pais. Queremos certas coisas para nós. O sono e a saúde mental estarão no topo da lista de muitos pais, por exemplo. Também são importantes. Pessoas razoáveis podem ter não só circunstâncias individuais diferentes, como preferências diferentes. Estas diferenças significam que a melhor abordagem para si não precisa de ser a melhor abordagem para mim. Isto não é mais estranho do que o facto de eu e o leitor podermos olhar para o mesmo menu num restaurante e optar por pratos diferentes.

Traduzir resultados científicos em conselhos práticos pode ser especialmente complicado quando há incerteza. A parentalidade está *cheia* de incertezas. Os pais raramente, ou nunca, se encontrarão numa situação em que sabem tudo o que gostariam de saber. Não só não sabemos com certeza o que vai acontecer se fizermos isto ou aquilo: podemos nem sequer saber quais são as probabilidades. No entanto, as crianças não podem esperar. Elas exigem a nossa atenção *agora*. Temos de fazer escolhas de qualquer maneira. Em alguns casos, essas escolhas terão grandes consequências.

Felizmente, a economia é, entre outras coisas, uma ciência do comportamento individual. Os economistas estão bem situados para descobrir o que devemos fazer com a informação científica. A teoria da escolha racional é outra ferramenta central na caixa de ferramentas. Qualquer economista estudou essa teoria, que explica exatamente o que deve fazer, de acordo com as suas crenças e preferências. Diz-lhe como lidar com o risco e a incerteza. Se estiver a tentar tomar decisões à luz das melhores evidências disponíveis, pode procurar orientação nesta teoria.

A teoria pode ajudar-nos a escolher com mais sabedoria, mesmo quando não dispomos de todas as informações. Ela diz-nos como fazer o melhor uso das informações que temos e como chegar a uma decisão, apesar do que não temos. Os economistas estão treinados para lidar com este tipo de coisa. O leitor não tem de ser economista para tomar boas decisões. Alguns economistas tomam decisões terríveis. (Conheço pessoas que suspeito que se tornaram economistas porque eram más a tomar decisões.) Mesmo assim, a teoria da escolha racional pode ser uma ferramenta útil.

Por fim, a economia pode ajudar a determinar o que é bom para si, respeitando as diferenças individuais em circunstâncias, objetivos e preferências. Uma teoria da preferência está na base da teoria económica da escolha. A injunção de «considerar as preferências das pessoas» é parte do modo económico de raciocinar. As preferências são importantes quando os economistas tentam explicar o que as pessoas estão a fazer. Mas também o são quando os economistas estão a tentar determinar o que é bom para uma pessoa. Será que a amamentação é boa para si e para a sua família? A resposta vai depender de muitas coisas. Vai depender de factos gerais sobre a amamentação. Vai depender das suas circunstâncias específicas. Mas também vai depender das suas preferências — o que é que deseja para si e para a sua família? Qual a importância da amamentação para si e para o seu filho? Da mesma forma, quão importantes são as coisas das quais teria de abdicar para que a amamentação acontecesse?

A questão é que, para além de as suas preferências serem relevantes para tomar a sua decisão, também ajudam a *definir* o que é bom para si, pelo menos quando está bem informado. Fazer bem, nesse quadro, é simplesmente ter preferências satisfeitas e bem informadas.

A teoria explica o que os economistas querem dizer com «utilidade», aliás. O termo é muitas vezes mal interpretado. Quando os economistas falam sobre «utilidade», referem-se ao grau em que as preferências de uma pessoa são satisfeitas. Utilidade não é algo que se experimenta nem algo que flutua na sua cabeça. «Maximizar a utilidade» significa apenas «escolher o que preferir». Ter muita utilidade é bom para si, porque obter o que prefere é bom para si.

A história sobre preferências é importante e diz-nos pelo menos duas coisas.

Primeiro, sublinha que o que é bom para si não precisa de ser bom para mim. Normalmente, não haverá uma solução única para todos.

As preferências que contam para o seu bem-estar são suas, não minhas. O seu pode ser diferente do meu. Talvez goste de coentros, enquanto eu detesto. Se gosta de coentros e os coloca na sopa, é melhor. Se eu detesto e coloco na minha sopa, é pior. O mesmo se aplica à questão da amamentação, do *co-sleeping* e de ter mais filhos. O que é bom para si e para a sua família não tem de ser bom para mim e para os meus.

De qualquer forma, parece-me que tantas discussões em torno da parentalidade se baseiam na suposição de que há uma resposta correta para perguntas como «Será que amamentar é bom?». Oster sugere que essa assunção pode ser o que impulsiona as «guerras de mães» a tornar as discussões sobre parentalidade tão tensas. Se existe uma resposta correta para todas as pessoas e eu e o leitor discordamos, então um de nós deve estar errado. A economia está aqui para lhe dizer que isso não é necessariamente verdade. Eu e o leitor podemos estar ambos certos. O que funciona para si não tem de funcionar de para mim, e vice-versa. Pode não haver muito para discutir.

Em segundo lugar, a história sugere que o melhor juiz das preferências de uma pessoa é a própria pessoa. Há exceções, claro. E a história completa é muito mais complexa. Mas, como primeira aproximação, ninguém está em melhor posição para saber quais são as suas preferências do que o próprio. Na medida em que o que é bom para si depende das suas preferências, então, o leitor é o juiz. O que é bom para si pode depender de outras coisas além das suas preferências, como os factos, e o leitor pode não ser o melhor juiz desses factos. Mas as preferências são importantes. Quem pode dizer se as suas preferências favorecem ou não a amamentação? O próprio leitor.

E se tentássemos manter estes dois pontos em consideração? E se tentássemos recordar que o que é certo para si não precisa de ser certo para mim? E se tentássemos ter em conta que o leitor é a melhor autoridade em relação às suas preferências e que eu sou a melhor autoridade nas minhas? Confesso que não tenho dados concretos para relatar, mas quero acreditar que muitas discussões seriam menos tensas, mais respeitosas e mais produtivas. Reconhecer que o que funciona para mim não precisa de funcionar para si pode permitir-nos relaxar um pouco — e julgar menos os outros. Perceber que as preferências são importantes pode encorajar-nos a ser um pouco mais respeitosos com as necessidades, objetivos e propósitos das outras pessoas. Acredite ou não, a economia pode ajudar nisso.

Educação ou prisão[22]*?*

A crise financeira global de 2007–2008 foi um grande desastre. A rainha Elizabeth fez uma visita à London School of Economics no rescaldo e estava incrédula. Se a crise era tão grande, perguntou ela: «Como é que ninguém a previu?»[23] A pergunta ecoou. Se há coisa para a qual a economia serve, pode estar a pensar, é para prever desastres económicos gigantescos. No entanto, os economistas falharam em prever a crise de uma vida. Eles depararam-se com o capitão Ahab sem verem a baleia branca gigante que colidia com o casco do seu navio. Para muitos observadores, foi um momento de o rei vai nu. A pretensa Rainha das Ciências Sociais foi revelada — por nada menos do que uma rainha de verdade! — e estava sem roupas.

A economia da parentalidade ilustra por que motivo nada disso é particularmente embaraçoso. Isto ajuda-nos a perceber o que a economia *não* é.

Já sabe que a economia não se resume, em primeira instância, a coisas como mercados financeiros. Há economistas que estudam essas coisas, mas não é o que a grande maioria dos economistas estuda. A economia é muito mais do que isso.

A economia também não se limita a prever o futuro. Quando Oster diz que a amamentação está associada a uma redução do risco de problemas gastrointestinais, o que quer dizer é mais ou menos isto: se num grupo muito grande de bebés, amamentar metade e alimentar a outra metade a biberão, os bebés do primeiro grupo terão menos problemas gastrointestinais. Este é um tipo de previsão e pode ser útil. Hayek chamou este tipo de previsão de *«pattern predictions»*[24], porque nos permite prever um padrão que pode surgir num grupo maior.[25] Mas isso é muito diferente de dizer que consegue prever se uma criança vai para a Universidade ou para a prisão, ou se algum país vai sofrer um desastre financeiro em 2033. Os economistas, em geral, não acreditam que isto seja possível.

Nada disso torna a economia invulgar entre as outras ciências. Considere a sismologia, a ciência dos terramotos e afins. Nenhum sismólogo sério alegará saber exatamente quando é que um grande terramoto atingirá São Francisco. Economistas e sismólogos adorariam poder prever futuras crises e desastres, mas o facto de não o poderem fazer não torna a economia ou a sismologia menos científicas. A ciência tem muitas virtudes além da previsão. Esclarecer é uma delas. Informar qual é a tomada de decisão certa é outra. A economia, assim como a sismologia, pode ajudar-nos a construir um mundo melhor e mais resiliente, mesmo sem poder prever quando acontecerá a próxima crise.

Economia e tolerância

Há apenas alguns anos, a economia da parentalidade não era assunto. Agora é. Economistas sérios como Oster e Caplan colocaram-na no mapa. Este trabalho é interessante — e realmente divertido. E pode muito bem ajudá-lo! Ao contrário de alguns livros para pais que eu poderia citar, *Cribsheet* e *Selfish Reasons to Have More Kids* não dizem que há uma estratégia que serve para tudo — e eles não o ameaçam com consequências se não a seguir. O trabalho é orientado por dados e baseado em evidências. É sobre amamentação e *co-sleeping*. É sobre relaxamento e tempo de ecrã. Trata-se de educar filhos mais felizes e mais bem ajustados e gostar de ser pai durante o processo. Trata-se também de criar uma sociedade em que seja possível fazer isso. Não se trata de prever se o seu filho vai acabar em Yale.

Como deve imaginar, não li muitos outros livros sobre parentalidade desde aquela experiência com a literatura para ajudar a minha filha a dormir. Provavelmente, estou a perder muita coisa. Espero não causar danos permanentes aos meus filhos como resultado disso. Acabei de perceber que a economia da parentalidade é muito mais informativa e reconfortante.

Muitas pessoas ficam surpreendidas ao saber que existe algo como a economia da parentalidade. No entanto, ter e educar filhos está claramente dentro do alcance da disciplina. O tópico é abordado usando todas as ferramentas-padrão da caixa de ferramentas, incluindo econometria e a teoria da escolha racional — não menos importante, a história sobre preferências. A teoria recorda-nos que o que funciona para si não precisa de funcionar para mim e que, às vezes, o pai e a mãe sabem mais.

Se a abordagem económica da pobreza pode inspirar uma certa medida de compaixão, a abordagem económica da parentalidade pode inspirar uma certa medida de tolerância.

3

Como resolver as alterações climáticas

«As alterações climáticas globais são um problema sério que exige uma ação nacional imediata.» Esta é a primeira linha de uma carta aberta publicada em 2019. A carta diz que o aquecimento global é real. Diz que as alterações climáticas são causadas pela atividade humana. E diz que as alterações climáticas devem ser combatidas com uma ação rápida e radical.

A frase poderia ter sido escrita por qualquer grupo de ativistas de alterações climáticas, mas há duas coisas que a tornam incomum.

Primeiro, foi publicada em nome dos economistas dos Estados Unidos. O título era «The Economists' Statement on Carbon Dividends».[1] Surgiu no *Wall Street Journal* em janeiro de 2019, 15 dias depois da maior conferência académica anual americana de economistas. No momento da redação, foi assinada por 3623 economistas dos EUA. Os autores descreveram-na como «a maior declaração pública de economistas da História». Nenhuma causa gerou uma resposta tão consistente da profissão; ao que parece, o número poderia ser ainda maior. Eles rejeitaram a minha assinatura, caso esteja a perguntar-se por que motivo ela não está lá. Sou suficientemente norte-americano, como cidadão americano naturalizado que fez o doutoramento em Pittsburgh. Talvez tenha sido desqualificado porque sou ativo fora do país. De qualquer forma, o número de assinaturas deveria ser de pelo menos 3624.

Além disso, os signatários não são uma personalidade qualquer. Incluem 28 laureados com o Prémio Nobel e quatro ex-presidentes da Reserva Federal. Mas o que é mais notável em relação a esse grupo é a sua diversidade ideológica. Os signatários incluem economistas da esquerda à direita, incluindo 15 ex-presidentes do influente Conselho de Assessores Económicos sob a alçada de presidentes republicanos e democratas.

Em segundo lugar, a carta não diz apenas que algo deve ser feito. Descreve um plano para lidar com o problema. O plano é fazer com que os responsáveis pela poluição paguem algo chamado taxa de carbono. Esta é uma taxa que as empresas de combustíveis fósseis devem pagar pelas suas emissões de carbono. É o chamado imposto pigouviano, em homenagem a Pigou, que conhecemos na Introdução. A ideia básica está em andamento há 100 anos. Qualquer pessoa que tenha feito um curso introdutório de microeconomia deve estar familiarizada com ela. O imposto sobre o carbono pune os responsáveis pela poluição. Atinge-os onde dói. Enquanto isso, o plano diz para devolver o dinheiro ao povo americano. O dinheiro, para a maioria das pessoas, compensará o aumento dos preços da energia. Os benefícios serão particularmente percetíveis para os menos abastados e para as pessoas cujo estilo de vida não gera muitas emissões.

Por vezes, os economistas são acusados de «fundamentalismo de mercado». Essa é a crença de que os problemas económicos e sociais são mais bem resolvidos por mercados não regulamentados, livres de interferência do governo. Mas qualquer economista sério reconhece que os mercados livres não regulamentados nem sempre oferecem os melhores resultados. Qualquer economista também sabe que a intervenção do governo às vezes pode melhorar o que os mercados oferecem. O mercado de combustíveis fósseis é um excelente exemplo. Os mercados livres não regulamentados de combustíveis fósseis são parte do problema. Eles encorajam os produtores a produzir em demasia. Encorajam os consumidores a consumir em demasia. O resultado é o aquecimento global. A resolução passa por um imposto.

Este capítulo descreve a proposta dos economistas para combater as alterações climáticas. Vou explicar o que é e como funciona. Existe uma lógica por detrás. Para entender a proposta e as suas virtudes, é preciso entender a lógica económica. Compreender a solução dos economistas para as alterações climáticas lançará luz sobre o modo económico de análise, bem como sobre algumas das soluções políticas preferidas. A solução é bastante geral. Pode ser útil para lidar com coisas como o abuso de álcool, o tabagismo passivo, a resistência a antibióticos, a poluição e muito mais.

Não ficaria surpreendido se nunca tivesse ouvido falar da proposta dos economistas sobre as alterações climáticas. A maioria das pessoas com quem falo não ouviram. Conheço pessoas que trabalham com ciência climática e política climática que não sabem da sua existência, o que é uma vergonha. O problema das alterações climáticas é suficientemente grande e urgente para que qualquer solução séria mereça ser ouvida. A proposta não é uma varinha mágica. Não é garantido que funcione. Ninguém está a dizer que resolverá o problema por si só. A proposta precisa de ser combinada com outros tipos de ação. Mas isso pode fazer a diferença e, de qualquer forma, é um bom começo. Dada a magnitude da crise, não devemos deixar pedra sobre pedra. Mais pessoas deveriam conhecê-la.

A proposta

A «Declaração dos Economistas sobre Dividendos de Carbono» aparece no *site* de uma organização chamada Climate Leadership Council.[2] O *site* contém uma grande quantidade de informação adicional acessível a qualquer humano. Vale a pena visitar. As citações e referências à proposta neste capítulo são do *site*.

A ideia central é que as emissões de carbono podem ser controladas por um imposto obrigatório para qualquer pessoa que queime combustíveis fósseis — seja carvão, petróleo ou gás. A taxa é paga pelos produtores, não pelos consumidores. A quantidade é proporcional ao teor de carbono do combustível que queimam. Quanto mais uma empresa contribui para o problema, mais paga.

A proposta funciona ao dar aos produtores um incentivo para reduzir as suas emissões de carbono. O imposto sobre o carbono tornará mais cara a queima de combustíveis fósseis, portanto, as empresas irão economizar o seu uso. As empresas também receberão um incentivo para avançar para formas de produção mais sustentáveis. Pelo menos parte do custo do carbono será repassado aos consumidores. Os produtos intensivos em carbono ficarão mais caros. Os consumidores também terão um incentivo para reduzir o consumo de produtos com uma grande pegada de carbono. Também terão um incentivo para abandonar esses produtos e optar por escolhas mais sustentáveis. Estas mudanças irão estimular a inovação, pois as empresas competirão para fornecer produtos com menos uso intensivo de carbono. O imposto também incentivará o investimento em modos de produção mais eficientes em termos energéticos.

As emissões de carbono diminuirão. O imposto sobre o carbono incentivará os produtores e os consumidores a afastarem-se de uma economia baseada no carbono. Fará isso em parte mudando os padrões de consumo e em parte estimulando a inovação e o investimento.

Será que sabemos exatamente qual deve ser o valor do imposto para resolver o problema? Não. Mas não precisamos de saber. Imagine que está a tentar perder peso reduzindo a ingestão de calorias. Provavelmente não saberá exatamente qual é a sua ingestão ideal de calorias. Mas não precisa de saber. Pode começar a comer e beber um pouco menos. Depois pode ver o que acontece. Se gostou do resultado, ótimo! Se não, pode continuar. Irá parar quando estiver satisfeito com os resultados. Seria derrotista dizer: «Não vou tentar fazer dieta porque ainda não sei exatamente a quantidade de ingestão de calorias que preciso de reduzir.»

A mesma coisa se aplica a uma dieta de carbono. Não precisa de saber exatamente de quanto precisa para reduzir a sua pegada de carbono. Como não conseguimos saber exatamente qual é o imposto ideal, os economistas sugerem começar com um imposto «robusto» e depois aumentá-lo gradualmente até que o problema seja resolvido. Os economistas propõem que a taxa comece nos 40 dólares por tonelada. Eles esperam que essa taxa reduza as emissões dos EUA para metade até 2035. É possível que o valor em dólares seja muito baixo. Se a redução nas emissões não for suficientemente dramática ou rápida, a proposta sugere aumentar as taxas até que o seja. Seria derrotista dizer que não devemos tentar criar um imposto sobre o carbono porque ainda não sabemos qual é o número ideal.

Para garantir que as empresas não tentem escapar das taxas de carbono mudando-se para o exterior, os economistas propõem um sistema de tarifas de importação impostas a mercadorias de países sem um imposto de carbono semelhante. Uma vez que os países com um imposto sobre o carbono estariam isentos, isso daria aos países menos dependentes das exportações dos EUA um incentivo para impor um sistema semelhante em casa.

A proposta prossegue, defendendo que o dinheiro arrecadado pelo governo deve ser devolvido aos cidadãos. O objetivo é colocar o dinheiro no bolso das pessoas, não nos cofres do governo. Os autores estimam que uma família de quatro pessoas receberá um desconto fixo de cerca de 2000 dólares por ano. Para a maioria das famílias, isso é uma quantia considerável. A maioria acaba por ter algum lucro, mesmo com preços em alta. O efeito será particularmente percetível para pessoas com baixos rendimentos, que ainda não têm muito dinheiro, e para pessoas com uma pequena pegada de carbono. Elas receberão mais dinheiro do governo do que perderão com o aumento dos preços da energia. A proposta não só reduzirá as emissões de carbono e retardará as alterações climáticas. Também reduzirá a desigualdade. Isso garantirá que os custos da ação climática não recaiam sobre aqueles que menos podem arcar com eles.

O desconto existe para garantir que os interesses dos trabalhadores e consumidores americanos comuns estejam alinhados com o esforço para resolver as alterações climáticas. Quanto mais radical a ação e maior o imposto sobre o carbono, mais dinheiro irá para as pessoas comuns. «Isto alinha, pela primeira vez, os interesses económicos dos americanos comuns com o progresso climático», escrevem os autores.[3] O alinhamento deve facilitar a construção de uma aliança política de apoio à proposta.

Os cientistas comportamentais que estudam a comunicação climática dirão que é importante ter uma apresentação positiva. Um artigo da revista *online Behavioral Scientist* mostra isso de forma eficaz.[4] O autor, Desmond Kirwan, revela que muitas das mensagens sobre o clima são negativas. São cheias de desgraças e melancolia, culpa e vergonha. Os remetentes podem acreditar que mensagens fortemente negativas são melhores para inspirar ações. Não é como se o futuro fosse brilhante, mas mensagens fortemente negativas correm o risco de ter o efeito oposto ao pretendido. Os investigadores recomendam que tentemos estimular a ação adotando um quadro mais positivo e construtivo. A proposta dos economistas dá-nos algo com que trabalhar. A inovação, o investimento e as transições para padrões de consumo mais sustentáveis oferecem benefícios reais para seres humanos reais. E o reembolso do dinheiro dará às pessoas — especialmente aos pobres e àqueles com pequenas pegadas de carbono — novas opções na vida. O dinheiro pode permitir que vivam vidas que são simultaneamente melhores para eles e mais sustentáveis. Enfatizar os ganhos potenciais da transição, e não apenas as perdas, pode estimular o tipo de ação individual que gostaríamos de ver.

A proposta também traz outros benefícios. Os economistas sugerem que um pesado imposto sobre o carbono poderia permitir-nos simplificar a manta de retalhos existente de regras e regulamentos mais limitados e menos eficientes. Algumas destas regras simplesmente tornar-se-iam redundantes, desde que o imposto sobre o carbono fosse forte o suficiente. Se assim for, podem ser simplesmente eliminadas. Haver menos regulamentações pode ser positivo tanto para a produtividade como para a inovação. Dito isso, os economistas esforçam-se para apontar que muitas regras e regulamentos precisariam de permanecer em vigor. Algumas são concebidas para corrigir problemas que não podem ser resolvidos através de um imposto sobre o carbono. Outras emissões precisam de ser controladas por meio de regras e regulamentos alternativos. Além disso, algumas regras e regulamentos são mais bem vistos como complementos de um imposto sobre o carbono. Os economistas citam os padrões de eficiência energética entre os exemplos. Podem ser bastante benéficos mesmo na presença de impostos sobre o carbono.

Será que a proposta tem garantia de funcionar? Não. Talvez falhe, apesar da lógica económica e das suas muitas virtudes. Imagine que a proposta não consegue controlar as alterações climáticas. O imposto sobre o carbono provavelmente ainda gerará inovação, investimento e padrões de consumo mais sustentáveis, ao mesmo tempo que reduz a desigualdade de salários. Se este é o pior cenário, eu digo que seja feito. Continua a ser muito bom — e uma aposta que vale a pena tentar. Desde que seja introduzido como um complemento a outras formas eficazes de ação climática, é pouco provável que cause danos reais. A proposta não diz que devemos eliminar todos os outros regulamentos, ou que devemos deixar de procurar outros caminhos razoáveis para controlar as alterações climáticas.

A economia dos fatores externos

A proposta original define que é «guiada por princípios económicos sólidos». Quais são esses princípios? Pode parecer que a proposta não tem muito que ver com a teoria económica. É apenas um imposto, certo? No entanto, as coisas não são o que parecem. A proposta é fundamentada na teoria da escolha racional. Está associada à ideia de pensar na margem, que é um elemento fundamental no modo de pensamento defendido pela economia.

Eis como funciona o raciocínio.

Analise o problema do ponto de vista do produtor. Que quantidade vão produzir? Imagine que a empresa descobre que um barril de petróleo gera muito mais dinheiro do que custa para produzir. Eles quase certamente tentarão aumentar a produção. O segundo barril também provavelmente trará mais dinheiro do que custa para produzir. Mas, à medida que a empresa produz cada vez mais, extrair outro barril de petróleo provavelmente ficará cada vez mais caro. Em dado momento, o custo de produzir outro barril excederá a quantidade de dinheiro que este gera. É quando a empresa para de aumentar a produção. A produção estabiliza quando o *custo marginal* para o produtor — o custo de produzir mais um barril — for igual ao *benefício marginal* — o benefício de produzir mais um barril. Neste momento, a empresa não pode aumentar os lucros aumentando ou diminuindo a produção, pois está a maximizar os lucros.

Imagine agora que a produção de petróleo afeta outras pessoas. Na linguagem económica, há uma *externalidade negativa*. Essa é apenas uma maneira elegante de falar sobre algum efeito indesejável em terceiros. O terceiro é um espectador inocente, no sentido de que não faz parte da transação. Cada vez que o produtor entrega outro barril, o espectador tem um prejuízo. Muitos bens têm externalidades negativas. O consumo de álcool leva a acidentes de carro que matam pessoas inocentes. O tabagismo gera fumo desagradável e perigoso. A pecuária industrial, além de gerar grande sofrimento para os animais, é uma incubadora de bactérias resistentes a antibióticos. As emissões de carbono causadas pela extração de combustíveis fósseis são uma externalidade clássica. Elas prejudicam as pessoas que não estavam envolvidas nem na produção nem no consumo do barril de petróleo.

Na presença de externalidades, há um custo social associado a cada barril produzido. O custo social é o dano a terceiros. Não influencia a análise de custo-benefício do produtor. O produtor que se preocupa apenas com os lucros continuará a aumentar a produção até que o seu custo marginal (o custo privado) seja igual ao seu benefício marginal (o benefício privado). Se pudermos assumir que a produção de petróleo não tem externalidades positivas, isso significa que o custo total associado ao último barril excederá o benefício total. O custo total é a soma dos custos privados e sociais. Essa soma excederá o benefício total. O último barril causará mais mal do que bem. As pessoas, portanto, produzirão e consumirão mais do que seria melhor do ponto de vista da sociedade como um todo. O número *socialmente ótimo* de barris é o ponto em que o custo marginal total é igual ao benefício marginal total. E eles estão a produzir mais do que isso. Na presença de externalidades negativas, os mercados livres não regulamentados produzirão mais do que seria socialmente ideal.

Os impostos pigouvianos são concebidos para resolver precisamente este problema. Um imposto pigouviano é uma taxa imposta pelo governo. A dimensão do imposto, idealmente, corresponde à dimensão da externalidade negativa. Ao contrário das externalidades negativas, que afetam um terceiro, um imposto pigouviano afeta o produtor. Eles vão prestar atenção. Se for acertado, o produtor aumentará a produção até atingir a quantidade socialmente ideal — nem mais nem menos. A externalidade foi internalizada, como dizem os economistas.

Já deve ter ouvido que os impostos introduzem distorções e ineficiências. A ideia é que um mercado livre tem tendência para a eficiência e que qualquer «interferência com» ou «distorção» do mercado livre a reduzirá. Isso geralmente é verdade, mas, quando há externalidades negativas, não é o caso. A teoria económica convencional, como descrevi, diz que podemos tornar a sociedade mais eficiente impondo uma taxa adequada. A história é mais complexa, claro. Mas o ponto fundamental mantém-se. Vou repetir: de acordo com a teoria económica convencional, um imposto pigouviano bem concebido torna o mundo *mais eficiente*. Fazer com que os responsáveis pela poluição paguem torna a sociedade melhor.

A história pode derivar diretamente da teoria padrão da escolha racional. As ineficiências podem ser identificadas graficamente usando um conjunto de curvas de oferta e procura: linhas que representam quanto os consumidores querem comprar e quanto os produtores querem produzir a preços diferentes. As curvas podem ser derivadas diretamente da suposição de que os consumidores (e os produtores) são racionais, no sentido dos economistas. A história completa é mais complicada do que eu sugiro aqui. Mas a economia é suficientemente elementar para ser abordada em todos os livros introdutórios de microeconomia. E isso aplica-se independentemente de o autor estar associado à direita política (como N. Gregory Mankiw) ou à esquerda (como Paul Krugman). Isso ajuda a explicar como tantos economistas puderam apoiar a proposta dos economistas. A teoria que o destaca está perfeitamente normalizada.

Mas isso funciona?

Existe uma piada sobre os economistas que diz: «Eu sei que na prática funciona. Mas funciona em teoria?» Os impostos sobre o carbono funcionam em teoria. Isso irá satisfazer muitos economistas. Como qualquer pessoa normal, porém, pode perguntar se isso funciona na prática. Não há uma tonelada métrica de evidências empíricas sobre a eficácia dos impostos sobre o carbono. Mas há motivos para ser otimista.

O economista Julius J. Andersson constata que a Suécia impõe um imposto sobre o carbono desde 1991.[5] Foi um dos primeiros países a tentar usar esse imposto para conter as alterações climáticas. Na mesma época, a Suécia alargou o seu imposto sobre valor acrescentado (IVA) para cobrir a gasolina e o gasóleo. O imposto de carbono foi introduzido em 30 dólares por tonelada. O imposto foi gradualmente aumentado. Chegou a 132 dólares em 2018. O imposto afeta principalmente o sector dos transportes. Então, foi isso que Andersson estudou.

Qual foi o efeito do aumento dos impostos sobre o combustível usado nos transportes? Andersson compara a Suécia real com a Suécia «sintética» — um país imaginário muito semelhante à Suécia, tirando não ter estabelecido esses impostos durante o período relevante.

O resultado revela que o imposto sobre o carbono foi bem-sucedido na redução das emissões de dióxido de carbono. Após a instituição do imposto sobre o carbono e o alargamento do IVA, as emissões de dióxido de carbono do sector dos transportes sueco caíram quase 11%. A maior parte da queda foi atribuída ao imposto sobre o carbono.

Enquanto isso, Andersson não encontrou evidências de que o imposto sobre o carbono fosse um obstáculo ao produto interno bruto (PIB). Há uma polémica de que os impostos sobre o carbono afetarão negativamente o PIB e que as emissões cairão porque toda a economia abranda.

No entanto, os dados da Suécia não demonstram isso. Na verdade, o PIB da Suécia real era ligeiramente superior ao PIB da Suécia sintética.

O que funciona na teoria parece funcionar na prática. O efeito do imposto sobre o carbono pode não ter sido grande *o suficiente*. As taxas de carbono terão de ser complementadas com outras intervenções, incluindo normas em matéria de emissões. Mas, à margem, a imposição do imposto sobre o carbono fez o que deveria: reduziu significativamente as emissões de gases de efeito estufa.

Porquê confiar num economista?

Qual é a contribuição da economia para a discussão sobre alterações climáticas e política climática? A economia convencional — suposição de racionalidade e tudo — alcança pelo menos quatro coisas aqui. Primeiro, propõe uma intervenção viável, no sentido de que está sob o controlo do governo. A imposição de impostos é algo que o governo pode fazer, prática e legalmente. Em segundo lugar, oferece um argumento rigoroso de que esse imposto, uma vez cobrado, pode tornar o mundo mais eficiente. Se a teoria estiver correta, a taxa tornará a sociedade melhor como um todo. Em terceiro lugar, oferece evidências empíricas de que os impostos sobre o carbono funcionam na prática. Uma queda de 11% não é má. Em quarto lugar, a teoria atua como um dispositivo de coordenação, permitindo que um grupo diversificado de economistas chegue a um acordo sobre uma proposta viável para resolver um problema urgente. Conseguir que um grupo tão grande e variado de pessoas concorde com uma proposta é uma conquista sólida. Não tem de ser economista para concordar com a ação climática. Alguns economistas não concordam. Mas a economia oferece recursos que nos permitem desenvolver soluções viáveis — e também defendê-las vigorosamente.

Há também um nível mais profundo no qual a proposta reflete os princípios fundamentais do pensamento por detrás da economia. Uma é sobre a importância de pensar fora da caixa. Poderíamos, se quiséssemos, começar por pensar num mundo ideal — um mundo de paz, justiça e compreensão. Poderíamos perguntar: «Como é que os deveres, responsabilidades, recursos e alegrias devem ser distribuídos neste mundo ideal?»

«Que quantidade é que os produtores devem produzir e que quantidade é que os consumidores devem consumir?» Esta forma de pensar é comum na teoria política, em que é referida como *teoria ideal*. Não há nada obviamente errado sobre este modo de pensar, embora, uma vez que terminamos — se é que terminamos —, não sabemos muito, se é que sabemos alguma coisa, sobre como ir daqui para ali. Em vez de começar com um mundo ideal, os economistas começam com o mundo em que vivemos. Eles perguntam: «Tendo em conta onde estamos, como podemos mover-nos na direção certa?» Isto é pensar fora da caixa. As suas respostas são elaboradas para abordar imediatamente a questão de como chegar *ali* a partir *daqui*.

Poderia perguntar: «Se a proposta é tão boa, porque é que ainda não foi implementada?» É uma ótima pergunta. É uma pergunta política, fora do meu campo. Eu defendo que é uma proposta que vale a pena, não uma apreciada por todos. O argumento mais comum contra a proposta, na verdade, é que os eleitores e os políticos não gostam dela. Mas há algo estranhamente derrotista nesse argumento. Se tivermos de nos restringir a soluções que as pessoas já gostam, não sobrarão muitas soluções. Andersson destaca, além disso, que o apoio público aos impostos sobre o carbono aumenta quando as pessoas têm provas de que eles funcionam.[6] Talvez, apenas talvez, a falta de apoio público se deva ao facto de os eleitores e políticos não saberem o que são os impostos sobre o carbono, qual é a lógica subjacente ou que evidências apoiam a afirmação de que eles funcionam. Poderíamos, ao invés de simplesmente desistir do projeto, tentar explicar como ele funciona.

Racionalidade e irracionalidade

Dois economistas caminhavam pela rua. O primeiro diz: «Não é uma nota de 20 dólares?» O segundo diz: «Não pode ser. Se fosse, alguém já a teria apanhado.»

O diálogo está disponível em qualquer um dos vários *sites* de piadas sobre a profissão de economista. Se o considera engraçado, é porque conhece o *Homo economicus* — o homem económico racional. A ideia de que as pessoas são racionais nas suas vidas públicas e privadas parece inadmissível para muitas pessoas — até risível à primeira vista. Basta olhar à sua volta. As pessoas não *parecem* racionais. Eles comem demais e economizam pouco; bebem, fumam e usam drogas; procuram relações sem esperança e abandonam as gratificantes; votam em políticos cujas políticas os prejudicariam; e dão tiros nos pés e caem de cara ao chão literal e metaforicamente. Nada disso faria muito sentido se as pessoas fossem realmente — verdadeiramente — racionais.

A racionalidade permanece central para a economia moderna. É provavelmente a primeira coisa que irá aprender se estudar economia. É a primeira coisa que encontra, embora de forma mais avançada, se for um aluno novo de doutoramento. A razão pela qual o módulo sobre a escolha racional vem em primeiro lugar é que grande parte da economia moderna é construída com base nele. O teórico dos jogos Ariel Rubinstein descreve o módulo como uma espécie de «cerimónia de introdução ao mundo da teoria económica».[7] Ele acha que deveria ser acompanhado por uma fanfarra presidencial. A teoria da escolha racional não apenas assumiu o controlo da economia moderna, mas também migrou, ocupando disciplinas vizinhas, como a ciência política, a sociologia e até mesmo alguns ramos da biologia.

O caso dos impostos sobre o carbono baseia-se na teoria da escolha racional. Pode suspeitar que isto é um problema. As pessoas que são céticas em relação à economia costumam destacar que as suas suposições fundamentais são falsas. Elas inferem que isso invalida todo o projeto. Como podemos levar a sério os impostos sobre o carbono, quando partem do pressuposto de que as pessoas são racionais?

O problema é que toda esta linha de ataque está equivocada. O leitor não pode determinar se uma teoria científica está certa ou errada apenas por investigar as suas suposições básicas. Tem de avaliar o que a teoria faz. Será que a teoria pode explicar coisas que o leitor não entenderia de outra forma? Pode ajudá-lo a prever coisas que são importantes para si? Pode ajudar-nos a construir e controlar coisas com as quais nos importamos — qualquer coisa, desde pontes até sistemas de saúde? Este é o tipo de pergunta que deve fazer se quiser saber se uma ciência vale alguma coisa — não se o seu pressuposto fundamental lhe capta a atenção, um estranho, como sendo intuitivamente plausível ou não.

Eis um exemplo. A teoria da mecânica de Isaac Newton é uma das teorias científicas mais bem-sucedidas de todos os tempos. Baseia-se num pequeno número de leis. As leis são tão simples que o leitor pode ensiná-las na escola secundária. Elas podem ser usadas para explicar o movimento da

Terra, da Lua e de outros corpos celestes; o movimento regular das marés; o balanço de um pêndulo; e mais. E ainda! As suposições fundamentais da teoria de Newton são claramente absurdas. Ele assume que todos os objetos terrestres e corpos celestes são pequenos. Não mais ou menos pequenos, mas *infinitamente* pequenos. A teoria postula a existência de uma força invisível — a gravidade — que funciona como magia com velocidade infinita em todo o universo. Se a teoria de Newton pudesse ser avaliada pela plausibilidade das suas suposições, teria sido firmemente rejeitada de imediato após a publicação. (E se as suposições fundamentais da mecânica newtoniana são absurdas, as da mecânica quântica são simplesmente malucas.) Mas nada disso importa. A teoria de Newton é considerada bem-sucedida por causa do que oferece. Ajuda-nos a entender; ajuda-nos a prever; ajuda-nos a construir e a controlar.

Como em *The Great British Bake Off*, a prova do pudim está em comê-lo. Não julgamos, e não devemos julgar a teoria de Newton sobre se as suas suposições estão de acordo com as nossas intuições não científicas e observações do dia-a-dia. O que é verdade para a teoria de Newton é verdade em todos os aspectos — seja na física, seja na economia. O que importa é o que a teoria permite que *façamos*. Essas são as perguntas a que pode responder, os mistérios que pode solucionar, que estruturas nos ajuda a construir e que problemas pode resolver. A mesma coisa se aplica à economia. O facto de uma ou outra suposição lhe parecer falsa é total e completamente irrelevante para a questão de saber se a economia é boa ou má ciência.

A teoria da escolha racional parece estranha à primeira vista, mas a razão pela qual os economistas a utilizam não é que estejam iludidos a pensar que é literalmente verdade o tempo todo. A razão pela qual a usam é porque oferece coisas com as quais nos preocupamos. Essas coisas incluem soluções exequíveis para as alterações climáticas, soluções que podem ser apoiadas por evidências. A teoria da escolha racional, devidamente compreendida e usada corretamente, pode ajudar-nos a compreender muito o comportamento. Pode ajudar-nos a perceber de onde vêm as externalidades — porque há tanta poluição, por exemplo. Mas, mais importante, pode ajudar-nos a resolver alguns dos maiores desafios que a humanidade enfrenta — incluindo as alterações climáticas. A economia pode traçar um caminho para um mundo melhor.

4

Como alterar os maus comportamentos

A defecação a céu aberto é a prática de defecar ao ar livre — em campos, atrás de arbustos, em canais ou em outros espaços abertos.[1] De acordo com a UNICEF e a Organização Mundial da Saúde (OMS), mais de 5% da população em 55 países praticam a defecação a céu aberto. A prática tem péssimas consequências. É anti-higiénico. Espalha doenças. Polui os cursos de água. Ameaça a nutrição infantil e a saúde pública. No entanto, provou ser resistente, mesmo quando os governos locais tentaram eliminá-la, fornecendo latrinas e campanhas informativas.

O casamento infantil refere-se a um casamento em que pelo menos um dos cônjuges tem menos de 18 anos.[2] Antes da pandemia de covid, a UNICEF estimou que, ao longo de uma década, 100 milhões de meninas se casariam antes de completarem 18 anos. Após a pandemia, o número aumentou em 10 milhões. O casamento infantil está associado a múltiplos maus resultados. Meninas que se casam antes dos 18 anos têm mais probabilidade de sofrer violência doméstica. São menos propensas a concluir a escolaridade. São mais propensas a morrer como resultado da gravidez ou do parto. Os seus filhos também correm maior risco, pois a probabilidade de nascerem mortos ou de morrerem na infância é maior. Apesar dos esforços dedicados para acabar com a prática, ela continua vigente.

A mutilação genital feminina (MGF) envolve cortar ou ferir a genitália feminina externa, por razões não médicas.[3] É principalmente realizada em bebés e meninas com menos de 15 anos. A OMS estima que três milhões de meninas estão em risco a cada ano. Duzentos milhões de meninas e mulheres vivas hoje foram submetidas à MGF, uma prática que não traz benefícios à saúde, mas causa dor intensa e pode resultar em infeção, hemorragia e morte. As sobreviventes podem ter de lidar com as consequências físicas e psicológicas para o resto das suas vidas.

O que é que a defecação a céu aberto, o casamento infantil e a mutilação genital feminina têm em comum? São todas práticas perpetuadas por seres humanos. Existem já há muito tempo. São predominantes. São extremamente prejudiciais. Sendo tão más, poder-se-ia pensar que as pessoas simplesmente concordariam em deixar de as praticar. No entanto, mostraram-se notavelmente resilientes — mesmo quando as pessoas envolvidas entendem que há consequências prejudiciais.

Uma das pessoas cujo objetivo passa por eliminar essas práticas é Cristina Bicchieri, diretora do Programa de Filosofia, Política e Economia da Universidade da Pensilvânia. Bicchieri é uma teórica do jogo. É a teoria económica da interação estratégica. Abrange decisões quando várias pessoas estão envolvidas, e quando o que quer que aconteça no final reflete o que todos fazem. A teoria dos jogos é fundamental para grande parte da economia moderna. Bicchieri usou-a para construir uma teoria das normas sociais. Ela escreveu dois livros sobre isso: *The Grammar of Society* e *Norms in the Wild*.[4] Ela acredita que práticas como a defecação a céu aberto, o casamento infantil e a mutilação genital feminina precisam de ser entendidas enquanto normas sociais. Mesmo que esses problemas não sejam uma questão de normas sociais, ela acredita que as soluções podem sê-lo. A sua teoria explica o que são normas e porque é que as pessoas as seguem. Explica porque é que as normas são tão resilientes, mesmo quando são obviamente prejudiciais. Mais importante ainda, a sua teoria sugere que a mudança é possível. Ela acredita que a sua teoria contém pistas para mudanças sociais reais e duradouras.

Bicchieri considera que muitos dos esforços feitos para eliminar essas práticas são realizados da maneira errada.[5] Muitos dos esforços bem-intencionados focam-se no fornecimento de recursos. O governo indiano, por exemplo, tentou reduzir o problema da defecação a céu aberto construindo latrinas. Às vezes, os esforços passam por fornecer informações. Quando o governo do Paquistão tentou informar as pessoas sobre as consequências da defecação a céu aberto para a saúde, o resultado foi modesto. Bicchieri acredita que os recursos e as informações podem ser necessários, mas raramente são suficientes. Em vez disso, insiste ela, os esforços realizados para eliminar as práticas nocivas devem tentar moldar as *expectativas* das pessoas — as suas crenças relacionadas com o que as outras pessoas fazem e sobre o que as outras pessoas pensam que é certo e adequado. Além disso, devem facilitar a *coordenação* — ajudando as pessoas a mudar o seu comportamento de forma concertada.

Com o intuito de eliminar as práticas nocivas e promover os direitos humanos, Bicchieri participa numa vasta gama de colaborações.[6] Ela trabalhou com a Fundação Gates para estudar normas sociais e saneamento na Índia. Colaborou com a UNICEF para compreender as altas taxas de casamento infantil no Mali. Colaborou com a Chatham House para perceber a corrupção na Nigéria. Além disso, oferece sessões regulares de formação, entre outras coisas, a trabalhadores dos direitos humanos de todo o mundo. Hoje em dia, pode encontrar o curso de formação oferecido gratuitamente no Coursera.[7] No momento em que escrevo, o *site* diz que mais de 100 mil pessoas já se inscreveram. Bicchieri, obviamente, não é a única que pensa que a sua abordagem é promissora.

A teoria tanto pode ser aplicada a qualquer problema social causado por normas sociais como a todos os problemas que poderiam ser potencialmente resolvidos através das normas sociais. Isso é bom. Ela não oferece soluções rápidas, mas fornece conselhos reais e exequíveis. Pode ser utilizada para resolver grandes problemas sociais e pequenos aborrecimentos. Poderá utilizá-la para lidar com colegas que deixam pratos no lava-loiça e pessoas que os confrontam.

Normas e comportamentos

Porque é que as pessoas fazem coisas más? Temos muitas explicações. Mas as explicações do dia-a-dia sobre mau comportamento são muitas vezes inadequadas e às vezes maldosas. Mateus 7:18 diz-nos que uma árvore boa não pode dar frutos maus. Muitos de nós acolhemos pensamentos semelhantes uns sobre os outros. Nesta visão, existem dois tipos de pessoas. Algumas são boas; algumas são más. As pessoas boas fazem coisas boas; as pessoas más fazem coisas más. Se vemos alguém a fazer algo mau, então essa pessoa deve ser uma das pessoas más. Se virmos alguém a fazer uma coisa boa, essa pessoa deve ser uma das pessoas boas. Vou chamar a isto de *explicação popular* do mau comportamento.

A explicação popular refere-se a algo que os psicólogos chamam de *erro de atribuição fundamental*. Quando explicamos o comportamento de outras pessoas, temos tendência para assinalar a sua personalidade, o carácter ou disposição — características mais ou menos estáveis da pessoa. Ao explicar o nosso próprio comportamento, pelo contrário, temos tendência a assinalar as circunstâncias, ambientes e pressões externas — características mais ou menos fluidas da nossa situação. Portanto, se um estranho for rude no autocarro a caminho do trabalho, podemos ficar tentados a dizer: «Ele é uma pessoa rude e antipática.» Se nós mesmos agirmos de maneira rude em circunstâncias semelhantes, podemos, em vez disso, ser tentados a dizer: «O problema é que eu dormi de mais e estava atrasado, por isso fiquei completamente *stressado*!»

A explicação popular do mau comportamento pode combinar com o erro de atribuição fundamental de maneiras infelizes. A explicação popular faz-nos atribuir a culpa do mau comportamento às pessoas más. E quem são essas pessoas más? O erro de atribuição fundamental garante que não somos *nós*. Estamos apenas *stressados* ou a ter um mau dia — nunca somos uma má pessoa. A má pessoa deve ser outra. Quem, exatamente? Certamente, é alguém que é diferente de nós. Se no nosso bairro houver um problema de lixo, provavelmente concluiremos que o culpado deve vir de fora da vizinhança ou que a composição dos vizinhos deve ter mudada. Na pior das hipóteses, esse modo de pensar encoraja-nos a culpar imigrantes, pessoas de religião ou etnia diferentes, ou equivalentes.

Mas esta maneira de pensar sobre o mau comportamento é errada. Todos nós, ou quase, somos capazes de fazer coisas adversas e antissociais nas condições certas (ou erradas). É um grande erro culpar pessoas que são diferentes de nós. A teoria das normas sociais explica porquê.

As normas sociais são regras informais que regem o comportamento das pessoas que vivem em grupos e sociedades. Podemos pensar em nós mesmos como animais racionais — pelo menos a maior parte do tempo. Podemos reconhecer que somos criaturas de hábitos. Mas o nosso comportamento é, em grande parte, guiado por normas sociais. O leitor pode imaginar que está a jantar num restaurante num país estrangeiro. Tem uma mesa inteira cheia de pratos deliciosos e talheres à sua frente. O problema é que não faz ideia de que molho combina com determinado prato — e que talheres usar e como. A primeira coisa que faria, com toda a probabilidade, seria olhar à sua volta e tentar descobrir o que os locais fazem — e depois fazer a mesma coisa. Está a tentar descobrir a norma para depois poder segui-la. Provavelmente nem pensaria nisso. Se pensar nisso, pode vir a visualizar a comida de forma errada e depois os locais apontam para si e riem-se. O mero pensamento dessa transgressão pode enchê-lo de pavor. Esse é o poder das normas. As normas determinam todos os tipos de comportamentos — os bons e os maus. Compreender por que razão as pessoas fazem o que fazem exige prestar atenção às normas sociais, assim como mudar as coisas que as pessoas fazem — quer queiramos eliminar pequenos aborrecimentos, resolver grandes problemas ou ambos.

Uma visão fundamental de Bicchieri é que as pessoas em geral querem seguir as normas. Se todos os locais comem de uma certa maneira, é provável que também queira comer dessa maneira. Se mais ninguém atirar lixo ao chão, não vai atirar lixo ao chão. Violar as normas é matéria para pesadelos literais. Sabe aquele medo de estar no palco durante a cerimónia de fim de curso e perceber que está de cuecas? Esse é o medo de violar as normas, nós realmente não queremos isso.

Mas o desejo de seguir as normas é *condicional*. Imagine que vai a um bar beber uma cerveja. Quando lá chega, os outros clientes estão bem organizados, à espera da sua vez para fazer o pedido. Nessas circunstâncias, nem sonharia em ir até ao bar, gesticular e chamar a atenção. Coloca-se na fila e espera pacientemente pela sua vez. Mas imagine que, ao chegar lá, vê os outros clientes reunidos no bar a competir pela atenção do *barman*. Nesta situação, não sonharia em meter-se ordenadamente numa fila na parte de trás e esperar pela sua vez. Também iria até ao bar, acenaria com os braços e gritaria por atenção. O exemplo ilustra o que significa dizer que o desejo de seguir normas é condicional. O seu desejo de se alinhar bem depende de outros se alinharem bem. O seu desejo de abrir caminho até ao balcão depende de outros abrirem caminho até ao balcão. Como deseja saciar a sua sede depende inteiramente do modo como os outros o fazem.

O facto de o nosso desejo de seguir as normas sociais ser condicional torna-as diferentes das normas morais. As normas morais são regras e princípios de moralidade. «Matar alguém é errado» é um exemplo. Se acredita genuinamente que o homicídio é errado, provavelmente deseja abster-se de um homicídio, independentemente do que os outros estejam a fazer. Imagine que alguém atira uma beata de cigarro para o seu jardim de rosas e o leitor sente vontade de o matar nesse momento. Não vai decidir se mata a pessoa primeiro ao determinar se os seus vizinhos fazem o mesmo nos seus jardins. Quando está totalmente comprometido com a ideia de que o homicídio é errado, nem precisa de saber isso. O mesmo *não* se aplica às normas sociais.

O cenário do bar que acabei de descrever é um exemplo de um *jogo*, no sentido técnico. Cada indivíduo tem de tomar uma decisão: ficar na fila ou avançar para o balcão. O que acontece no bar é o resultado não só do que uma pessoa faz, mas do que todas fazem. A teoria dos jogos aplica-se.

Neste jogo, pode esperar que uma de duas coisas aconteça. Ou todos se alinham ordenadamente numa fila ou fazem todos um tumulto no bar. Os economistas dizem que o jogo tem dois equilíbrios de Nash, nomeados em homenagem ao matemático John Nash, personagem principal do filme *Uma Mente Brilhante*. Estas são situações em que nenhum jogador pode melhorar a sua situação mudando a sua decisão, tendo em conta *a decisão de todos os outros*. Ou, colocando de outra forma: em equilíbrio, todos já tomaram a melhor decisão possível em função do que os outros jogadores estão a fazer. Desde que todos queiram fazer o que todos fazem, ou todos se alinharão ordenadamente ou todos criarão uma confusão no bar. E esses equilíbrios são *estáveis*, nesse sentido. Se fizesse o oposto do que todas as pessoas estavam a fazer, provavelmente perceberia o erro e mudaria rapidamente a sua decisão. Imagine que está completamente absorvido pelo que quer que haja no seu telefone e que acidentalmente passa à frente na fila. Assim que reparar, ficará horrorizado ao perceber que estão todos a olhar com desaprovação. Prefere ir para o final da fila a insistir em fazer o pedido antes da sua vez. A propósito, o número de equilíbrios num jogo não precisa de ser dois. O número depende da estrutura da interação, em combinação com as preferências das pessoas.

A visão de Bicchieri é que as normas sociais são equilíbrios de um certo tipo. Nem todos os equilíbrios são normas, mas todas as normas sociais são equilíbrios. A regra que diz que o leitor alinhar-se perfeitamente no bar pode ser um exemplo de norma social. É um equilíbrio por causa das preferências condicionais das pessoas. As normas sociais são sustentadas por expectativas. Primeiro, cada indivíduo espera que um número suficiente de outras pessoas se conforme com a norma. Bicchieri chama a isso de expectativa *empírica*. Uma das razões pelas quais entro na fila é que espero que os outros também o façam. Se não fosse assim, não me incomodaria. (Novamente, é aqui que as normas sociais diferem das normas morais.) Em segundo lugar, cada indivíduo espera que um número suficiente de outras pessoas julgue que ele ou ela *deve* conformar-se à norma e pode punir qualquer desvio. Bicchieri chama a isso de expectativa *normativa*. Uma das razões pelas quais entro na fila é porque espero que os outros me desaprovem se não o fizer. Além disso, temo que qualquer violação da norma possa gerar sanções — e que a sua reprovação possa traduzir-se em sobrancelhas erguidas, escárnio ou ataques verbais.

Estou a simplificar um pouco, obviamente, mas essa é a teoria. As normas sociais são equilíbrios, caracterizados por preferências condicionais, expectativas empíricas e expectativas normativas. Isso é o que define as normas sociais, mas o que é que torna as normas sociais tão poderosas indutoras de comportamento? Bicchieri afirma que é porque têm a tendência para superar as crenças pessoais sobre o certo e o errado. Segundo ela:

> Quando as crenças pessoais e as expectativas normativas discordam, prevejo que as expectativas normativas, e não as crenças normativas pessoais, vão orientar o comportamento. Isto está em consonância com o que os psicólogos sociais observaram: as crenças que são percebidas como partilhadas por um grupo relevante vão afetar a ação, enquanto as crenças normativas pessoais muitas vezes não o conseguem fazer, especialmente quando se desviam das crenças socialmente mantidas.[8]

Imagine que as minhas convicções pessoais me dizem que fazer *x* é errado. Imagine também que existe uma norma social que me diz para fazer precisamente *x*. Isso significa que tenho uma expectativa empírica: espero que os outros façam *x*. Também significa que tenho uma expectativa normativa: espero que os outros julguem que eu deveria fazer *x*, e que me penalizem se eu deixar de fazer *x*. Essas expectativas, em conjunto com as minhas preferências condicionais, são indutoras de comportamentos muito mais poderosos do que a minha convicção particular de que é errado fazer *x*. Isso explica por que motivo a mera informação é, em geral, insuficiente para fazer a diferença. Mesmo que a minha convicção particular se altere, é improvável que isso se traduza em novos padrões de comportamento.

As normas sociais podem apoiar todos os tipos de comportamento, de forma relativamente independente das convicções particulares das pessoas sobre esse tipo de comportamento. Por vezes, o comportamento é bom. As normas contra atirar lixo para o chão ajudam a manter o meio ambiente limpo — mesmo numa sociedade onde existem pessoas que não têm nenhuma objeção por princípio de deitar lixo ao chão. As normas que favorecem o comércio justo ajudam a promover o bom funcionamento dos mercados, mesmo quando as pessoas não têm nenhuma objeção moral para enganar e roubar. As normas sociais, nesses casos, são uma força para o bem. Mas, por vezes, o comportamento não é bom — e pode ser muito, muito mau. As normas que exigem crimes de honra como resposta a «trazer vergonha para a família» são um exemplo. Essas normas podem levar a sucessivos homicídios cruéis — mesmo numa família em que cada elemento preferiria não o fazer. As normas sociais, nesses casos, são uma força para o mal.

As normas podem mudar

Podem sustentar práticas extremamente prejudiciais — e também durante muito tempo. O texto de Bicchieri tem implicações intrigantes e importantes.

Dois grupos ou sociedades podem comportar-se de maneira completamente diferente, mesmo perante a mesma interação — mesmo que joguem exatamente o mesmo jogo — e mesmo que tenham exatamente as mesmas preferências. Se observar dois grupos de pessoas que seguem normas diferentes, não poderá inferir que os seus valores e compromissos sejam diferentes. As pessoas são rápidas a vincular as diferenças de comportamento a atributos étnicos, carácter nacional ou qualquer outra coisa. Fazer isso é um erro e pode ser fonte de ideias etnocêntricas e até racistas. Os italianos às vezes dizem: «Em Milão, os semáforos são instruções; em Roma, são sugestões; em Nápoles, são decorações de Natal.» Consegue concluir que os italianos do Norte, Centro e Sul do país são fundamentalmente diferentes? Não. Se conduzir de Milão para Roma até Nápoles, a sua atitude em relação aos semáforos também mudará. Quando os seus colegas condutores os tratam como luzes de Natal, também deve fazer o mesmo. Tratá-los como instruções quando ninguém mais o faz causaria acidentes de trânsito e muita confusão. É pelo menos *possível* que pessoas em diferentes partes do país joguem diferentes estratégias de equilíbrio no mesmo jogo. Lembra-se do igualitarismo analítico do Capítulo 1? Não parta do princípio de que outro grupo deva ser fundamentalmente diferente porque age de forma diferente do seu.

A mudança social em larga escala pode acontecer sem nenhuma alteração fundamental à estrutura da interação ou às preferências das pessoas. As normas são estáveis, como já disse, no sentido de que pequenos desvios não as irão desalojar. Mas se um número *suficiente de pessoas* mudar repentinamente de comportamento, podem causar uma cascata de desvios que termina com o estabelecimento de uma nova norma. Imagine que não uma, mas metade das pessoas no *pub* decide ignorar a fila e passar à frente no bar. Nessas circunstâncias, a norma entraria em colapso. As pessoas que ainda estão na fila abandonariam as suas expectativas. Já não acreditariam que os outros esperavam que elas ficassem na fila. Elas também já não acreditariam que os outros julgam que elas deveriam esperar em fila. Se fosse do interesse delas juntarem-se à confusão no bar, juntar-se-iam. Em resumo, uma vez que uma massa crítica de pessoas decida mudar para outro equilíbrio, todas as outras farão o mesmo. Nesse cenário, todas mudam o seu comportamento. No entanto, não houve mudança na natureza da sua interação nem nas suas preferências fundamentais. As pessoas acabaram de mudar de um equilíbrio no jogo para outro.

Há uma indicação de que apenas cerca de um quarto do grupo precisa de mudar para desalojar uma norma ou convenção estabelecida, pelo menos em alguns casos.[9] Uma minoria pequena, mas comprometida, pode ser tudo o que é preciso.

Pode pensar que a mudança social deve ser precedida por uma mudança de valores. Pode ser, mas não precisa de ser. Sim, os valores mudam com o tempo — considere, por exemplo, as atitudes públicas em relação ao casamento e adoção *gay* ao longo das nossas vidas — e, se um número suficiente de pessoas mudar as suas preferências, elas mudarão a natureza do jogo, e, consequentemente, os equilíbrios pelos quais as pessoas podem e irão jogar. Mas a mudança social também pode ocorrer simplesmente porque as pessoas mudam de um equilíbrio para outro no mesmo jogo. Por vezes, os valores mudam *depois* de o comportamento mudar, pois internalizamos ideias do que é certo e apropriado com base nos nossos próprios padrões de comportamento em mudança.

A mudança social pode ser rápida. Pode pensar que as coisas não estão a melhorar depressa o suficiente quando se trata de atitudes em relação à justiça social, mudança climática ou qualquer outra coisa. Provavelmente, tem razão. Alterar valores pode ser um processo relativamente lento. As atitudes em relação ao casamento e adoção *gay* mudaram drasticamente durante a minha vida, mas levou uma geração. A mudança de um equilíbrio para outro pode ser quase instantânea. Eis outro exemplo. Pense num espetáculo em que todos estão sentados. Se apenas uma pessoa se levantar e dançar ao som da música, irá bloquear a visão das pessoas atrás. Alguém pode protestar alto o suficiente para se sentar outra vez. Mas, se um número suficiente de pessoas se levantar e dançar, outros deixarão de protestar e juntar-se-ão a eles. Mesmo num grande espaço, esse processo pode ser concluído em questão de segundos. As mudanças sociais rápidas são possíveis.

Como alterar as normas

A pergunta de um milhão de dólares, porém, é: *como fazer as pessoas mudarem?*[10] Bicchieri não tem uma solução milagrosa, obviamente. Ela também não tem uma solução única para todos. Por vezes, a norma social é o problema. Então, a norma tem de ser abandonada. Por vezes, o problema é a ausência de uma norma social. Então, tem de ser estabelecida uma nova norma. Às vezes, uma norma tem de ser substituída por outra. A solução irá depender dessas considerações e de vários outros fatores. Dito isso, Bicchieri tem sugestões.

Primeiro, vamos falar sobre algumas coisas que têm menos probabilidade de funcionar. Um, mudar as preferências fundamentais das pessoas: «O leitor não deveria gostar de conduzir um carro desportivo; deveria preferir andar de bicicleta para ir trabalhar.» «O leitor não deveria querer deixar pratos no lava-loiça; devia gostar de lavar a loiça à mão.» Instruir as pessoas que elas não devem querer o que querem provavelmente não terá muito efeito — especialmente se o seu ponto de vista é que elas devem querer o mesmo que o leitor quer. E mesmo que consiga mudar as preferências das pessoas, esse é um processo relativamente lento. Dois, dizer às pessoas que elas estão a fazer algo moralmente errado: «És uma má pessoa por deixares os pratos no lava-loiça.» «É moralmente censurável ficar de pé à minha frente durante o espetáculo.» Mesmo que consiga incutir nas pessoas as crenças morais corretas, já sabemos que elas têm um poder motivador limitado. As convicções morais pessoais não conduzem ao comportamento. Se houver um conflito entre uma convicção moral pessoal e uma norma social, em geral, a norma social vencerá. Três, apenas ordenar às pessoas: «Sente-se!» «Limpe!» «Não deite o lixo para o chão!» Entre a força motivadora das próprias preferências e qualquer norma social aplicável, a vontade de alguém cumprir as suas ordens ou instruções provavelmente será muito menor.

A solução para mudar o comportamento das pessoas é focarmo-nos nas *expectativas*. As normas sociais são sustentadas por expectativas. Se pudermos mudar as expectativas, podemos mudar o comportamento.

Por vezes, basta simplesmente dizer às pessoas o que as outras esperam delas. O consumo excessivo de álcool entre estudantes universitários é um grande problema. O seu efeito mais previsível é a intoxicação por álcool. Também está associado a muitos outros maus desfechos, incluindo violação e agressão sexual. A investigação descobriu que muitos alunos exageram no que toca à quantidade de álcool que os outros alunos bebem. Há uma tentativa para se ajustarem ao que acham que é a norma para o consumo de álcool, e por isso bebem mais do que gostariam. Ao fazê-lo, inadvertidamente, acabam por reforçar a impressão de outros estudantes de que estes bebem muito. Os estudantes estão presos num círculo em que todos bebem mais do que gostariam. Como é que se resolve este problema? Acontece que uma campanha de informação pode ser suficiente. Pode apenas dizer aos estudantes quanto (ou quão pouco) os outros alunos bebem — e talvez também quanto (muito ou pouco) beberiam se pudessem.

O problema fundamental dos estudantes universitários é algo a que os psicólogos chamam de *ignorância pluralista*. O leitor conhece esse sentimento. Assiste a uma palestra sobre um tema que lhe é praticamente desconhecido. Queria mesmo levantar a mão e perguntar o que se está a passar, mas mais ninguém levanta a mão. Fica a acreditar que eles provavelmente entenderam a palestra, que até a devem considerar fácil.

Teme que eles o julguem por fazer uma pergunta. Então, não faz. Agora, é possível que todos os que estão a assistir sintam exatamente o mesmo. Ninguém entende; ninguém levanta a mão; toda a gente tem a impressão de que os outros estão a par do tema. O exemplo ilustra que, muitas vezes, não podemos observar de imediato os comportamentos e atitudes das outras pessoas. Não sabemos quantas perguntas as outras pessoas têm, ou quanto bebem, na realidade. Possivelmente, a ignorância pluralista é comum. Quando as pessoas sofrem de ignorância pluralista, sair da norma pode ser fácil. Resolva apenas as suas expectativas empíricas.

Noutros casos, apenas informar as pessoas sobre o que os outros fazem não é suficiente. Práticas como a mutilação genital feminina e o casamento infantil, por mais prejudiciais que sejam, às vezes são sustentadas por expectativas empíricas que podem ser bastante corretas. Outros pais, de facto, submetem as suas filhas à mutilação genital e casam-nas precocemente. Estas práticas são motivadas, em parte, pelo medo de que uma rapariga mais velha e não mutilada não se consiga casar. Numa sociedade onde todos seguem a norma, isso pode muito bem ser a verdade. As pessoas estão agarradas a um equilíbrio, gostem ou não. Desde que todas sigam a norma, têm todas um motivo para o fazer e ninguém ousa agir de maneira diferente.

A maneira de alterar o comportamento de uma pessoa nessa situação passa por mudar o comportamento e as expectativas das *outras pessoas*. Corrigir apenas equívocos sobre o comportamento de outras pessoas não será suficiente. Parece paradoxal, mas não está muito longe da verdade. A chave é mudar o comportamento de todos mais ou menos ao mesmo tempo. A principal razão pela qual é difícil mudar um mau comportamento é que o grupo provavelmente já está num equilíbrio estável. O leitor não pode realizar a mudança uma pessoa de cada vez. Convença qualquer pessoa a mudar os seus hábitos e ela rapidamente pensará melhor. Mas convença um grupo suficientemente grande de pessoas e — *voilà*! — pode encontrar-se num outro equilíbrio estável. Com um pouco de sorte, o novo é melhor do que o antigo.

Ao longo do processo, pode ser ajudado por um quarteto de princípios. Podemos chamá-los de *princípios de mudança*. Primeiro, a nova norma que deseja estabelecer deve ser de conhecimento comum. Cada pessoa tem de saber para que norma vai mudar. Mas não é só isso. Cada pessoa tem de ter conhecimento que as outras pessoas sabem qual é a norma, e que essas saibam que o leitor sabe, e assim por diante. Se gostava de mudar as pessoas para uma nova norma, precisa de descobrir uma maneira de garantir que a nova solução é do conhecimento comum. Uma maneira de obter isso é comunicando publicamente. Se eu e o leitor ouvirmos uma mensagem, essa mensagem tornar-se-á imediatamente do conhecimento comum. Ajuda se a nova norma for simples de entender e de seguir. Em segundo lugar, as pessoas precisam de ter um motivo para mudar. Precisa de garantir que as pessoas entendem que a nova solução é boa para elas. Se não for do interesse delas mudar para uma nova norma, não terão incentivo para o fazer. Até podem resistir aos seus esforços. Em terceiro lugar, deve abordar as expectativas normativas das pessoas. Isso significa comunicar que as outras pessoas não o irão julgar por mudar de um comportamento para outro e puni-lo se o fizer. Mesmo as normas ineficientes são sustentadas pela expectativa de sanções sociais. Isso pode ser qualquer coisa, desde uma sobrancelha erguida até à exclusão social, ou pior. Em quarto lugar, pode tirar vantagem dos *opinion makers*. São pessoas que traçam o seu próprio caminho, em vez de seguirem o caminho de toda a gente — e são pessoas que os outros procuram imitar.

Como exemplo desses princípios, Bicchieri descreve programas bem-sucedidos direcionados para a defecação a céu aberto.[11] O que esses programas têm em comum é que envolvem uma mudança ativa e coletiva nas crenças pessoais e expectativas sociais. Por exemplo, um facilitador pode conduzir os participantes para uma área onde as pessoas defecam ao ar livre, provocando sentimentos de repulsa. O facilitador pode colocar as fezes ao lado dos alimentos e mostrar que as moscas andam entre eles. Ou pode espalhar carvão nas mãos, tentar limpá-lo sem sucesso e depois apertar a mão aos participantes. Uma conversa estruturada pode passar de sentimentos de repulsa para vontade de mudança e, então, para mecanismos coletivos para lidar com a situação. O facto de a conversa ocorrer em público pode ajudar a mudar as expectativas normativas — crenças sobre o que os outros pensam ser certo e apropriado. Essa mudança pode, por sua vez, eliminar as expectativas empíricas — crenças sobre o que os outros fazem. Com um pouco de sorte, essa mudança pode resultar na mudança da comunidade para outro equilíbrio.

A aplicação destes princípios de mudança não vai resolver de forma automática os seus problemas com o comportamento de outras pessoas

— seja sobre loiça suja no lava-loiça, tampas de sanita para cima ou corrupção na política. Mas é bom ter isso em mente. Aqui está um exemplo modesto. Quando dou aulas, digo aos alunos que, se estiverem intrigados ou confusos, nunca devem hesitar em fazer uma pergunta. Se está confuso, digo eu, é provável que outras pessoas também estejam — e ficariam gratas se o leitor perguntasse. Esta é a minha maneira de acabar com a ignorância pluralista — e tentar impedir que se estabeleça qualquer norma que desencoraje a participação. É também uma forma de comunicar que os outros não julgam as pessoas que fazem perguntas e que o estudante não será penalizado socialmente por isso. É uma intervenção económica e rápida que pode funcionar.

Resolução para o equilíbrio

Um jornal local recentemente noticiou o que descreveu como um paradoxo.[12] A cidade de Estocolmo decidiu combater o estacionamento ilegal. Investiu na fiscalização do estacionamento. As autoridades da cidade esperavam ver menos carros estacionados ilegalmente. Pelos vistos, também esperavam um aumento na receita de multas de estacionamento. O paradoxo é que o investimento gerou menos multas e menos receita. Como é possível?

Vamos ver primeiro em que condições o resultado pareceria paradoxal. Penso que a cidade (ou pelo menos o jornalista) esperava uma cadeia de acontecimentos como esta:

1. O número de fiscais de estacionamento aumenta.
2. O número de multas aumenta.
3. As receitas aumentam.

Até aqui, tudo bem. Se esta é a história completa, devemos, de facto, esperar que as receitas aumentem quando a fiscalização do estacionamento é reforçada. E seria paradoxal se diminuíssem.

Mas não é a história toda. A cadeia de acontecimentos não para no 3. A nossa análise também não pode parar aí. Devemos esperar que as coisas prossigam nos seguintes moldes:

4. Os condutores percebem que há mais probabilidade de receberem uma multa ao estacionarem ilegalmente.
5. Os condutores decidem cumprir as regras de estacionamento de forma mais consistente.
6. O número de multas diminui.
7. As receitas diminuem.

Depois de analisar as coisas, ou seja, da etapa 1 à etapa 7, percebe que qualquer aumento na receita será temporário. O passo 3 não pode ser onde a história termina. Os condutores têm todos os motivos para garantir que a história não termine aí. Eles irão ajustar o seu comportamento de acordo com isso. Quando o fizerem, no devido tempo, as receitas diminuirão.

Os economistas dir-lhe-ão para «resolver o equilíbrio». Isso significa apenas pensar no que acontece quando as pessoas se ajustam às mudanças de condições, incluindo o comportamento de outras pessoas. Quem esperava um aumento de receita não resolveu o equilíbrio, porque não considerou o que aconteceria à medida que as pessoas se adaptassem. Resolver o equilíbrio significa perguntar, a cada participante, se tem motivos para mudar o seu comportamento. Se a resposta for sim, a análise não pode ficar por aí. Resolver o equilíbrio significa pensar nas consequências da adaptação das pessoas até que ninguém tenha mais motivos para mudar o seu comportamento. Fazer isso é parte essencial do que significa pensar como um economista.

O trabalho de Bicchieri mostra o poder da resolução para o equilíbrio. Todo o seu relato de normas sociais é construído em torno do conceito de equilíbrio. Isso ajuda-a a desenvolver uma análise clara, organizada, poderosa e às vezes surpreendente. É um ótimo exemplo do que pode acontecer quando se pensa como um economista.

Talvez também deseje uma mudança social. Se for o caso, também terá motivos para resolver o equilíbrio. Se a situação ou cenário que deseja ver não for um equilíbrio, pode ter dificuldade em chegar lá — e será quase impossível lá permanecer.

A economia como uma ciência social

A economia das normas sociais ilustra outra coisa importante sobre a economia: a forma como ela é uma ciência *social*. A palavra «economia» tem raízes gregas, relacionadas com a gestão doméstica. Ainda usamos «economia» para nos referirmos à maneira como os recursos são geridos — seja dentro de uma família seja dentro de uma comunidade mais alargada.[13] O objetivo da economia moderna é explicar e prever fenómenos económicos. Os fenómenos têm a tendência para ser características de *grupos* de pessoas. Os grupos podem ser famílias, empresas, organizações sem fins lucrativos, mercados e outros. Também podem ser países — ou o mundo inteiro. Considere o crescimento económico, o PIB, as taxas de desemprego, as taxas de juro, etc. É tudo propriedade de um país, região ou comunidade. Não faria sentido falar sobre a minha taxa de desemprego ou a sua. Eu e o leitor podemos estar empregados ou não. Mas uma taxa de desemprego está relacionada com grupos: é o número de desempregados num grupo dividido pelo número total de pessoas no grupo.

A história sobre normas sociais é uma história sobre coisas sociais: as regras e práticas que governam o comportamento das pessoas que vivem em sociedade. Explica por que razão as pessoas num espaço e tempo agem de uma certa maneira, enquanto outras pessoas noutro tempo e espaço agem de outra. Como a economia da pobreza, ela não pressupõe que qualquer diferença no nível dos grupos deva refletir alguma diferença correspondente no nível dos indivíduos. Descreve normas, regras e práticas como fenómenos genuinamente sociais. O facto de a economia ser uma ciência social está explícito nas definições da disciplina, aliás. Algumas definições fazem referência a escolhas individuais. Mas essas definições especificam que a economia engloba as consequências dessas escolhas para a economia como um todo.

Pode ser surpreendente, então, que a economia moderna seja frequentemente descrita como *individualista*. Há um sentido em que a economia é de facto individualista. Da maneira como o termo é normalmente usado, o individualismo é a visão de que todas as explicações de fenómenos grupais devem, em última análise, ser feitas de acordo com os comportamentos e atitudes dos indivíduos do grupo. A isto é dado o nome de individualismo «metodológico». A história de Bicchieri sobre normas é individualista nesse sentido. No final de contas, ela quer explicar o que são normas e como elas mudam ao longo do tempo segundo as preferências e comportamentos individuais. É possível pensar nas normas como algo que não pode ser explicado dessa forma. Por exemplo, pode pensar em normas como algo que existe independentemente dos seres humanos. Essas explicações podem captar a força com que as normas restringem o comportamento individual, mas elas têm dificuldade em acomodar normas em mudança — em particular, normas que mudam porque as expectativas individuais mudam. E, como sabemos, as normas sociais podem entrar em colapso, e rapidamente.

Mas nada disso significa que a economia não seja uma ciência social. A economia reconhece que as pessoas fazem parte de redes sociais, que essas redes influenciam o comportamento e que as decisões individuais são interdependentes. Esses *insights* são todos construídos na teoria. A teoria dos jogos é usada como base para grande parte da economia moderna precisamente porque o comportamento das pessoas é interdependente. A teoria dos jogos diz-nos que o comportamento de um grupo não é simplesmente a soma do comportamento individual. Na verdade, a história diz que dois grupos exatamente idênticos em todos os aspectos podem acabar por se comportar de maneira muito diferente.

Esperança e mudança

A economia das normas sociais reconhece que os seres humanos, por vezes, fazem coisas muito más e por períodos muito longos — mas também são capazes de mudar, ocasionalmente, de forma dramática e rápida. A teoria diz-nos como podemos realizar mudanças sociais e, assim, promover os direitos humanos e a prosperidade do ser humano. Ela salienta que alguns esforços que nos podem surgir naturalmente diante de um comportamento antissocial arraigado provavelmente não irão funcionar e produzirão apenas frustração. Mas também oferece conselhos práticos sobre a melhor forma de incentivar pessoas, grupos e sociedades a melhorar.

Embora individualista, num sentido técnico, a história baseia-se no reconhecimento de que o ser humano é um ser social, parte de um tecido densamente entrançado de relações humanas. A economia das normas sociais dá-nos uma razão poderosa para fazer o que é correto — quer estejamos a falar sobre deitar lixo ao chão, votar ou evitar a corrupção. As ações pró-sociais podem ter efeitos salutares diretos na limpeza do meio ambiente, nos resultados eleitorais e no nível de corrupção de um governo. Mas os efeitos indiretos no comportamento das *outras pessoas* também são importantes. Na verdade, podem sobrecarregar os efeitos diretos. O comportamento das outras pessoas depende das expectativas delas sobre o meu comportamento e atitudes. Eu e o leitor temos motivos para agir de forma a reforçar as expectativas que queremos que as outras pessoas tenham.

Ao explicar as normas, em última análise, em termos de comportamentos e atitudes individuais, a economia permite que os indivíduos sejam responsáveis pelo seu destino. Más normas são, em última análise, sustentadas por *nós*, enquanto indivíduos. Não temos de fazer isso. A história sobre as normas sociais pode inspirar esperança, mesmo diante de normas e práticas prejudiciais que existem há séculos. Se a economia da pobreza pode inspirar uma certa medida de compaixão, e a economia da parentalidade um certo grau de tolerância, a economia das normas oferece um grau de esperança de que uma mudança social rápida, por vezes, não é apenas desejável — mas também possível.

5
Como dar às pessoas aquilo de que elas precisam

Em 22 de fevereiro de 2022, cirurgiões da Cleveland Clinic removeram um rim à minha amiga Deb. Ela não estava doente e o seu rim não tinha problema nenhum. Foi-lhe muito útil durante pelo menos 72 anos. Não precisava de ser removido, e os cirurgiões não lhe pediram para o fazer. Deb ofereceu-se para a cirurgia. Ela tinha dois motivos. Um: havia alguém que precisava do seu rim mais do que ela porque os seus próprios rins estavam a falhar. Ela e o recetor não moravam no mesmo estado e nunca se conheceram. Esperava-se que o rim de Deb lhe desse muitos anos de vida — e ainda por cima uma vida de elevada qualidade. A segunda razão foi Deb ter uma neta que precisa de um rim. Deb ter-lho-ia doado de bom grado diretamente, mas não são compatíveis. O corpo da neta rejeitaria o rim de Deb, e todo o processo seria em vão. Ao doar a um estranho, Deb aumentou as hipóteses de a sua neta encontrar um rim compatível. Ela diz que começou a pensar em si mesma como «peças sobressalentes da avó».

Os rins humanos são extremamente escassos. No momento em que escrevo, existem aproximadamente 92 mil pessoas em lista de espera apenas nos Estados Unidos.[1] Muitas delas morrerão antes de encontrar um doador. Os rins podem ser doados de pessoas que acabaram de morrer, que, quando estavam vivas, consentiram em doar os seus órgãos — ou pelo menos não se recusaram expressamente a fazê-lo — após a sua morte.[2] Mas não há doadores de rim mortos em número suficiente para atender a todas as necessidades. É aqui que entram os doadores vivos. A maioria das pessoas precisa de apenas um rim para viver uma vida longa e plena. Elas poderiam doar um dos seus rins saudáveis a uma pessoa que não tem nenhum. Algumas pessoas doam um rim simplesmente por bondade. Essas doações são designadas «altruístas». Algumas pessoas doam a uma pessoa específica. Essas doações são designadas «direcionadas». Esse cenário geralmente envolve um parente (ou até mesmo um amigo) que oferece um rim para salvar um ente querido. No entanto, as doações direcionadas têm uma complicação. Tal como Deb e a sua neta, o possível doador e o recetor não são necessariamente compatíveis. Como resultado, há pessoas que estão dispostas a doar, mas não podem, e muitas outras pessoas que precisam de uma doação, não conseguem arranjar.

Em economia, este é um problema de ineficiência. Não é apenas um problema abstrato. As pessoas estão a morrer por causa disso. As ineficiências entusiasmam realmente os economistas. Os economistas falam sobre «ineficiência de Pareto», em homenagem ao economista italiano do início do século xx, Vilfredo Pareto.[3] Uma situação é uma ineficiência de Pareto quando é possível melhorar a situação de pelo menos uma pessoa sem piorar a situação de ninguém. Isto aplica-se à questão dos rins. Se arranjarmos uma maneira de tornar possível mais uma doação, podemos ajudar duas pessoas sem prejudicar ninguém. O doador, que está disposto a doar um rim se isso puder salvar uma vida, e o recetor, uma dos milhares e milhares de pessoas que precisam de um rim para sobreviver e que enfrentam a perspetiva de nunca conseguir arranjar um. Pode pensar no problema como uma incompatibilidade. Uma das principais razões pelas quais os economistas falam tanto sobre a eficiência de Pareto é por esta ser relativamente incontestável. Se for realmente possível melhorar a vida de uma ou mais pessoas sem prejudicar ninguém no processo, será frequentemente desejável. Poucas pessoas teriam motivos para reclamar, de qualquer maneira.

Um economista que ficou entusiasmado com a questão dos rins foi Alvin E. Roth. Na altura, dava aulas na Universidade de Pittsburgh, na rua onde Deb vivia. Ele tentou arranjar uma maneira mais inteligente de distribuir os rins disponíveis para doação, além de querer inspirar mais pessoas a doar. A solução passava por desenvolver um esquema que incentivasse pessoas saudáveis como Deb a doar, vinculando a sua doação a maiores hipóteses de o seu ente querido também arranjar um rim. Roth decidiu abordar o problema com todo o *kit* de ferramentas da economia: da modelação formal às experiências de laboratório. Ele desenvolveu um sistema que atribui os rins de forma mais eficaz. Trabalhou com cirurgiões de transplante e outros profissionais médicos para implementá-lo. Roth conta a história em *Who Gets What — and Why*, um livro de fácil leitura que apresenta uma visão fascinante do seu trabalho e forma de pensar.[4]

Roth ajudou a construir toda uma subdisciplina da economia. A conceção do mercado — ou, mais abrangente, o *design* de mecanismos — faz uma simples pergunta: «Como podemos construir mercados (ou mecanismos) que façam coisas boas acontecerem?» As «coisas boas» podem ser qualquer coisa, mas muitas vezes implicam dar às pessoas algo de que precisam: um rim, uma casa, uma oportunidade educacional, etc. De certa forma, a conceção do mercado inverte a ordem de trabalho da economia tradicional. Os economistas costumam fazer perguntas como esta: «Tendo em conta determinado tipo de mercado, o que esperamos que aconteça e até que ponto é bom ou mau?» A conceção do mercado inverte a questão. Em vez de começar com um mercado de um determinado tipo e perguntar o que vai acontecer, os *designers* de mercado começam com o que o leitor quer que aconteça e perguntam: «Que tipo de mercado (ou mecanismo) levaria a este resultado?»

Se pensar bem, há muitas situações em que não pode sair e comprar aquilo de que precisa legalmente — mesmo que tenha dinheiro. Um rim é apenas um entre tantos itens. Arranjar trabalho é outro. Não pode simplesmente trabalhar como astronauta, não interessa o quanto queira. Tem de ser contratado. As oportunidades educacionais também. Não pode simplesmente matricular o seu filho na escola primária de maior prestígio, por mais que queira. O seu filho tem de ser admitido primeiro. Situações como esta são muito parecidas com um casamento. Não pode simplesmente casar-se com a sua cantora ou estrela de cinema preferida. Elas têm de concordar em casar-se consigo primeiro. Estes tipos de situações são chamados de *problemas de correlação*. Assumindo que os subornos estão fora de questão, só pode ter uma dessas coisas quando a pessoa ou pessoas do outro lado do mercado retribuírem. Os problemas de correlação não se resolvem necessariamente sozinhos, como ilustra a escassez de órgãos. A solução é um mecanismo que ajuda as pessoas a encontrarem o seu par. Esses mecanismos são chamados de mercados de correlação. A conceção de mercado procura soluções para problemas de correlação.

Não é que a conceção de mercado seja uma atividade totalmente nova. Os seres humanos têm trocado coisas desde o início dos tempos. Os mercados organizados e os bazares nos quais ocorriam trocas existem há quase tanto tempo. De certa forma, todos nós temos experiência com *design* de mecanismos. Conhece o sistema comum de dividir um bolo entre duas crianças? Peça à primeira para cortar o bolo em duas partes aproximadamente iguais. Peça à segunda para escolher primeiro. Quando as crianças procedem dessa maneira, as duas peças são tão semelhantes em tamanho quanto possível, e ambas as crianças ficam felizes, tal como o leitor, já que o potencial para haver conflito foi eliminado. Observe como isso funciona. As regras são estabelecidas por si. As crianças maximizam a sua parte impiedosamente. O resultado é equitativo e justo — e experienciado como tal por todos os envolvidos. Este é um bom mecanismo.

Embora o conceito básico seja antigo, o método é novo. O *design* de mecanismos ensinou-nos muito sobre como os mercados funcionam. Isso levou a vários prémios Nobel. Mais importante, tornou o mundo um lugar melhor — um mercado de cada vez. As soluções dos economistas deram às pessoas comuns oportunidades de trabalho e muita educação. Não menos importante, os *designers* de mercado salvaram milhares de vidas.

Um mecanismo para os rins

A filha de Deb, Wendy — professora da Universidade de Pittsburgh — também doou um rim. Os seus motivos eram semelhantes aos de Deb. Ela diz que se sente «afortunada» por ter sido capaz de ajudar um estranho a ter um novo sopro de vida. A doação de Wendy, porém, não beneficiou apenas uma pessoa. Desencadeou uma série de transplantes que acabaram por proporcionar novos rins a *três pessoas* desconhecidas. Como é que isso é possível, quando ela não tinha mais do que um rim para doar? A resposta é Al Roth.

Roth fez o seu doutoramento em pesquisa operacional em Stanford. A investigação operacional é sobre organizações — como são geridas e como podem ser mais bem geridas. Ele ficou intrigado com o facto de a disciplina se concentrar tanto nas *coisas*, e não nas pessoas, descrevendo em detalhe como as entradas e saídas se deslocavam nas fábricas e armazéns. Oferecia modelos formais que representavam como as coisas fluem e como esses fluxos poderiam ser otimizados. Mas Roth sentia que ignorava as pessoas envolvidas: os seus objetivos e propósitos — e como o sucesso e o fracasso podem depender de ter a pessoa certa no lugar certo à hora certa. Ele foi atraído pela teoria dos jogos porque se foca nos papéis desempenhados pelas pessoas envolvidas. Em particular, gostou de como a teoria dos jogos explora as maneiras como as pessoas se organizam para alcançar os seus objetivos — e as maneiras como falham ao fazê-lo.

Roth passou tempo a brincar com um modelo formal desenvolvido por dois teóricos de jogos mais velhos: Lloyd Shapley e Herb Scarf.[5] O modelo imaginava um mundo no qual havia bens indivisíveis. São coisas de valor que podem ser trocadas, mas que não podem ser divididas entre as pessoas da mesma forma que um copo de leite. Grande parte da economia está focada nos mercados de matérias-primas, nos quais geralmente se assume que os bens são infinitamente divisíveis — divisíveis em partes infinitamente pequenas. Portanto, o tipo de situação que Shapley e Scarf estavam a estudar era bem diferente. Eles imaginavam que todos tinham uma unidade, que todos queriam uma unidade, mas nem todos queriam a unidade que tinham. O modelo foi um empreendimento puramente intelectual, no sentido de que os autores não tinham uma aplicação em mente. Para ter uma linguagem para descrever os seus resultados, Shapley e Scarf chamaram «casas» aos bens. As casas em que as pessoas moram são aproximadamente indivisíveis, e cada família precisa de uma casa, por isso funcionou — mais ou menos. Mas Shapley e Scarf não estavam realmente interessados em imóveis. A questão não era essa.

A ideia central de Roth foi que o modelo capta perfeitamente a situação renal. Pense em cada par doador-recetor como uma unidade. Que as «casas» sejam rins. Cada par tem um rim a mais. Cada par também precisa de um rim. Na melhor das hipóteses, o doador e o recetor são compatíveis. Então, o doador pode oferecer o seu rim ao recetor. A Figura 1 mostra essa situação, embora não da forma anatomicamente correta. O indivíduo à esquerda (desenhado em contorno) tem um rim a mais do que o necessário para viver uma vida longa e plena. O indivíduo à direita (desenhado a cheio) precisa de um. A dupla está satisfeita com o que tem.

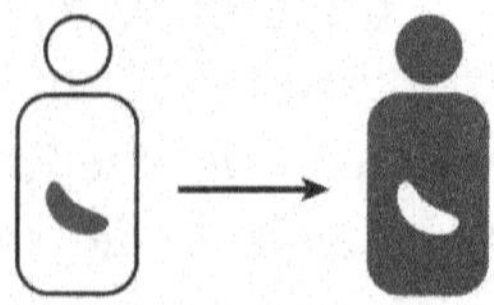

Figura 1: Doação de rim.

Contudo, nem todos os pares doador-recetor são compatíveis. Esse par ainda *tem* um rim. Ainda precisa de um rim. Mas a dupla não consegue resolver a questão com o rim que tem. (Se o doador e o recetor fossem compatíveis, não estariam no mercado a tentar arranjar outro rim; a doação já teria ocorrido.) Para tornar as coisas mais interessantes, o modelo de Shapley e Scarf assumiu que era, por qualquer motivo, impossível trocar «casas» por dinheiro. Isso não se aplica no caso de casas reais, que às vezes são compradas e vendidas por somas astronómicas, mas acontece na situação dos rins, porque a maioria dos países tornou ilegal a compra e venda de rins humanos. A razão é moral. Pessoas em todo o mundo acham que algumas coisas não devem ser compradas e vendidas e que os mercados para esses bens não deveriam existir. Roth chama a esses mercados inaceitáveis de *repugnantes*.[6] Que mercados específicos são repugnantes difere de região para região, mas na maioria dos lugares é provável que inclua coisas díspares como drogas, sexo, carne de cão para consumo humano — e partes do corpo humano. Desistir de um rim de graça é considerado aceitável, e ter as despesas cobertas também é bom. Mas ganhar dinheiro em troca de um rim não é.

A visão de Roth significava que um modelo formal que costumava não ter uma aplicação económica de repente tinha. Isso, por sua vez, significava que o modelo poderia ser interpretado como aplicável ao mundo real, e todos os resultados formais tornaram-se, pelo menos, potencialmente aplicáveis a problemas do mundo real.

Shapley e Scarf estudaram várias maneiras pelas quais o leitor poderia efetuar uma troca que deixaria as pessoas numa situação melhor do que a anterior, sem prejudicar ninguém no processo. A maneira mais óbvia de fazer isso é encontrar dois pares, cada um dos quais está disposto a trocar a sua casa pela do outro. Imagine que os Jones gostam mais da casa dos Smith do que da própria, e vice-versa. Os Jones e os Smith poderiam simplesmente trocar de casa. A troca deixaria ambos em melhor situação e não prejudicaria os Muhammad, os Berkovitz ou os Jansen. Seria uma *melhoria de Pareto*.

A Figura 2 apresenta essa situação em relação a doações de rim. O par da esquerda tem um rim que o par da direita poderia usar, e vice-versa. O doador da esquerda oferece um rim ao recetor da direita, enquanto o doador da direita oferece um rim ao recetor da esquerda. A troca deixa os dois pares numa situação melhor.

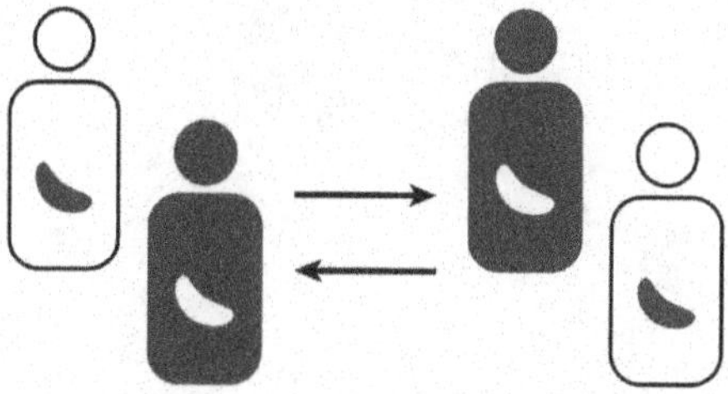

Figura 2: Troca de rins em dois sentidos.

Noutros casos, nenhuma troca bidirecional seria possível. Mas! O leitor pode encontrar uma situação em que os Muhammad gostam da casa dos Berkovitz, os Berkovitz gostam da casa dos Jansen e os Jansen gostam da casa dos Muhammad. Nesse caso, pode efetuar uma troca envolvendo os três. Esse tipo de troca é chamada de *ciclo de negociação*. Também seria um ótimo de Pareto. A Figura 3 mostra como seria no caso dos rins. A figura mostra três pares. Nenhum casal pode ficar com o rim que tem. Nenhuma troca bidirecional é possível. Mas há uma solução em que o par no canto inferior esquerdo oferece um rim ao par no canto inferior direito, que oferece um rim ao par no topo, que, por sua vez, oferece um ao par no canto inferior esquerdo. Os ciclos podem teoricamente ser de qualquer tamanho, envolvendo qualquer número de doadores e recetores.

Este modelo fez Roth pensar em desenvolver o que chama de «arquitetura potencial para uma câmara de compensação centralizada». A câmara de compensação ajuda a identificar oportunidades para trocas de rins.[7] O leitor só precisa de saber quem é compatível com quem e assim por diante. Se tiver pares de doadores e recetores suficientes, poderá identificar oportunidades de trocas e ciclos. Esses ciclos podem envolver três ou mais pares. E todos eles seriam ótimos de Pareto. A arquitetura fornece uma solução para a ineficiência que debatemos. Com o sistema adequado para atribuir os rins disponíveis, Roth poderia fazer os ciclos de negociação acontecerem no mundo real. E, em princípio, não há limite para a dimensão que podem ter.

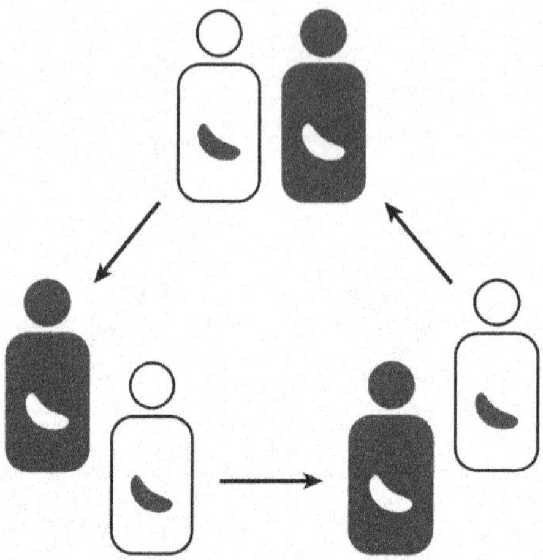

Figura 3: Ciclo de doação de rins.

No entanto, a arquitetura desse sistema não é totalmente óbvia. Roth teve de pensar em todas as maneiras pelas quais as coisas poderiam falhar. Um problema é um par doador-recetor poder recusar-se a participar num ciclo de negociação proposto pelo sistema. O par pode encontrar um melhor e decidir participar nesse. Imagine que propõe um ciclo comercial envolvendo os Muhammad, os Berkovitz e os Jansen. Está a agendar as cirurgias enquanto falamos. Mas agora os Jansen encontram outro par que poderia fazer parte de outro ciclo, e o rim que eles obteriam nessa transação é, por qualquer motivo, preferível. Pode esperar que os Jansen saiam do seu ciclo, deixando os Muhammad e Berkovitz desamparados. Isso não é bom. A situação seria instável. Para os cirurgiões *não seria seguro* prosseguir, já que um ou mais dos pares poderia desistir a qualquer momento.

Roth percebeu que o modelo formal poderia ajudar a resolver o problema. Shapley e Scarf provaram que o leitor pode sempre encontrar um conjunto de ciclos de negociação de modo que nenhum par doador-recetor tenha interesse em desistir do ciclo. Shapley e Scarf chamaram-nos de «ciclos comerciais superiores». Assim, pode encontrar um conjunto dos principais ciclos de negociação, independentemente de quantos pares de doadores e recetores existam e das preferências que tenham. É um resultado formal puro. Mas também é útil. Se apenas se certificar de que a sua arquitetura propõe os melhores ciclos de negociação, e apenas esses ciclos, pode garantir que ninguém irá sair. O ciclo seria seguro, de forma relevante. Os cirurgiões poderiam avançar.

Contudo, há outro problema. A câmara de compensação precisa de muitas informações sobre os pares doador-recetor, as suas necessidades e preferências. Uma câmara de compensação sem essa informação não poderá propor os ciclos mais desejáveis. As informações relevantes são mantidas pelos pacientes e os seus médicos. A única maneira de proteger essas informações é perguntando-lhes. Mas os pacientes e os médicos podem ficar preocupados por falar demais. Podem estar preocupados com o facto de as informações fornecidas serem usadas contra eles e, como resultado, acabarão com um rim menos desejável. Se for esse o caso, as pessoas partilharão as informações e a câmara de compensação não poderá garantir as informações necessárias para o trabalho.

Roth teve de resolver esse problema sozinho. E resolveu. Conseguiu mostrar formalmente que é possível projetar a câmara de compensação de forma que pacientes e médicos não tenham nada a perder ao revelar todas as informações relevantes. Ao projetar a câmara de compensação tendo isto em conta, o sistema é seguro noutro sentido. É seguro para pacientes e médicos serem completamente abertos sobre as suas necessidades e preferências. Fazer isso nunca irá prejudicá-los. Como é do interesse deles fornecer as informações necessárias para a câmara de compensação para os tornar parte de um ciclo de negociação, eles fá-lo-ão e a câmara de compensação funcionará.

Roth e os seus colaboradores também exploraram a possibilidade de incluir pessoas que tinham rins, mas não precisavam de um. Isso inclui doadores altruístas e falecidos. Esses doadores «não direcionados» possibilitaram a construção de cadeias, em vez de ciclos. Uma cadeia é uma troca que começa com um doador não direcionado, envolve qualquer número de pares doador-recetor e termina com uma doação para alguém na lista de espera. A Figura 4 ilustra esse exemplo. O doador não direcionado está à direita. Eles oferecem um rim ao primeiro par, que oferece um rim ao segundo par, e assim por diante, até que a cadeia termina com um recetor que não faz parte de um par. Novamente, não há limite teórico para a dimensão da cadeia.

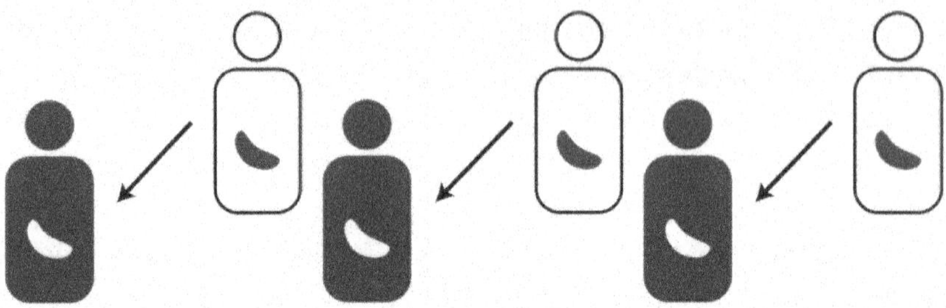

Figura 4: Cadeia de doação de rins.

A Figura 4, incidentalmente, descreve a cadeia iniciada por Wendy. Com a sua doação indireta, a câmara de compensação identificou mais dois doadores e três recetores que poderiam fazer parte de uma cadeia. Embora Wendy não tenha nascido com quatro rins, a sua doação poderia ajudar três pessoas desesperadamente necessitadas.

Agora Roth e a sua equipa tinham uma arquitetura para uma câmara de compensação que receberia as necessidades e preferências do paciente como entradas e geraria ciclos e cadeias seguros e eficientes como saídas.

Tendo descoberto formalmente como projetar uma câmara de compensação operacional, restava apenas convencer os cirurgiões de transplante e outros profissionais médicos a implementá-la. Essa parte acabou por ser complicada. «Os médicos não pensam automaticamente nos economistas como membros das profissões de ajuda», observa Roth.[8] Tenho a certeza de que ele tem razão. A confiança nos economistas poderia ser maior.

Eles tiveram algum sucesso. Uma colaboração com um cirurgião de Harvard, que também era diretor clínico do New England Organ Bank, ajudou a construir algo chamado New England Program for Kidney Exchange (NEPKE). Foi estabelecido em 2004. Envolveu 14 centros de transplante renal na Nova Inglaterra e procurou identificar o maior número possível de correlações. O NEPKE funcionou, no sentido de que correspondeu com sucesso doadores e recetores compatíveis. Mesmo assim, o programa só levou a trocas bidirecionais. Muitas trocas mais complexas que poderiam ter acontecido não aconteceram. O principal motivo foi a logística. Mesmo uma troca bidirecional relativamente simples exigia quatro salas de operação separadas e equipas de transplantes a operar em simultâneo. Muitas coisas podem correr mal. Os ciclos de negociação seriam um pesadelo logístico. Como todas as cirurgias tinham de ser feitas ao mesmo tempo, era improvável que ciclos e cadeias maiores acontecessem.

Será que os transplantes têm de ser feitos ao mesmo tempo? Não. O leitor poderia, em princípio, concluir um ciclo de negociação com uma doação de cada vez. Isso exigiria apenas duas salas de operação a agir em conjunto: uma para o doador e outra para o recetor. Mas há um problema. Com doações não simultâneas, há sempre a hipótese de um dos doadores sair da corrente, encerrando assim o ciclo ou a cadeia. E, desta forma, um potencial recetor perderia a sua sorte. Imagine que o doador Jones oferece um rim ao recetor Smith hoje, esperando que o doador Smith ofereça um rim ao recetor Jones amanhã, completando a troca bidirecional. Mas, amanhã, o doador Smith desiste. Nenhum cirurgião de transplante no país extrairá o rim amanhã contra a sua vontade. Os Smith estão felizes: o recetor recebeu um rim e o doador ainda tem dois. Mas a sorte dos Jones foi-se. O destinatário ainda precisa de um e o doador perdeu um, o que significa que não poderá participar em nenhuma troca futura. Enquanto um par doador-recetor corre o risco de ser posto de lado, é pouco provável que participe.

Provavelmente, consegue adivinhar o que aconteceu a seguir. Roth perguntou-se se seria possível ajustar a arquitetura da câmara de compensação para evitar este tipo de cenário. Ele percebeu que a resposta era sim. *Desde que* o processo comece com um doador não direcionado, é possível programar uma sequência de doações que evite o problema. A solução é começar com o doador não direcionado e, em seguida, agendar cada par doador-recetor para que recebam um rim antes de doar um. A corrente ainda pode ser quebrada. Mas ninguém seria colocado de lado.

Uma corrente quebrada deixaria o último par melhor — não pior — do que antes. O recetor teria o rim de que precisava e o doador ainda teria dois. E os casais que não recebessem um novo rim como parte dessa cadeia comercial ainda terão um para doar.

Arranjar centros médicos dispostos a entrar no projeto foi mais difícil. O NEPKE ainda não estava disposto a prosseguir com os transplantes não simultâneos, mesmo depois de a câmara de compensação ter sido ajustada. O início pode ser arriscado. E o NEPKE estava preocupado com má publicidade e ações judiciais no caso de uma corrente ser quebrada. Uma equipa de Ohio estava disposta a tentar. Algo chamado Alliance for Paired Donation — APD (Aliança para a Doação Cruzada) já coordenava as trocas por lá. Havia recetividade para tentar trocas que não aconteciam em simultâneo. O APD deu o arranque inicial com a ajuda de um doador altruísta de Michigan. O seu nome era Matt Jones. A corrente que começou com a sua doação continuou durante vários anos. Em última análise, envolveu 16 transplantes. Terminou quando um doador deu um rim a uma pessoa na lista de espera — uma pessoa que não tinha ninguém que pudesse doar-lhe.

Após o sucesso inicial e a pressão positiva que gerou, a maré mudou. Segundo Roth, isso é «uma revolução»[9]:

> A troca de rins tornou-se um método padrão de transplante nos Estados Unidos e está a crescer em todo o mundo. À medida que a experiência se acumula, cresce a evidência de que cadeias não simultâneas potencialmente longas são boas para pacientes renais e particularmente boas para os pacientes mais difíceis de cruzar. Milhares de transplantes foram realizados, que, de outra forma, não seriam possíveis. Nos últimos anos, a maioria passou por correntes.[10]

Um benefício das correntes é elas aumentarem o número de rins disponíveis. Antes que as trocas de rins fossem estabelecidas, um doador altruísta como Matt poderia ajudar exatamente uma pessoa. Com as trocas de rins, um doador altruísta pode iniciar uma reação em cadeia que ajuda dezenas de pessoas ou mais. Quando se aumenta o número de pessoas que um doador altruísta pode salvar, também se aumenta o número de incentivos para doar.[11] Se o seu rim salva uma vida, isso é bom. Para muitos potenciais doadores, isso é suficientemente bom. Mas salvar dezenas de vidas é muito, muito melhor. Pode muito bem haver doadores que não estão motivados pela perspetiva de salvar uma vida, mas que são motivados pela perspetiva de salvar (digamos) 30 vidas. A troca tem o benefício adicional de disponibilizar mais rins para doação. Se o leitor, ou alguém que conhece, estiver interessado em ser um doador vivo, como Deb e Wendy, pesquise no Google «ser um doador vivo» ou consulte o *site* nesta nota final.[12]

Alguns anos depois, Shapley e Roth receberam o Prémio Nobel de 2012 «pela teoria das atribuições estáveis e pela prática do *design* de mercado».[13]

Fazer coisas boas acontecerem

A troca de rins é apenas um exemplo de problemas de correlação que Roth e os seus colegas ajudaram a resolver. Noutro trabalho, perguntaram-lhe: «De que forma podemos ajudar novos médicos a encontrar o internato — a primeira oportunidade de emprego — dos seus sonhos, e também hospitais que recrutem os melhores funcionários possível?» A sua solução foi outra câmara de compensação, referida como «The Match».[14] Esta câmara de compensação leva em consideração o facto de muitos médicos serem associados de outros médicos e ajudam-nos a encontrar um emprego nas imediações. Desta forma, também os ajudam a formar famílias e a viver felizes para sempre. Ele também explorou a escolha da escola, perguntando: «Como é que se pode garantir que os alunos fiquem na escola em que têm maior probabilidade de serem bem-sucedidos?»[15] O resultado foi um sistema totalmente novo para a escolha do ensino secundário na cidade de Nova Iorque. Roth diz que ainda está a «resistir bem».

Talvez o exemplo mais famoso da conceção do mecanismo seja o *leilão do espectro.*[16] Um grande número de empresas e organizações deseja usar parte do espectro de ondas de rádio. A indústria de telecomunicações é muito dependente do acesso ao espectro, por exemplo. O problema é que nem todos podem utilizar o mesmo segmento do espectro ao mesmo tempo. Se o fizessem, o segmento seria inútil. Então tem de haver alguma coordenação. Deve haver uma maneira de atribuir o espectro entre utilizadores alternativos — garantindo que apenas um utilizador use um determinado segmento de cada vez. Até ao início da década de 1980, os Estados Unidos usavam um processo de audiência administrativa. Os utilizadores potenciais poderiam solicitar ao governo e, após um longo processo, o governo atribuiria licenças para usar o espectro da maneira que lhes parecesse sensata. O processo era lento, dispendioso, incómodo e pouco claro. Em 1982, os EUA adotaram um sistema de lotarias, no qual qualquer um podia se inscrever e as licenças eram alocadas aleatoriamente. Isto foi um processo muito mais rápido. O leitor poderia argumentar que os sorteios também são mais justos, já que todos têm hipóteses idênticas de obter uma licença. No entanto, as licenças são valiosas. Algumas empresas participariam mesmo que não precisassem de uma licença, apenas para a venderem com lucro para alguém que precisasse dela. Assim que os economistas se envolveram, organizaram um leilão no qual foram concedidas licenças ao licitador mais alto. O primeiro leilão deste tipo ocorreu em 1994. Desde então, os leilões que atribuem frequências de rádio e faixas horárias nos aeroportos trouxeram grandes somas de dinheiro aos cofres do governo, sem aumentar os impostos sobre ninguém ou nada. Não menos importante, os leilões destinam-se a maximizar os benefícios sociais, e não apenas as receitas do governo.

Robert Wilson e Paul Milgrom foram dois dos economistas que lideraram esse esforço, que exigia tanto trabalho teórico formal quanto esforços mais práticos. Os dois receberam o Prémio Nobel de 2020. «As suas descobertas são de grande benefício para a sociedade», observou o Comité do Nobel.[17]

Mercados que funcionam e mercados que não funcionam

Alguns mercados funcionam bem, outros não. Quando os mercados funcionam mal, acredita Roth, a explicação pode ter que ver com um *design* mau.[18] As regras que regem a troca podem ser inadequadas para esse propósito. Nesse caso, a solução para o problema pode muito bem ser um *design* melhor. Por vezes não há mercado nenhum. Então, a solução pode passar por um mercado totalmente novo com regras adequadas. Mas para criar mercados que funcionem bem no mundo real, precisamos de saber muito sobre mercados. Precisamos de saber quando funcionam, quando não funcionam e, mais importante, o que pode ser feito para os melhorar.

Os *designers* de mercado, de facto, aprenderam muito sobre os mercados em geral. Eis algumas das ideias de Roth.[19] As ideias são construídas na interação entre o trabalho teórico formal e os esforços práticos para conceber trocas que resolvam problemas reais.

Primeiro, os mercados que funcionam bem são *abundantes*. Isso significa que há um número suficiente de participantes em ambos os lados do mercado. Se houver poucos vendedores ou poucos compradores, pode ser difícil ou impossível encontrar boas correspondências. Sem boas correspondências, é pouco provável que ocorram trocas mutuamente vantajosas. Para obter uma troca de rim viável, é preciso um número suficientemente grande de doadores. Também é preciso um número suficientemente grande de recetores. Só assim existe a hipótese de identificar ciclos e correntes que ajudam um grande número de pessoas. Uma maneira de garantir que o mercado seja abundante, indica Roth, é regular os horários em que as negociações podem ocorrer. As trocas de mercados de agricultores para bolsas de valores têm horários regulares, garantindo (entre outras coisas) que o mercado permaneça denso durante a operação.

Dois mercados em bom funcionamento não estão des*congestionados*, o que significa que é possível concluir transações com relativa rapidez. Se identificar e avaliar as opções adequadas for muito demorado, ou se demorar muito tempo para concluir um negócio, os mercados ficam obstruídos no equivalente económico de um engarrafamento. Com o congestionamento, os participantes podem acabar por aceitar maus negócios ou não concluir nenhum. Nos mercados onde as pessoas tomam decisões sobre a vida e a morte, como as trocas de rins, o congestionamento leva ao caos. Para evitar o congestionamento, os mercados devem ser organizados de forma que os participantes rapidamente possam ter uma noção de quais são as opções, avaliar qual é a melhor e concluir o negócio.

Três mercados que funcionam bem são *seguros* e *simples*. Isso significa que as pessoas devem sentir-se confortáveis em participar no mercado. Isso significa que os participantes não devem ter receio de revelar informações verdadeiras sobre si mesmos, as suas necessidades e preferências. Isso também significa que os participantes do mercado não devem ter motivos para se desviar de qualquer atribuição que o mercado proponha. No caso das trocas de rins, idealmente, não deveria haver cenário em que um doador ou recetor se arrependa de ter participado do mercado. Deve ser sempre do seu interesse participar e revelar com sinceridade informações privadas sobre o seu estado de saúde, necessidades e preferências.

Ideias como estas podem ser benéficas numa vasta série de situações. No momento em que escrevo, muitos países estão a esforçar-se para vacinar a sua população contra a covid-19 e a varíola dos macacos. O primeiro problema, claro, é a oferta limitada. Muitos países têm um acesso restrito a vacinas. Se as vacinas estiverem indisponíveis ou inacessíveis, obviamente as pessoas não serão vacinadas. Mas a oferta não é o único problema. As pessoas elegíveis para vacinação devem ser encaminhadas para uma clínica ou outro profissional de saúde capaz de vacinar. Isso significa que estamos diante de um problema clássico de correspondência. Curiosamente, muitos países não conseguiram organizar esse mercado de correspondência de uma maneira abundante, descongestionada, segura e simples. Um *designer* de mercado envolvido no processo poderia ter melhorado consideravelmente as coisas, evitando congestionamentos e tudo o resto.

Economia, mercados e valores

A conceção do mercado diz-nos muito sobre economia. Quando os economistas nos dizem que estudam mercados, não se referem apenas a bolsas de valores, mercados imobiliários e afins. Referem-se a todos os tipos de coisas. Isso inclui mercados correspondentes. Os mercados de correspondência estão envolvidos quando as pessoas decidem para onde enviar os filhos para a escola, marcam um encontro, se comprometem a casar, arranjar um emprego, ingressar numa irmandade ou fraternidade ou encontrar uma clínica onde possam receber uma vacina contra a covid. Estes mercados não envolvem necessariamente dinheiro, embora às vezes o façam. Os economistas podem afirmar que analisam a humanidade nos negócios vulgares da vida. Não representam negócios no sentido de empreendimento comercial. Representam, efetivamente, qualquer coisa que nos ocupe — qualquer coisa em que estejamos envolvidos. A economia tem um âmbito muito vasto.

A conceção do mercado também nos diz muito sobre as atitudes dos economistas em relação aos mercados.[20] É verdade que os economistas muitas vezes favorecem o uso dos mercados como uma forma de distribuir coisas de valor. Mas o facto de favorecerem os mercados não significa que queiram lidar com tudo num mercado de matéria-prima, em que tudo tem um preço e tudo acaba nas mãos da maior licitação. Embora os economistas às vezes falem sobre mercados «livres», não significa mercados que não sejam regidos por quaisquer regras e regulamentos. Todos os mercados seguem algumas regras e regulamentos. As regras podem ter sido fornecidas pelo governo. As regras podem ter sido fornecidas pela indústria ou outras entidades privadas. Poderiam ter surgido «espontaneamente», ou seja, sem ser o resultado de um projeto consciente. Se as regras e regulamentos existentes funcionarem, ótimo. Caso contrário, há uma boa hipótese de a operação do mercado poder ser melhorada através de um *design* melhor. «O nosso trabalho», diz Roth, «dá-nos novas ideias sobre o que realmente torna os "mercados livres" libertos para funcionar corretamente.»

A conceção do mercado demonstra o valor do *kit* de ferramentas completo do economista, incluindo modelação formal e teórica. Mesmo o trabalho formal mais abstrato pode tornar-se direta e imediatamente relevante para melhorar a vida das pessoas. A história de Shapley e Scarf sobre como distribuir bens indivisíveis foi desenvolvida como um exercício puramente intelectual, sem nenhuma aplicação específica em mente. No entanto, isso acabou por ser a base de toda a troca de rins. Em conjunto com um estudo cuidadoso de um mercado real e concreto, a modelação formal permitiu que milhares de doações de rins ocorressem. Isso ilustra como mesmo subdisciplinas relativamente obscuras e muito técnicas da economia podem tornar-se, de repente, altamente relevantes. A história não é diferente da lógica booleana, que começou como um ramo da matemática, mas acabou por ser a base de toda a informática moderna. Às vezes, não conseguimos simplesmente antever para onde as coisas se encaminham.

A conceção do mercado fornece novas pistas sobre o papel dos valores na economia. A conceção do mercado, como grande parte da economia, é obviamente baseada em valores. Isso verifica-se, pelo menos, de duas maneiras. Em primeiro lugar, os *designers* de mercado têm de responder aos valores da comunidade em que funcionam. Um mercado de correspondência não será percebido como seguro e simples para os participantes, a menos que respeite os seus valores fundamentais.

Os economistas têm de prestar atenção e, pelo menos às vezes, incorporar esses valores no seu trabalho. Se as pessoas consideram o comércio de rins repugnante, os economistas podem ter de tratar esses valores como uma restrição às suas propostas.

Em segundo lugar, a conceção do mercado visa explicitamente tornar o mundo um lugar melhor. Os *designers* de mercado são benfeitores. Eles realizam o seu trabalho de uma forma diferente daquela que vinha de uma longa linhagem de pregadores e reformadores que promovem a edificação moral e intelectual. Os *designers* de mercado não estão a tentar tornar as pessoas mais moralistas. Não estão a tentar tornar as pessoas mais inteligentes ou racionais. Eles assumem que as pessoas vão permanecer essencialmente as mesmas — no pressuposto de que melhorá-las é impossível, inapropriado ou indesejável. Em vez disso, tentam construir um ambiente no qual as pessoas possam atingir os seus objetivos com segurança e simplicidade. Podemos pensar na conceção do mercado como uma forma moderna de engenharia social, se quisermos. A conceção do mercado indica que os economistas não tratam nenhum mercado como tendo uma forma final e perfeita. O resultado dos processos de mercado não é determinado por puras leis da natureza. Não é imutável. Alguns mercados funcionam; outros, não — aqueles que não podem ser redesenhados para funcionar melhor. De qualquer forma, algumas pessoas querem libertar a ciência social em geral, e a economia em particular, de todos os valores. Mas não há uma forma isenta de valores de tentar tornar o mundo um lugar melhor.

Esse projeto não vai salvar o mundo por si só. Não é a solução para todos os problemas e não é garantido que funcione, mas é uma ferramenta útil e, quando combinada com valores adequados, pode resolver problemas reais. Como Deb e Wendy, a conceção do mercado pode ajudar a salvar vidas. Um dia, pode salvar a sua.

6

Como ser feliz

Em 2015, eu e a minha família enfrentámos um dilema. Morávamos nos subúrbios de Washington, DC. Estávamos à espera de gémeos e a empresa onde eu trabalhava tinha acabado de recusar o meu pedido de licença de paternidade. A universidade tinha-se recentemente autodenominado «universidade de bem-estar». O seu compromisso com o bem-estar abrangia aulas gratuitas de ioga lá fora, mas a licença de parentalidade não estava incluída, pelos vistos. De repente, recebi ofertas de emprego da minha terra natal, a Suécia, que concede aos pais de gémeos um total de 660 dias de licença parental partilhada entre o casal. (São uns 22 meses, muito melhor do que nada.)

O problema era que estávamos mesmo na zona de DC. Os salários nos EUA são muito mais elevados do que na Suécia. As casas são maiores e, por acaso, morávamos numa casa particularmente bonita numa área arborizada. Os colegas eram inteligentes e simpáticos, o que criava um ambiente de trabalho estimulante. Tínhamos muitos amigos por perto e adorávamos o vibrante panorama intelectual, cultural e gastronómico de Washington e arredores. Havia sempre alguma coisa para fazer.

Mudar de continente com uma família jovem é um assunto sério. Sabemos que a decisão terá consequências que alterarão enormemente a vida, mas não sabemos quais. As consequências têm um grande alcance no futuro e são difíceis de prever. As incertezas envolvidas deram-me um certo grau de paralisia de decisão. Imaginava que ter ofertas de trabalho do estrangeiro me fizesse sentir bem. Em vez disso, sentia-me infeliz e exasperado. Comecei também a sentir-me culpado, antecipando que inevitavelmente iria desiludir alguns colegas atuais ou potenciais quando recusasse a oferta deles.

Uma das minhas teses de doutoramento foi sobre a ciência da felicidade. Parecia-me natural tentar tomar a decisão com base no que tinha aprendido na minha investigação. Eu já tinha recebido o título de Doutor, mas esta decisão foi um verdadeiro teste para a ciência — e para a minha compreensão sobre ela.

Então, eu e a minha mulher elaborámos listas das principais diferenças e tentámos aferir o que a ciência da felicidade diria sobre elas. Uma vida nos EUA representaria mais dinheiro, uma casa maior, mais carros, etc. Por outro lado, uma vida na Suécia representaria menos dinheiro, um apartamento mais pequeno e nenhum carro. Diversas pesquisas sobre estudos de felicidade sugerem que o dinheiro extra renderia uns meros ganhos de felicidade, dada a nossa posição na distribuição de rendimentos. Uma vida nos Estados Unidos também implicaria deslocações muito mais longas — necessariamente de carro —, enquanto na Suécia esperávamos poder ir de bicicleta para o trabalho. Um longo trajeto é conhecido por ser um grande desalento, enquanto a exposição à natureza, o exercício físico e o ar fresco elevam o ânimo. A Suécia oferecia mais tempo de lazer e licença parental, o que permitiria um melhor equilíbrio entre vida profissional e pessoal e uma distribuição mais equitativa das alegrias e encargos de ter três filhos. Também moraríamos mais perto dos avós das crianças. Ao todo, a ciência da felicidade sugeriu que uma vida na Suécia representaria, para nós, uma vida mais feliz para toda a família.

Analisando as vantagens e desvantagens de uma vida em ambos os lados do Atlântico, decidimos, então, fazer a mudança. Não havia forma de saber se tínhamos tomado a decisão certa. Na altura, brinquei que, se não corresse bem, iria querer o meu tempo e o meu dinheiro de volta.

No final, diria que foi a decisão acertada. Não nos arrependemos.

O método básico que utilizámos foi proposto por Benjamin Franklin em 1772.[1] Franklin aconselhava a pegar-se numa folha de papel, dividi-la em duas colunas desenhando uma linha ao meio e escrever «prós» por cima de uma coluna e «contras» por cima da outra. (Hoje, as pessoas chamam-lhe gráfico em T, porque é parecido com essa letra.) Liste todos os motivos *prós* para qualquer decisão que o esteja a preocupar na coluna da esquerda e todos os motivos *contra* na coluna da direita.

Tente determinar o peso das várias razões. Por fim, verifique qual é o lado que tem mais peso cumulativo. A única diferença no nosso caso é que atribuímos peso a razões baseadas numa ciência da felicidade com a qual Franklin só poderia sonhar.

A boa notícia é que todos podem fazer o que nós fizemos. O leitor não pode usar a nossa *resposta*, obviamente. Não tentámos descobrir o que é melhor para todos. Claro que não estávamos interessados em descobrir que país era «melhor». A questão era saber qual das duas opções seria a melhor para nós. Mas pode usar o nosso método — que é basicamente o de Franklin, com um toque moderno. Tudo o que precisa de ter para tomar uma decisão é uma caneta, um pedaço de papel e algum conhecimento da economia da felicidade.

Os economistas aplicam este tipo de pensamento há muitas décadas. Utilizaram-no para responder a perguntas sobre como nós, enquanto indivíduos, podemos levar uma vida mais feliz. Também o utilizaram para responder a perguntas sobre como construir um mundo mais feliz — um mundo mais adequado para o ser humano prosperar. Se espera que os economistas apenas relacionem tudo com dinheiro ou que promovam os interesses da classe dominante, vai surpreender-se. Os economistas chegaram à conclusão de que muita gente deveria trabalhar menos, ganhar menos dinheiro e aproveitar mais o lazer. Também defenderam uma sociedade mais igualitária. Alguns dizem que deveríamos ser mais como o Robin Hood — se não se tirar aos ricos, no mínimo, que se dê aos pobres.

Como sempre, a economia não oferece uma solução única para todos. Mas a economia da felicidade é personalizável, permitindo que seja adaptada às circunstâncias de cada um.

A economia da felicidade

Hornell Hart foi professor de Sociologia na Duke University, na Carolina do Norte, em meados do século passado. Ele tinha a convicção de que ser feliz era um dos «propósitos básicos da humanidade». Também tinha uma pergunta: «Será que os avanços recentes no pensamento científico podem dizer-nos cada vez mais efetivamente o que fazer para sermos felizes e para ajudar a tornar os nossos semelhantes felizes?»[2] E tinha uma resposta: pensou que era *sim*. E escreveu um livro inteiro, *Chart for Happiness*, para o provar.

Hart ficou particularmente impressionado com a maneira como os termómetros para medir a febre e outros instrumentos eram usados para diagnosticar doenças e promover a saúde pública. O que faltava à procura por felicidade, pensou Hart, era uma espécie de termómetro da felicidade humana. Então, desenvolveu um. Deu-lhe o nome de *Euforímetro*. Mede a felicidade numa escala de *unidades-euforia*. Hart achava que o *Euforímetro* ajudaria a «aliviar discrepâncias, promover a cura do sofrimento mental e abrir caminho a uma vida mais alegre».[3] Ele propôs usar o instrumento para rastrear a felicidade das pessoas ao longo do tempo e descobrir não só o que as pessoas *pensam* que as fazem felizes, mas o que realmente faz.

As contribuições de Hart já estão imensamente esquecidas, mas o projeto que ele imaginou continua vivo. O sério estudo científico sobre a felicidade teve uma ascensão meteórica ao longo das últimas décadas. Embora Hart fosse sociólogo, a ciência da felicidade sempre foi interdisciplinar. Remonta às décadas de 1920 e 1930, quando os psicólogos educacionais começaram a questionar se a educação melhorava a felicidade.[4] O debate foi retomado nas décadas de 1950 e 1960 por epidemiologistas, que decidiram que não queriam apenas saber quem estava doente, mas também quem estava feliz — e porquê.

O estudo sistemático da felicidade apareceu na mira dos economistas na década de 1970. Foi quando um economista chamado Richard A. Easterlin explorou a forma como a felicidade se relaciona com o crescimento económico.[5] Easterlin observou que dentro de uma sociedade, em determinado momento, os ricos eram decididamente mais felizes do que os pobres. Mas quando uma sociedade se torna mais rica ao longo do tempo, mesmo em períodos de crescimento económico explosivo, a pontuação de felicidade dessa sociedade como um todo mal muda — ou pelo menos não aumenta tanto quanto se poderia esperar. Este fenómeno é conhecido como o paradoxo de Easterlin, tendo gerado uma vasta literatura. A economia da felicidade tornou-se uma subdisciplina completa da economia moderna. Muitos economistas integram os dados da felicidade nos seus trabalhos. Haver dados sobre a felicidade amplamente disponíveis ajuda — são recolhidos tanto pelas agências governamentais como pelo sector privado.

Será que aprendemos alguma coisa que aponte o caminho para uma vida mais alegre, como pensou Hart? Sim, aprendemos. E não digo isso só porque sinto que funcionou na minha própria vida.

A maioria das pessoas é feliz

Pode ser surpreendente, mas um resultado consistente é que a maioria das pessoas está muito feliz. Hart notou esse fenómeno de imediato. Até 75% das pessoas que ele testou tiveram pontuações acima de zero unidades-euforia, o que significa que estavam mais felizes do que infelizes.[6]

O «World Happiness Report» (*Relatório Mundial da Felicidade*) de 2021 revela algo semelhante para os países.[7] O *Relatório* é um projeto em massa. Procura retirar fotografias anuais da felicidade em todo o mundo. Utiliza dados da Gallup Corporation, que recruta amostras nacionais representativas em todos os países em que pode operar. Para avaliar os níveis de felicidade, o relatório utiliza um dispositivo chamado escada de Cantril. O participante vê a imagem de uma escada com 11 degraus. É-lhe dito de que o degrau mais alto representa a melhor vida possível para ele, enquanto o degrau mais baixo representa a pior. É-lhe perguntado onde se encontra atualmente na escada. A pontuação de felicidade da pessoa é o número correspondente ao degrau que ela identifica, de 0 na parte inferior a 10 na parte superior. Dos 149 países da pesquisa, 101 países pontuam acima do ponto médio.[8] A tranquila Finlândia está no topo (com uma pontuação de 7,84). Entre os países felizes está o mais habitado do mundo, a China (com nota 5,34). Os 48 países restantes pontuam abaixo do ponto médio. O Afeganistão, devastado pela guerra, está em último lugar (com uma pontuação de 2,52).

Há uma perceção generalizada de que as pessoas em geral são infelizes. O filósofo Roger Crisp afirma que há tanta miséria que não seria necessariamente mau se a humanidade fosse subitamente extinta. Segundo ele: «Dada a quantidade de sofrimento na Terra, o valor da existência contínua do planeta é uma questão em aberto.»[9] Crisp não oferece nenhuma evidência sistemática sobre a quantidade de sofrimento na Terra. Ele retira a sua conclusão através de uma experiência mental. Mas é claro que considera que há muita infelicidade. Tanto que poderia ser bom se todos nós morrêssemos.

A ciência da felicidade, por outro lado, sugere que há muita felicidade no mundo. Muito mais felicidade do que infelicidade, sem dúvida. É claro que existem pessoas infelizes — mais nuns lugares do que noutros. E poucas pessoas classificam um dez perfeito. Mas os dados sugerem que a quantidade total de felicidade no mundo *excede* em muito a quantidade total de infelicidade.

O que é que isso nos diz? Na verdade, não estou a contestar Crisp nem a sua metodologia, mas quero traçar uma conclusão muito mais otimista. Os dados mostram que a felicidade é alcançável para a maioria das pessoas. E não é só isso. Também mostram que a felicidade já foi alcançada pela grande maioria dos humanos vivos hoje — especialmente aqueles que vivem em áreas prósperas fora de zonas de guerra ativas. Todos os países ricos da Europa Ocidental e da América do Norte pontuam acima de cinco na investigação. Melhor ainda: como veremos, a economia da felicidade sugere que o leitor pode ser ainda mais feliz do que já é — através de alguns truques simples.

Qual é a ciência sombria agora?

Será que o dinheiro pode comprar felicidade?

Provavelmente, espera que os economistas digam que o caminho para se ser mais feliz é ganhando mais dinheiro. O dinheiro é rei, e por aí fora. É isso que eles dizem? A resposta é um sonoro SIM e NÃO. Passo a explicar.

Uma coisa de cada vez. Sim, o dinheiro compra felicidade. Os ricos são mais felizes do que os pobres. Se é pobre e de repente, por magia, fica rico, provavelmente a sua felicidade vai aumentar — possivelmente muito. Nunca houve um debate sério sobre isso entre os economistas. Em 1974, Easterlin escreveu: «Os resultados são claros e inequívocos. Em todas as investigações, as pessoas que integram o grupo de *status* mais elevado eram mais felizes, em média, do que as pessoas nos grupos de *status* mais baixo.»[10] Estudos mais recentes concordam. Em 2008, os economistas Betsey Stevenson e Justin Wolfers compilaram um enorme conjunto de dados e usaram técnicas estatísticas muito mais sofisticadas, tendo chegado à mesma conclusão.[11] Se comparar um pobre ao acaso com um rico ao acaso num país qualquer, o rico é, em média, consideravelmente mais feliz do que o pobre. A maioria dos economistas interpreta a relação de forma causal. Desde que o leitor seja pobre — ou pelo menos ainda não é rico —, o dinheiro compra de facto a felicidade.

Outra coisa com a qual todos os economistas concordam é que a quantidade de felicidade que se pode comprar com um dólar diminui à medida que se enriquece. Como diriam os economistas, a felicidade marginal do dinheiro está a diminuir. Podemos pensar nisso graficamente. Se desenharmos um gráfico com o rendimento no eixo horizontal e a felicidade no eixo vertical, veremos que a curva de felicidade se inclinará para a direita. Será muito íngreme do lado esquerdo, onde um dólar se traduz em muita felicidade. A curva fica mais plana à medida que se move para a direita.[12] Se for indigente, um dólar por dia pode ser uma questão de vida ou morte. Se for pobre e se preocupa constantemente em pagar as contas, mais dinheiro permitiria que pagasse algumas contas e talvez se livrasse das dívidas — e isso seria bom para a sua felicidade. Se for rico, um dólar pode ser um erro de arredondamento, com pouco ou nenhum efeito.

O grande debate entre os economistas da felicidade diz respeito a se a felicidade atinge o máximo ou não. Alguns dizem que sim. Acreditam que há um ponto em que a curva se torna completamente plana e mais dinheiro não se traduz em mais felicidade. Nem mesmo uma pequena quantidade. Esse ponto é conhecido como ponto de saciedade. As estimativas variam, mas os vencedores do Prémio Nobel Daniel Kahneman e Angus Deaton lançaram o valor de 75 mil dólares para os EUA.[13] O número está um pouco acima do rendimento familiar médio nesse país. Se a sua família ganha mais do que isso num ano, Kahneman e Deaton sugerem que já passou do ponto de saciedade. Então, eles poderiam dizer que, uma vez que o leitor está confortavelmente inserido na classe média, mais dinheiro não lhe vai trazer mais felicidade.

Outros economistas discordam. Eles acreditam que a felicidade não atinge o máximo. Pelo menos, dizem eles, não há evidências de que isso aconteça. Neste caso, não há ponto de saciedade e a curva nunca se torna completamente plana. O dinheiro continua a comprar felicidade —

embora cada vez menos por dólar —, independentemente de quão rico seja. Stevenson e Wolfers são os defensores mais famosos dessa visão.

O debate, então, diz respeito à aparência da curva do lado direito. Alguns dizem que fica achatada; alguns dizem que continua a aumentar, embora cada vez menos abruptamente. (Ninguém, que eu saiba, defendeu seriamente que a curva da felicidade começa a baixar — caso esteja a pensar nisso.)

Existem várias razões pelas quais a questão se mostrou intratável. A resposta pode depender de como a felicidade é medida. Kahneman e Deaton sugerem que as medidas que exploram os sentimentos das pessoas tendem a atingir o máximo, enquanto as medidas que exploram as avaliações das pessoas — como a escada de Cantril — tendem a não o fazer. Há também questões estatísticas mais misteriosas envolvidas. Vou poupá-lo aos detalhes. No entanto, temos sorte. Neste caso, não precisamos de nos preocupar com esse problema. Nenhuma das sugestões abaixo assume que a felicidade atinge ou não o máximo.

Voltando à questão de consertar o mundo. Como é que podemos utilizar a economia da felicidade para tornar o mundo um lugar melhor, um lugar mais adequado para a prosperidade do ser humano?

A implicação mais óbvia é que devemos esforçar-nos para tornar o mundo um lugar baseado na igualdade, se pudermos. Imagine que seja verdade que a felicidade marginal do dinheiro está a diminuir, como toda a gente pensa. Imagine também que tem um dólar extra para doar. Deve doá-lo a uma pessoa pobre ou a uma pessoa rica? Se deseja maximizar a quantidade total de felicidade no mundo, a economia da felicidade sugere que deve doá-lo ao pobre. Se é político e tem de escolher entre uma intervenção que beneficiaria o pobre e uma intervenção que beneficiaria o rico, o leitor iria promover a felicidade buscando o primeiro. Pode até ser justificado redistribuir o dinheiro — estilo Robin Hood —, tirando dos ricos e dando aos pobres. Isso pode funcionar, desde que o pobre fique mais feliz ao ganhar um dólar do que o rico fique triste ao perder um.

O argumento geral é antigo. Remonta pelo menos aos utilitaristas clássicos. Jeremy Bentham observou que um rei mil vezes mais rico que um trabalhador provavelmente não será mil vezes mais feliz. Ele prosseguiu: «Quanto mais a proporção real se aproximar da igualdade, maior será a massa total de felicidade.»[14] Se quiser aumentar «a massa total de felicidade», então, deve tirar um pouco ao rei e dá-lo ao trabalhador. Mais recentemente, um importante economista comportamental foi citado na *New York Times Magazine* ao dizer que «não vê como alguém poderia estudar a felicidade e não se ver politicamente inclinado para a esquerda». Isso acontece porque «os dados deixam muito claro que aumentar os padrões de vida daqueles que já estão confortáveis, por exemplo, através de impostos mais baixos, pouco contribui para melhorar os seus níveis de bem-estar, enquanto elevar os padrões de vida dos pobres faz uma enorme diferença».[15] Observe que não importa se os ricos alcançaram o seu ponto de saciedade ou não. O argumento não assume isso. (O argumento *assume* que a intervenção não causa nenhum outro dano, o que pode ou não verificar-se na prática.)

Se o trabalho dos economistas é apenas promover os interesses da classe dominante, acho que todos podemos concordar que estão a fazer um trabalho realmente terrível.

E o que dizer da nossa vida pessoal? Uma vez que o dinheiro compra felicidade, isso significa que o caminho para se ser feliz passa por ganhar mais dinheiro? Não necessariamente.

A resposta depende do que se tem de sacrificar para obter o dinheiro. O que se passa é isto: se resolver ganhar mais dinheiro, provavelmente não pode simplesmente desejá-lo. (Se puder, por favor, contacte-me.) Tem de *fazer* alguma coisa para tal. Pode ter de trabalhar mais para apressar a próxima promoção. Pode ter de trabalhar mais horas, talvez assumindo um turno extra. Pode ter de arranjar um novo emprego. O que quer que escolha fazer, implica abdicar de alguma coisa. Imagine que decide trabalhar mais horas. Trabalhar mais pode significar menos tempo com a família e filhos. Pode significar menos sono. Provavelmente significa menos lazer. Tempo para a família, descanso, atividades lúdicas — todas essas coisas também teriam (ou poderiam ter) melhorado a sua felicidade. A felicidade que poderia alcançar a trabalhar mais deve ser comparada com a felicidade que perde quando passa menos tempo com a sua família, dorme menos e desfruta de menos lazer.

Aquilo de que abdica quando trabalha mais é o que os economistas chamam de *custo de oportunidade* do trabalho. O conceito de custo de oportunidade é primordial para a economia moderna. Deve fazer parte do léxico de todos. O custo de oportunidade de algo é a próxima melhor opção — o melhor de que abdica quando escolhe aquela coisa.[16] Os economistas dirão que tudo tem um custo de oportunidade. Independentemente da escolha que faça, há outra escolha que deve rejeitar. Se for ver um filme, há muitos outros filmes que não pode ver ao mesmo tempo e um grande número de coisas que poderia fazer com o seu tempo e dinheiro. O custo de oportunidade de ver um determinado filme é a melhor de todas essas alternativas. Se quer ser racional, deve prestar atenção aos custos de oportunidade. É racional trabalhar mais apenas se os benefícios de o fazer excederem os benefícios de qualquer outra coisa que poderia estar a fazer com o seu tempo.

Se é pobre, está aborrecido e tem mais tempo disponível do que gostaria, os benefícios de aceitar um novo emprego provavelmente serão elevados e os custos de oportunidade baixos. Deveria aceitar o emprego, se puder. Se é rico e trabalha demasiado e gostaria de passar mais tempo com a sua família, os benefícios de trabalhar mais horas provavelmente serão pequenos e o custo de oportunidade é elevado. Provavelmente deveria trabalhar menos, se essa for uma opção. Mesmo que o dinheiro compre felicidade em todos os níveis de rendimento, não é necessariamente verdade que deva trabalhar mais se quiser ser mais feliz. A economia pode até dizer que deve trabalhar menos. Pode ser do seu interesse aceitar o salário mais baixo — se isso permitir que aproveite os benefícios do tempo com a família, descontração e atividades de lazer.

Quando os economistas analisaram o que acontece com a felicidade das pessoas quando trabalham mais, concluíram que muitas vezes o resultado é mau. O efeito depende de circunstâncias individuais e preferências pessoais, como referi. Mas frequentemente, em média, mais trabalho implica menos felicidade. Os economistas Lonnie Golden e Barbara Wiens-Tuers, por exemplo, descobriram que fazer horas extras leva a um «aumento do *stress* no trabalho, fadiga e interferência trabalho-família».[17] Quando as pessoas têm de fazer horas extraordinárias, os efeitos positivos de ganhar dinheiro extra são mais do que invalidados pelos efeitos negativos. Da mesma forma, Lucía Macchia e Ashley V. Whillans reuniram um conjunto de dados de 220 mil pessoas em 79 países.[18] Estes revelaram que os lugares onde as pessoas valorizam mais o lazer do que o trabalho são lugares mais felizes, tanto a nível nacional quanto individual. Isso incluía os Países Baixos, a Austrália e o Reino Unido.

O leitor pode provavelmente perguntar: «Onde é que isso *me* deixa?» «O que *devo* fazer?» Bem, como Bryan Caplan, estou aqui para fornecer informações, não para gerir a sua vida. Mas a economia da felicidade pode ajudar. Se está a pensar em trabalhar mais horas, pode usar o método de Franklin e listar os prós e os contras. Pode tentar descobrir o peso de cada motivo pensando no que a economia da felicidade nos diz. Se já ganha muito dinheiro, o € na coluna dos prós não deve assumir muito peso. Se ganha pouco, deve. Em seguida, observe os custos de oportunidade de trabalhar mais — o que precisa de sacrificar para o fazer — e veja quais seriam os efeitos sobre a felicidade. Se já tem muito tempo livre, mais lazer provavelmente faria pouca diferença. Se já se sente sem tempo, pode ser um grande problema — e assim por diante.

Foi o que eu e a minha família fizemos quando decidimos deixar o emprego que pagava melhor por outro que oferecia um melhor equilíbrio entre vida profissional e pessoal. Espero que funcione tão bem para si como funcionou para nós.

Adaptação, ambição e comparação social

Até agora, falámos apenas sobre metade do paradoxo de Easterlin, que indica que a felicidade aumenta com o rendimento num país num determinado momento. Voltemos à outra metade. Essa é a alegação de que a felicidade de uma nação não aumenta tanto quanto se esperaria ao longo do tempo — mesmo quando o país está a passar por um crescimento explosivo. Isso pode ser explicado, em parte, com o facto de a felicidade marginal do dinheiro estar a diminuir. Quando um país se torna cada vez mais rico, devemos esperar que o aumento da felicidade seja cada vez menor. Stevenson e Wolfers revelaram que os índices de felicidade nos EUA *diminuíram* ao longo do último meio século, um facto que atribuem ao aumento da desigualdade.

No entanto, pode muito bem não se dever só a isso. Os economistas propuseram uma série de explicações adicionais. Uma delas não exclui a outra. Na verdade, todas podem estar corretas. E cada uma fornece ideias para as pessoas que querem ser mais felizes e tornar o mundo um lugar mais adequado para o ser humano prosperar.

Adaptação: gastar dinheiro com coisas a que não está habituado

Uma possível explicação para o facto de as pessoas não se tornarem mais felizes do que são é a *adaptação*.[19] Esta é basicamente a ideia de que as pessoas se habituam às coisas. Imagine que participa num concurso e ganha um *smartphone*. Provavelmente, vai ficar satisfeito com o seu novo telemóvel e tudo o que ele pode fazer. Durante um tempo. Passadas as primeiras semanas de satisfação, a novidade terá desaparecido. Vai continuar a considerar que os recursos do novo telefone são úteis, mas o sentido da sua vida será determinado por outras características de como vive — o bom, o mau, o tédio. Como resultado, o aumento da felicidade que experienciou ao adquirir o seu novo telefone provavelmente diminuirá. Quando isso acontecer, o seu nível geral de felicidade provavelmente regressará ao normal — ou próximo do normal. Isso é adaptação. Isso acontece tanto para as coisas boas quanto para as coisas más.

A forma como as pessoas se adaptam às coisas boas e más é, por vezes, surpreendente para o público moderno. Alguém que não ficaria surpreendido seria Adam Smith. Ele descreveu um homem que perdeu uma perna num acidente e recebeu uma perna de madeira para a substituir.[20] A princípio, o homem chora, lamenta e sofre. Imagina que a sua vida nunca mais será a mesma. Mas depressa percebe que todas (ou a maioria das coisas) que lhe davam alegria antes do acidente continuam a fazê-lo. Com o tempo, passa a considerar a perna de pau mais uma inconveniência do que um desastre.

> Um homem com uma perna de pau sofre, sem dúvida, e antecipa que vai continuar a sofrer, pelo resto da sua vida, um incómodo muito considerável. Mas depressa passa a vê-lo exatamente como qualquer espectador imparcial o vê; como um inconveniente com o qual ele pode desfrutar de todos os prazeres comuns, tanto da solidão como da sociedade.[21]

Nesta breve passagem, Smith capta não só o facto de que as pessoas se adaptam à incapacidade, o que é verdade, mas também que as pessoas não conseguem prever que o farão, um fenómeno conhecido como *subprevisão da adaptação*.

A adaptação ajuda a explicar o facto de as pessoas não ficarem tão felizes como se julga quando enriquecem mais. Mais dinheiro permite que se compre mais bens e serviços. Isso é bom para a felicidade, mas o impulso de felicidade que obtemos pode durar pouco. Quando o impulso diminuir, podemos estar perto de onde estávamos antes de obter mais dinheiro. Com a adaptação, a nossa felicidade quando enriquecemos não aumenta tanto quanto aumentaria sem ela.

Para a pessoa que quer um retorno de felicidade para o seu investimento, a adaptação é, em geral, uma má notícia. Mas há esperança. Podemos não nos adaptar a tudo com a mesma intensidade. Na minha experiência, existem grandes diferenças. Os livros são os piores. Tal como muitos académicos, adoro livros. Não resisto à vontade de comprar novos livros assim que me deparo com eles. Estou genuinamente animado com os que compro. Mas, quando chegam à minha caixa de correio, muitas vezes esqueço-me de que os encomendei. Depois de abrir a caixa e admirar a capa, coloco o livro em cima de uma pilha de outros livros não lidos e esqueço-me dele. Enquanto conseguir alcançar o topo da pilha ao lado da minha cama, continuarei a encomendar livros. Mas é justo dizer que os livros que se acumulam em casa não me dão muita alegria. Nem me lembro da maioria deles. Por outro lado, quando era estudante de pós-graduação, perdi a cabeça com umas maravilhosas colunas de som. Deram-me imensa alegria ao longo dos anos. Quer esteja feliz, triste, entediado, ocupado ou o que quer que seja, encontro sempre um uso para lhes dar. E simplesmente parece que não me adapto à sensação do som de alta qualidade. A razão pode ter que ver com o facto de os espaços públicos estarem cheios de música horrível transmitida por colunas horríveis. De qualquer forma, ainda não me adaptei.

Suponha que nos adaptamos mais a algumas coisas do que a outras. Isso sugere que devemos gastar o nosso tempo e dinheiro com a última, se quisermos ser felizes, e não com a primeira. Como sabemos qual é qual? O economista Tibor Scitovsky forneceu uma pista, em 1976. Ele fez uma distinção entre *prazer* e *conforto*. O prazer é uma sensação possivelmente fugaz e agradável que buscamos por si mesma. O conforto, pelo contrário, é uma questão de evitar dor, desagrado e desconforto.[22] O prazer é um bem «positivo», enquanto a procura por conforto é essencialmente defensiva.

A diferença fundamental, de acordo com Scitovsky, é que não nos adaptamos aos prazeres da mesma forma que nos adaptamos aos confortos.

Os prazeres são sempre agradáveis. Os confortos podem ser agradáveis durante um tempo, mas muitas vezes não o são durante muito tempo. Nas suas palavras: «Muitos confortos são gratificantes no início, mas depressa se tornam rotineiros e dados como certos.»[23] Penso que compro livros pelo conforto — não tanto pelo prazer da leitura. As colunas, por outro lado, dão-me puro prazer todos os dias. A diferença pode ajudar a explicar por que razão pareço adaptar-me a um e não ao outro. O resultado é que temos de estar dispostos a sacrificar o conforto pelo prazer, se quisermos ser felizes. O que é que isso pode significar na prática? Abandonar o carro novo e ir para um acampamento? Abster-se de trocar o seu telefone antigo e comprar bilhetes para a orquestra sinfónica? Escolher morar num espaço mais reduzido e utilizar o dinheiro para viagens ao estrangeiro? O investimento excessivo em confortos, em oposição a prazeres, impede-nos de realizar todo o nosso potencial de felicidade.

As pessoas, por vezes, aconselham-nos a comprar experiências — e não coisas.[24] Essas pessoas incluem economistas comportamentais reais. Três deles escreveram: «Compras de experiências (dinheiro gasto para fazer coisas) têm tendência para proporcionar uma felicidade mais duradoura do que compras materiais (dinheiro gasto para ter coisas).»[25] Provavelmente, a história não fica por aqui, mas a distinção entre prazer e conforto pode muito bem ser um aspecto dela. Suspeito que as experiências positivas sejam relativamente mais propícias ao prazer, enquanto as coisas materiais costumam servir para garantir o conforto.

O prazer também tem outra coisa a seu favor, diz Scitovsky: é mais facilmente partilhado do que o conforto.[26] Um provérbio sueco capta a ideia básica: «A alegria partilhada é alegria a dobrar.»[27] Se me envolver em atividades que me fazem feliz e me rodear de coisas que despertam alegria, outras pessoas podem também participar. Existem efeitos externos positivos, como dizem os economistas. A minha felicidade torna-se a felicidade delas. Os confortos, afirma Scitovsky, não têm exatamente a mesma qualidade. Uma compra feita para me evitar dor e desconforto geralmente não traz os mesmos benefícios ao meu vizinho. Pense em vedações, unidades de ar condicionado, sistemas de alarme e coisas do género. Alguns podem até prejudicar os vizinhos, se tiverem um grande impacto visual ou gerarem ruído. Se isso lhe soa familiar, tente envolver-se em atividades e investir em coisas que tragam alegria também a outros.

Aspiração: mantenha as suas ambições e expectativas sob controlo

Barry Bonds era um jogador de basebol do Pittsburgh Pirates. Em 1991, recebeu uma oferta de aumento de 850 mil dólares para 2,3 milhões. Acontece que ele tinha pedido 3,25 milhões. Ficou muitíssimo dececionado. Reclamou: «Não há nada que Barry Bonds possa fazer para satisfazer Pittsburgh. Passo a vida tão triste.»[28] Esta é uma história engraçada porque os números são espetaculares. Mas acontecem coisas semelhantes com todos nós. Imagine como se sentiria se recebesse inesperadamente um aumento de 5%. Provavelmente, ficaria satisfeito, especialmente porque não esperava um aumento. Agora imagine como se sentiria se recebesse um aumento de 5% quando esperava 10%. Há uma boa hipótese de ficar menos feliz — ou até mesmo triste e desiludido.

A perceção geral é a de que a nossa felicidade reflete não só o que acontece connosco, mas também aquilo que esperávamos e sonhávamos. Os economistas captam esta ideia naquilo que é mencionado como *teoria do nível de aspiração*. Esta teoria revela efetivamente que a felicidade é uma função dos resultados em relação às expectativas. Se o resultado superar as expectativas, o leitor ficará feliz. Se o resultado não atingir as expectativas, não fica feliz. Isso implica que a felicidade aumenta à medida que os resultados melhoram. Em condições de igualdade, quanto melhor o resultado, mais felizes seremos. Mas isso também implica que a felicidade diminui à medida que as aspirações crescem. Em condições de igualdade, quanto maiores forem as nossas expectativas, menos felizes seremos com o resultado.

Como professor, muitas vezes fico surpreendido com as reações dos alunos ao receberem as notas. Alguns ficam absolutamente furiosos com um 19, porque esperavam um 20. Outros ficam encantados com um 16, porque esperavam um 13. As suas reações refletem não só as suas notas no exame, mas também as suas expectativas.

A teoria do nível de aspiração pode ajudar a explicar por que motivo os níveis de felicidade não aumentam mais do que o esperado quando as pessoas ficam mais ricas. Vamos supor que as aspirações das pessoas aumentam à medida que elas ganham mais dinheiro. Quando residimos num dormitório de estudantes, podemos desejar ter o nosso próprio apartamento, mesmo que seja pequeno. Quando moramos num apartamento pequeno, podemos desejar morar num apartamento maior. Quando moramos num apartamento maior, podemos aspirar a morar num imóvel próprio. E assim por diante: quanto mais temos, mais esperamos — e talvez quanto mais achamos que merecemos. Se assim for, o efeito benéfico da felicidade de ganhar mais dinheiro será anulado (pelo menos em parte) pelo efeito nocivo sobre a felicidade das aspirações crescentes. Os economistas comportamentais chamam a este fenómeno de «passadeira rolante de aspiração». A ideia básica é antiga. O filósofo estoico Séneca diagnosticou o problema há cerca de 2000 anos. Segundo ele: «A prosperidade excessiva cria, de facto, ganância nos homens, e os desejos nunca são tão bem controlados que desaparecem uma vez satisfeitos.»[29]

Porque é que as aspirações e as expectativas desempenham um papel tão importante na nossa felicidade e porque é que têm tendência a ser tão elevadas? Uma das razões pode ser porque é difícil avaliar os resultados sem elas. «Será que vou ter boa nota no exame?» «Será que sou atraente?» «Sou uma boa pessoa?» Estas são perguntas difíceis de responder. É muito mais fácil responder a perguntas do tipo: «Será que o exame me correu tão bem quanto pensei?», «Serei tão atraente como gostava de ser?» «Pratico atos de bondade com a frequência que penso?» Se as perguntas anteriores forem mais difíceis de responder, podemos simplesmente substituir as mais fáceis. Outra razão pode ser de natureza evolutiva. Imaginemos que houve um tempo, lá atrás, na história evolutiva, em que algumas pessoas estavam satisfeitas com o osso que roíam e com a caverna em que viviam, enquanto outras não. Não é difícil imaginar que os indivíduos insatisfeitos acabaram por acumular mais recursos, o que os ajudou a sobreviver e a prosperar. Se assim for, somos todos descendentes dos insatisfeitos. Pense na fábula da cigarra e da formiga. A formiga trabalha o verão inteiro para acumular comida para o inverno, enquanto a cigarra não faz nada além de tocar música e relaxar. Chega o inverno, a formiga sobrevive, enquanto a cigarra perece. A fábula termina aí, mas vamos imaginar que continua. A geração seguinte, quando as cigarras já não existem, seria toda de formigas. Quem sobreviveu até aqui na história evolutiva é descendente de formigas. Podemos estar condicionados a ficar insatisfeitos.

Definir expectativas para si mesmo provavelmente é uma coisa boa, pelo menos por vezes. As expectativas e as aspirações podem motivá-lo a trabalhar mais e de forma mais inteligente. Podem ajudá-lo a realizar mais na vida. Mas as expectativas excessivas podem ser um problema, como demonstrou Barry Bonds. A capacidade de controlar as expectativas excessivas e estabelecer objetivos razoáveis na vida é uma competência fundamental. Os investigadores falam sobre isso em termos de «regulação de objetivos». Isto é, o processo de adoção, desvinculação e reaproximação de objetivos pessoais. Os investigadores poderão dizer que objetivos irracionais são uma grande barreira à felicidade e que a capacidade de nos libertarmos de objetivos irracionais pode melhorar a nossa felicidade.[30]

Comparação social: tente não se comparar com as outras pessoas

Há uma piada antiga sobre dois campistas que são atacados por um urso. Um campista ajoelha-se e começa a atar os sapatos. «O que estás a fazer?», pergunta o outro. «Achas que podes escapar ao urso?» «Ah, não», responde o primeiro, «Não preciso de fugir do urso; só preciso de fugir de ti!». A piada capta um importante facto psicológico. Muitas vezes, não pensamos no nosso desempenho em termos absolutos — «Posso correr a 10 km/h?» —, mas sim em termos relativos — «Posso correr mais rápido do que a outra pessoa?»

A ideia das comparações sociais é que a nossa felicidade reflete quão bem estamos não por referência a algum parâmetro absoluto, mas em relação aos outros. Estou a ganhar mais do que o meu cunhado? Se sim, é bom. Estou a ganhar menos? Se sim, não é bom. Há evidências de que essas preocupações relativas são extremamente importantes para muitas pessoas, pelo menos em alguns domínios.[31]

Às vezes, um padrão relativo faz muito sentido. Se quisermos fugir do urso (e não nos importarmos com o nosso colega de acampamento), a velocidade relativa é a única coisa que importa. Se também quisermos obter uma medalha de ouro olímpica, o importante é correr mais rápido do que os outros — não atingir nenhuma velocidade específica.

Às vezes, o padrão relativo é decididamente disfuncional. Quando a comparação social é disfuncional, as pessoas costumam caracterizá-la como «andar a par dos vizinhos». E é realmente disfuncional na maior parte das vezes. Em primeiro lugar, se estamos todos a tentar andar a par dos vizinhos, jogamos um jogo sem lucro. Não importa o quanto tenhamos, há no máximo um que pode ter mais do que todos os outros.

Se não nos estivéssemos todos a comparar com os vizinhos, poderíamos estar todos satisfeitos com o que temos. Além disso, ao andarmos a par dos vizinhos, corremos o risco de nos colocarmos numa espécie de corrida às armas que não pode ser vencida. Imagine que eu sacrifico todo o meu tempo livre e todo o meu dinheiro para comprar um carro mais sofisticado do que o seu. Talvez consiga, em breve. Mas suponha ainda que o leitor faz o mesmo. Também pode ter sucesso, brevemente. No final, corremos o risco de nos encontrarmos numa situação em que ambos fizemos grandes sacrifícios sem ganharmos nada um ao outro em termos relativos.

Esta ideia pode ajudar a explicar por que razão os níveis de felicidade não aumentam mais rapidamente quando um país fica mais rico. Suponhamos que uma maré-alta levanta todos os barcos — mais ou menos. Mesmo que todos os barcos ganhem elevação em relação à terra, a sua elevação em relação ao outro não mudará. Algo semelhante pode estar a acontecer em relação ao dinheiro e à felicidade. Imaginemos que todos nós ficamos mais ricos com o tempo. Mesmo quando todos ganhamos mais dinheiro, a nossa riqueza relativa não precisa de mudar. Na medida em que a nossa felicidade é determinada pelo facto de ganharmos mais ou menos do que os outros, então, a nossa felicidade não mudará — mesmo que fiquemos melhor em termos materiais.

Porque é que para nós é tão irresistível compararmo-nos com os outros? Mais uma vez, uma das razões pode ter que ver com a dificuldade em fazer julgamentos absolutos em resposta a perguntas como: «O que é um bom apartamento?» «O que é um carro decente?» «O que é um bom salário?» É muito mais fácil perguntar se o meu apartamento, carro ou salário são melhores ou piores do que os do meu vizinho. Se não formos atentos, podemos confundir as respostas para o segundo conjunto de perguntas com as respostas para o primeiro. Novamente, outra razão pode ser evolutiva. A seleção natural favorece quem se sai melhor em termos de sobrevivência e reprodução em escala relativa — não em escala absoluta. A esse respeito, estar sujeito à seleção natural é semelhante a ser perseguido por um urso.

Que se passa?

Então, quer ser feliz? A economia não lhe dirá categoricamente para tentar ganhar mais dinheiro, embora ter dinheiro possa ajudar. Mas deixo-lhe três dicas, ou estratégias, que pode tentar aplicar se quiser ser mais feliz. (1) Invista o seu tempo e dinheiro em coisas às quais provavelmente não se adaptará: prazeres, em vez de confortos, experiências, em vez de coisas, e assim por diante. (2) Mantenha as suas expectativas e aspirações sob controlo. (3) Evite comparar-se com os outros, a menos que seja necessário.

Existem limites para quão feliz pode ser. Em primeiro lugar, a sua felicidade é, até certo ponto, limitada por fatores externos sobre os quais não pode fazer nada enquanto indivíduo. O facto de o seu país ser rico, da liberdade que ele oferece, etc., são fatores que irão influenciar a sua felicidade. A possibilidade de a nossa herança evolutiva poder ter-nos condicionado a sermos menos do que totalmente felizes sugere que existem alguns limites para quão felizes podemos vir a ser. Se não é tão feliz como gostaria, ou como acha que merece ser, a culpa não é toda sua!

Como sempre, é importante ter em mente que a ciência relata apenas médias, que podem ou não aplicar-se a si. O que funciona para si refletirá os seus valores e preferências, e também uma série de condições que podem ou não estar sob o seu controlo.

Dito isto, as três ideias sugerem que a felicidade está, até certo ponto, sob o nosso controlo. A felicidade não é apenas algo que acontece connosco, como sugere a palavra em inglês. (Tanto «felicidade» — «*happiness*» — como «acontece» — «*happen*» — derivam das palavras escandinavas antigas para «sorte» ou «acaso».) Na medida em que os seus níveis de felicidade refletem o tipo de consumo que pratica, as expectativas que desenvolve e as comparações que faz, a felicidade não é apenas uma questão de sorte ou acaso. A sorte ou o acaso podem contribuir para a sua felicidade, mas não são tudo. Nessa medida, a felicidade está sob o seu controlo — e a economia ajuda-o a conquistá-la.

7

Como ser humilde

O astronauta Buzz Aldrin foi uma das duas primeiras pessoas a pisar a Lua. O voo espacial é conhecido como *Apollo 11*. Aconteceu em 1969. Trinta e cinco anos depois, perguntaram a Aldrin qual era a sua maior preocupação na altura. Ele respondeu: «Bem, acho que tentamos não ser excessivamente confiantes, porque quando ficamos excessivamente confiantes, é quando alguma coisa acontece e nos apanha.»[1]

Não precisamos de ser astronautas para saber do que ele estava a falar. Suspeito que todos saibamos. Ao embarcar num novo projeto ou jornada, somos cautelosos. Caminhamos com prudência. Seguimos o plano. Acompanhamos cuidadosamente a situação em busca de sinais de que algo correu mal. Passado um tempo, começamos a sentir-nos bem connosco. Fazemos progressos. Sentimo-nos à vontade. Apreciamos o facto de as coisas estarem a correr muito bem. Então, de repente: BUM! Algo corre terrivelmente mal. Não previmos isso.

Quando acontece, é importante rever os acontecimentos que levaram ao infortúnio. Muitas vezes, em retrospetiva, podemos pensar em sinais de que algo estava mal. Mas não prestámos atenção. Ignorámos os sinais porque sentimos que as coisas estavam a correr muito bem. Pensámos que os sinais não podiam estar corretos. Pensámos que tínhamos as coisas sob controlo. Estávamos demasiado confiantes.

«E assim a brilhante cor da resolução», exclamou Hamlet, «se transforma pela reflexão em pálida e lívida penumbra.» Shakespeare sabia o que estava a acontecer.

Vivenciei isto muitas vezes enquanto velejava. Velejei durante toda a minha vida, mas as coisas ainda correm mal. Já me aproximei de rochas e faróis que não deveriam estar ali. Uma vez tive de ser resgatado pela Guarda Costeira. Os acidentes são sempre inesperados, é claro, ou não os chamaríamos assim. Mas quando recordo e reflito sobre o que aconteceu, quase sempre consigo pensar em sinais de alerta, claramente visíveis em retrospetiva. Pode ser uma leitura estranha no instrumento, uma oscilação no meu campo visual, uma fonte de luz inesperada ou qualquer outra coisa. Se tivesse prestado atenção, poderia saber que algo não estava bem. Não dei atenção porque não se encaixava no meu mapa mental. Tinha a certeza de que sabia onde estava e o que estava a fazer.

O excesso de confiança tem sido chamado de «a mãe de todos os preconceitos».[2] Investigadores de decisão comportamental estudam-no afincadamente há meio século. E aprenderam muito. Muito disso é ao mesmo tempo hilariante e deprimente. Num estudo clássico, 93% dos condutores americanos afirmaram ser mais competentes do que a média.[3] Imagine que alinha todos os condutores de automóveis americanos do pior (mais à esquerda) ao melhor (mais à direita). Nesse caso, 93 em 100 pensaram que pertenciam ao lado direito do alinhamento. O que é matematicamente impossível — não importa quão bons eles sejam. É tão absurdo como imaginar uma longa fila em que quase todos estão na frente.

O excesso de confiança é generalizado, resistente e dispendioso. Encontramo-lo em quase todo o lado para onde olhamos. É difícil de descartar. E tem estado implicado em contratempos, acidentes e desastres de todos os tipos. Don Moore escreveu um livro sobre excesso de confiança. Segundo ele:

> O excesso de confiança tem sido responsabilizado pelo naufrágio do *Titanic*, o acidente nuclear em Chernobyl, a perda dos vaivéns espaciais *Challenger* e *Columbia*, a crise do *subprime* de 2008 e a grande recessão que se seguiu, o derramamento de petróleo do *Deepwater Horizon* no Golfo do México, e mais. O excesso de confiança pode contribuir para as negociações excessivas no mercado de ações, elevadas taxas de insucesso das empresas, disputas legais, partidarismo político e até mesmo guerras.[4]

O que torna o excesso de confiança particularmente forte é ele ser um «multiplicador de força», como dizem os militares — e não no bom sentido. Um multiplicador de força é algo que dá aos soldados uma vantagem extra quando é necessário. O excesso de confiança dá uma ferroada extra a todos os outros preconceitos aos quais estamos sujeitos. Estar errado ou incapaz não tem de ser assim tão mau por si só. Mas estar errado ou incapaz e *também ter confiança em excesso* pode ser mortal. Literalmente.

O programa de televisão americano da década de 1980 *Sledge Hammer!* apresentava um polícia instável que nunca via um problema que não tentasse resolver através de força bruta.[5] A sua frase mais famosa era: «Confie em mim, eu sei o que estou a fazer.» Sempre que a pronunciava, as coisas corriam muito mal. O problema não era apenas o detetive Hammer ser incapaz de realizar tarefas como desarmar bombas nucleares. Isso dificilmente o tornava único. O problema era a sua confiança de que *conseguia* desarmar bombas nucleares. O seu excesso de confiança fazia com que pensasse que sabia o que estava a fazer quando não sabia. Era a disparidade entre competência e confiança que causava todos os seus problemas — e a comédia e o drama. Todos nós conhecemos alguns Hammers. Pior, todos nós somos Hammers — pelo menos às vezes.

O leitor vai ficar aliviado por saber, então, que a economia pode ajudar a resolver o problema do excesso de confiança. Os economistas comportamentais identificaram três estratégias que reduzem o excesso de confiança em nós mesmos e nos outros. Estas estratégias também podem ser utilizadas para formar equipas à prova de excesso de confiança. Primeiro: podemos confrontar as nossas crenças com evidências regulares, imediatas e inequívocas. O *feedback* que nos recorda a quantidade de vezes que estamos errados parece ajudar. Isso verifica-se especialmente se a evidência for difícil de explicar. Segundo: podemos forçar-nos e aos outros a refletir sobre *as razões pelas quais podemos estar errados*. Isto é difícil. Somos muito melhores a produzir razões pelas quais estamos certos. Mas forçar-nos a pensar sobre os vários cenários em que podemos estar errados parece ajudar-nos a perceber que as probabilidades não são tão remotas quanto podem parecer à primeira vista. Terceiro: podemos mudar o ambiente em que as decisões são tomadas para tornar menos propício o excesso de confiança.

A *humildade epistémica* é uma virtude intelectual. Baseia-se na perceção de que o nosso conhecimento é sempre provisório e incompleto — e que à luz de novas evidências poderá ter de ser revisto. Carl Hempel foi um dos maiores filósofos da ciência do século xx. As pessoas que o conheceram dizem que ele nunca foi preconceituoso em favor de uma visão só porque era a sua. Isso é humildade epistémica. É uma coisa boa. Evitar o excesso de confiança é uma questão de humildade epistémica. A falta de humildade epistémica é um vício. É prejudicial. Pode causar danos grotescos tanto nas nossas vidas privadas como nas políticas públicas.

Este capítulo descreve a abordagem económica à humildade epistémica. Apresenta conselhos sobre como alcançá-la. O filósofo grego Aristóteles pensava que a virtude era o meio-termo entre o excesso e a deficiência.[6] Os economistas concordam. A humildade epistémica deve ser encontrada entre o excesso e a falta de confiança. O leitor quer evitar o excesso de confiança. Mas também quer evitar a falta de confiança. Se é mesmo um membro de uma brigada de minas e armadilhas e sabe como desarmar dispositivos explosivos, nada de bom resultará de agir como se não soubesse. Ser humilde não é o mesmo que ser *submisso*. É bom ser confiante quando sabe o que está a fazer. Pode ser humilde enquanto evita o excesso e a falta de confiança. O objetivo é ser *calibrado*, como dizem os economistas.

Aristóteles também acreditava que ser virtuoso é um trabalho difícil.[7] Os economistas concordam. O leitor não ficará mais humilde apenas por ler sobre isso. (Desculpe.) Encontrar o equilíbrio certo entre excesso e falta de confiança requer atenção redobrada e prática consistente. A economia diz-lhe no que se deve focar e como praticar. O conselho aplica-se a qualquer pessoa que ocasionalmente sofra de excesso de confiança — ou seja, a todos nós. Aplica-se independentemente de querer ver mais disso em si mesmo, nos outros ou na sua equipa. O conselho é defendido por uma grande quantidade de evidências, como veremos.

A abordagem da economia em relação à confiança é bastante diferente da que está disponível de outras formas. A cultura popular oferece uma ampla variedade de livros, *podcasts* e outros meios que ajudam a aumentar a confiança. O pressuposto parece basear-se na ideia de que mais confiança levará à felicidade, popularidade e fortuna. Os economistas dirão que isso é um erro. A confiança excessiva leva à imprudência, ao fracasso, à tristeza e à desilusão. Isso faz de si um Hammer. Se tem um filho ou gere uma equipa, por exemplo, não quer aumentar a confiança deles indefinidamente e de forma generalizada.

O objetivo aqui é ajudar o leitor a encontrar o ponto ideal entre a falta e o excesso de confiança. Queremos que a sua confiança seja perfeita, dada a tarefa e o seu nível de habilidade. Queremos que saiba quando pode dizer legitimamente «confie em mim» e quando não pode.

O que é o excesso de confiança?

Precisamos de saber o que os economistas pensam que é o excesso de confiança e como o sabem. Primeiro, vamos distinguir as suas crenças sobre as hipóteses de acontecer algum incidente e de este acontecer de facto. Talvez compre um bilhete de lotaria e acredite que há 10% de hipótese de ganhar um prémio hoje. Chamamos-lhe a sua *probabilidade subjetiva*. Se quiser saber qual é a probabilidade subjetiva de alguém, basta perguntar. As probabilidades subjetivas são uma característica do sistema de crenças de uma pessoa. As probabilidades subjetivas podem diferir entre as pessoas, mesmo quando dizem respeito ao mesmo acontecimento. Talvez eu pense que há 50% de hipótese de o leitor ganhar hoje. A minha probabilidade subjetiva não tem de ser igual à sua. Na verdade, normalmente diferem.

As probabilidades subjetivas têm de ser distinguidas das *frequências objetivas*. Uma frequência objetiva é a fração de vezes que o episódio acontecerá dadas as circunstâncias. Suponha que comprou um dos 100 bilhetes de lotaria e que o bilhete premiado é escolhido aleatoriamente. A fração de vezes que vai ganhar nessas circunstâncias é 1/100, ou seja, 1%. Essa é a frequência objetiva. As frequências objetivas são uma característica do processo que gera os acontecimentos. Não temos acesso direto a elas, o que significa que não pode simplesmente perguntar à pessoa que tem crenças sobre elas para descobrir o que são. Há aqui um facto. Esse facto é independente das crenças das pessoas. As frequências objetivas não diferem entre as pessoas, quando estamos a falar do mesmo acontecimento.

A *calibração* está relacionada com a relação entre as probabilidades subjetivas e as frequências objetivas. O leitor está perfeitamente calibrado quando as suas probabilidades subjetivas correspondem às frequências objetivas. No exemplo acima, nenhum de nós está calibrado. Para serem calibradas, as nossas probabilidades subjetivas precisam de ser iguais à frequência objetiva do acontecimento relevante, que é 1/100. Uma pessoa calibrada que tem 90% de certeza de que tem razão está, de facto, certa nove vezes em dez.

A calibração da crença é frequentemente uma coisa positiva. Imagine que contrata um engenheiro estrutural para lhe dizer a probabilidade de a sua casa desmoronar. O engenheiro tem 99,99% de certeza de que a sua casa não vai desmoronar. Se existe uma probabilidade de 50% de as casas como a sua desabarem, tem todos os motivos para ficar aborrecido e desapontado — não apenas com a casa, mas também com o engenheiro. Um engenheiro estrutural mal calibrado pode causar danos reais — incluindo a perda de propriedades e de vidas.

Se a sua probabilidade subjetiva excede a frequência objetiva, podemos dizer que o leitor é *demasiado confiante*. Se for menor, está com *falta de confiança*. O engenheiro estrutural está demasiado confiante. Eu também, sempre que ponho o despertador para as 5h00 da manhã, confiante de que vou acordar lindamente às 5h00 em ponto — quando, na realidade, nove em dez vezes vou adiar o alarme a cada dez minutos durante uma hora, pelo menos. A confiança está relacionada com *crenças acerca das suas crenças*. Em princípio, pode ter excesso de confiança, estar perfeitamente calibrado ou até mesmo ter pouca confiança.

A maneira mais óbvia de avaliar os níveis de excesso de confiança é fazer às pessoas uma série de perguntas de verdadeiro ou falso. Pergunte, primeiro: «As afirmações a seguir são verdadeiras ou falsas? (a) Sacramento é a capital da Califórnia, (b) o absinto é uma pedra preciosa, etc». Em seguida, pergunte, para cada afirmação: «Quão confiante está em relação à sua resposta?» O leitor convida os seus participantes a relatar a sua confiança numa escala de 0 a 100%. Isso dar-lhe-á a probabilidade subjetiva para cada proposta. Em seguida, classifica as reivindicações por nível de confiança. Coloque todas as proposições das quais a pessoa tem 100% de certeza numa pilha, por exemplo. Em seguida, calcule o número dessas respostas que foram, de facto, corretas. Uma pessoa calibrada estaria correta sobre cada uma delas.

Quando os investigadores fizeram isto, acabaram com resultados como os da Figura 5.[8] Aqui pode ver as probabilidades subjetivas das pessoas no eixo x e as frequências objetivas no eixo y. Uma pessoa perfeitamente calibrada teria uma «curva de calibração» ao longo da linha diagonal de 45°. Para eles, as probabilidades subjetivas são sempre iguais às frequências objetivas. Na realidade, as coisas parecem um pouco diferentes. À esquerda, tem todas as proposições às quais as pessoas atribuíram uma probabilidade subjetiva de 50%. Estas são as coisas que as pessoas sentem que não fazem ideia. No que lhes diz respeito, tanto podem ser falsas como verdadeiras. Para essas alegações, as pessoas acertam com um pouco mais de metade das vezes, o que significa que não estão confiantes. Para a maioria das proposições, porém, as pessoas são excessivamente confiantes. E ficam mais confiantes quanto mais avançar para a direita. Quando as pessoas têm 100% de certeza, são excessivamente confiantes. Um estudo clássico concluiu que quando as pessoas estavam totalmente, positivamente, 100% seguras de algo, tinham razão em 70–80% das vezes.[9]

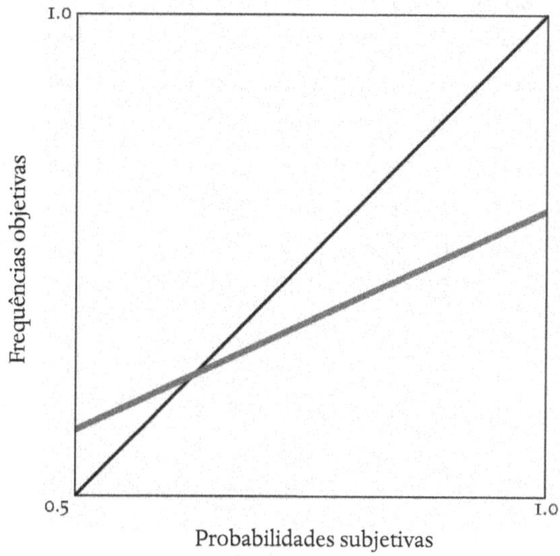

Figura 5: Curvas de calibração.

Isto diz-nos algo importante de imediato: a confiança é um fator de risco para o excesso de confiança. Quanto mais confiantes as pessoas são, em condições normais, mais excessivamente confiantes tendem a ser. Isso não deve ser surpreendente, se pensar sobre isso. Todos nós conhecemos pessoas que aparentam excesso de confiança, expressando-se com total e completa confiança sobre tudo, desde quem vai ganhar o Prémio Nobel da Literatura até como encontrar a melhor rulote de tacos em LA. Estas são as pessoas que passam de especialistas em direito constitucional a especialistas em epidemiologia num piscar de olhos. Este tipo de confiança é um sinal de alerta. Assinala excesso de confiança — e uma falta de humildade epistémica.

Outro fator de risco para o excesso de confiança é a *dificuldade*. Quanto mais difícil a tarefa, em geral, mais confiante é o juiz. Pessoas muito cultas que fazem julgamentos muito fáceis às vezes podem ser pouco confiantes. Pergunte-me em que cidade moro e não serei muito confiante. Mas toda a gente tem excesso de confiança em vários graus. Quando as perguntas são difíceis, as pessoas ficam excessivamente confiantes em quase todos os níveis de crença subjetiva. Para questões muito difíceis, os estudos encontraram curvas de calibração que são basicamente planas. Isso significa que não há relação nenhuma entre a confiança das pessoas no seu julgamento e a sua precisão. Prever o mercado de ações, por exemplo, é muito difícil. De facto, alguns economistas duvidam que isso possa ser feito. Nesse tipo de situação, devemos esperar um excesso de confiança maciço. As pessoas que conhecem e que têm o hábito de se expressar com total e absoluta certeza sobre questões muito difíceis provavelmente serão excessivamente confiantes. Talvez saber disso possa torná-las um pouco mais fáceis de tolerar.

O que sabemos sobre excesso de confiança?

Muitas pesquisas sugerem que o excesso de confiança é generalizado, resiliente e dispendioso. Primeiro, o excesso de confiança é surpreendentemente comum.[10] Para a maioria das pessoas e para a maioria das tarefas de julgamento, podemos esperar algum grau de excesso de confiança. Há exceções, como acabámos de ver. Um exemplo é quando o juiz é muito experiente e a tarefa é fácil. Pergunte a um mecânico de automóveis experiente se pode trocar o óleo do motor de um carro e é pouco provável que obtenha uma resposta com excesso de confiança. Tirando isso, é a norma.

O excesso de confiança também é *resistente*. Resiste a muitas das ações que pode tomar para o reduzir em si mesmo ou nos outros. O facto de ser tão resistente ajuda a explicar porque é tão comum. É difícil livrarmo-nos dele, mesmo que tentemos.

O excesso de confiança é resistente à informação. Em geral, as pessoas não se tornam menos excessivamente confiantes quando adquirem mais informações, mesmo quando essas informações são relevantes para responder à pergunta. Num estudo clássico, foram feitas perguntas a psicólogos em vários estágios de carreira sobre os comportamentos, atitudes e interesses de um paciente real.[11] Quando os participantes receberam mais e mais informações sobre a vida do paciente, ficaram cada vez mais confiantes nas suas respostas. No entanto, a sua precisão quase não aumentou. Tornaram-se *mais excessivamente confiantes* à medida que se tornaram mais conhecedores.

Em particular, conhecer os factos sobre o excesso de confiança não faz diferença.[12] Pode pensar que contar às pessoas sobre a prevalência do excesso de confiança ajudaria; convidá-los a considerar que também eles podem ser propensos a uma confiança excessiva; e instruí-los a serem cuidadosos. Mas não. Não podemos corrigir o excesso de confiança fornecendo às pessoas mais informações desse tipo. Gostaria de poder dizer que a simples leitura deste capítulo o ajudará a melhorar a sua confiança, mas é provável que não aconteça.

O excesso de confiança também parece ser resistente ao conhecimento. O leitor pode pensar que os especialistas seriam menos propensos ao excesso de confiança do que aqueles que não o são. Afinal, saber coisas faz parte do que torna um especialista um especialista. Mas muitos estudos sugerem que os especialistas são tão propensos ao excesso de confiança como os amadores e os especialistas em formação. Considere o estudo sobre o paciente real. Os psicólogos clínicos que participaram — a maioria dos quais com doutoramento — não eram mais precisos nem menos confiantes do que os estudantes de licenciatura e pós-graduação em psicologia. Da mesma forma, Christensen-Szalanski e Bushyhead estudaram médicos que diagnosticavam possíveis pacientes com pneumonia.[13] O grau de calibração era realmente baixo e os médicos exibiam um elevado grau de excesso de confiança. Quando os médicos afirmavam ter mais de 80% de certeza de que o paciente tinha pneumonia, os raios X confirmavam a existência da doença em apenas cerca de 20% dos casos. Outros estudos revelaram um excesso de confiança sistemático entre banqueiros, executivos, engenheiros civis e outros profissionais que fazem juízos dentro da sua área de especialização.

O excesso de confiança é igualmente resistente a incentivos. As pessoas não exibem menos excesso de confiança quando estão motivadas para estarem certas ou para evitar o excesso de confiança. Para testar se o aumento da motivação diminuiria o grau de excesso de confiança, Baruch Fischho e os seus colegas pediram aos participantes que expressassem a sua confiança em termos de probabilidades e fizessem uma aposta com base nessas probabilidades.[14] O grau de excesso de confiança diminuiu um pouco, mas permaneceu elevado. Quando os sujeitos disseram que as probabilidades de estarem certos eram de 100:1, para serem bem calibrados, deveriam ter dito 4:1; quando disseram que as probabilidades eram de 100,000:1, deveriam ter dito 9:1. A maioria dos participantes concordou em jogar com dinheiro verdadeiro. Portanto, os que estavam em teste poderiam ter obtido um lucro justo se tivessem realmente recolhido os seus ganhos. Noutro estudo clássico, dois grupos de alunos receberam o mesmo conjunto de perguntas de escolha múltipla relacionadas com o curso. O grupo de teste foi informado de que estava a fazer o exame semestral, enquanto o grupo de controlo foi informado de que estava apenas a praticar. O grupo de teste, presumivelmente mais motivado para se sair bem, não obteve pontuação superior ao grupo de controlo, mas foi significativamente mais confiante. Nesse caso, então, parece que o excesso de confiança na verdade *aumentou* com a motivação.

Em suma, o excesso de confiança aparece não só dentro, mas também fora do laboratório. Aparece quando juízes conhecedores fazem afirmações dentro da sua área de especialização. E surge quando as pessoas são motivadas a fornecer avaliações precisas.

Por fim, o excesso de confiança é *dispendioso*. Obviamente, o excesso de confiança inspira más decisões. Como Moore apontou, o excesso de confiança tem sido implicado em crises financeiras, acidentes, falências, disputas legais, partidarismo político e até guerra. Na medida em que o excesso de confiança é um fator que contribui, o seu custo em dinheiro e vidas é enorme. Considere o artigo «Trading is Hazardous to Your Wealth», de Brad Barber e Terrance Odean, que revela que a negociação ativa é extremamente prejudicial para um investidor.[15] Os autores diagnosticam o problema como excesso de confiança. Na sua opinião, o excesso de confiança faz as pessoas pensarem que são melhores a prever os preços do mercado de ações do que realmente são. A confiança exagerada nas suas próprias competências leva-os a porem dinheiro real em risco. Por não serem, de facto, muito bons a prever o mercado de ações, esses investidores acabam por perder dinheiro. As pessoas que mais negociaram ganharam 6,5 pontos percentuais a menos do que o mercado entregou. Isso pode não parecer muito, mas ainda pode traduzir-se em muito dinheiro, dependendo da dimensão do seu portefólio. Se tiver a sorte de ter investido 1 milhão de dólares, essa diferença traduz-se em 65 mil dólares num ano. E se cometer o mesmo erro ano após ano, as consequências serão agravadas.

Um artigo de 2001 dos mesmos autores, intitulado «Boys Will be Boys», analisa as diferenças de género entre os investidores do mercado de ações.[16] Barber e Odean partem do pressuposto de que, quando se trata de finanças, os homens tendem a ser mais confiantes do que as mulheres. Os autores propõem que os investidores mais confiantes negoceiem mais: tentar cronometrar as flutuações a curto prazo nos preços das ações de modo a comprar baixo e vender alto. Comparando dados de 35 mil domicílios, concluíram que os homens negoceiam 45% mais do que as mulheres. E como negociar é mau para a sua riqueza, os homens saem-se muito pior do que as mulheres. Existem muitos Hammers. Se estes homens passam o dia a negociar porque é divertido — porque é um passatempo, *hobby*, estilo de vida ou identidade —, não é necessariamente irracional. Mas espero que tenha noção de quão dispendioso é esse *hobby*. Poderiam poupar dinheiro entrando na alta relojoaria suíça — ou em regatas no mar.

Parte da história é que o excesso de confiança pode gerar complacência.[17] Moore cita as Escrituras: «O orgulho vem antes da destruição, o espírito altivo, antes da queda.»[18] Se o leitor tem tanta certeza de que vai passar no exame, ganhar o caso ou chegar em primeiro lugar na corrida, pode não sentir que precisa de se preparar muito. Mas os políticos que não leem os resumos, os advogados que não leem os casos e os atletas que não treinam para as corridas têm muito menos hipóteses de serem bem-sucedidos do que aqueles que o fazem. A complacência é inimiga do sucesso.

O excesso de confiança também pode trazer-lhe deceção e desvinculação, e torna o fracasso mais difícil de suportar. Se acredita que o seu sucesso está assegurado, o fracasso não só é mais provável, como também o deixará mais desapontado e desiludido. Antecipando o fracasso, é mais provável que desista do esforço por completo. Se tem um filho adolescente, por exemplo, seria um erro aumentar a confiança dele em todos os aspectos. A confiança excessiva num adolescente pode levar a todos os tipos de comportamentos de risco, alguns dos quais podem ser fatais. O medo do fracasso também pode impedi-los de tentarem, sequer. Os psicólogos do desenvolvimento temem que possamos causar danos reais aos nossos filhos quando tentamos aumentar a sua confiança indiscriminadamente.[19]

O excesso de confiança pode levar a conflitos.[20] Se eu e o leitor discordamos sobre alguma coisa, o nosso desacordo pode ser o início de uma conversa frutífera. Uma troca genuína de ideias pode beneficiar-nos aos dois, à medida que exploramos a natureza do nosso desacordo e as evidências que temos para as nossas crenças. Mas uma conversa verdadeiramente frutífera pressupõe que ambos concordemos que temos algo a aprender ao ouvirmo-nos um ao outro. Requer algum grau de humildade epistémica. Se eu e o leitor discordarmos e também tivermos excesso de confiança, talvez não vejamos nenhum interesse em conversar. Pode ser mais natural descartar-nos como incompetentes, maldosos ou ambos. Esse conflito pode, por sua vez, prejudicar a nossa capacidade de aprender com os outros.

O facto de o excesso de confiança poder causar danos reais não parece ter marcado muito a literatura popular sobre o assunto. Isso inclui os livros de autoajuda que preenchem várias páginas de resultados de pesquisa no seu mercado *online* preferido. Esses livros prometem um nível de confiança que o tornará imparável, que o ajudará a alcançar todos os seus objetivos, a criar sucesso que se veja e viver a vida nas suas condições. E tudo isso está no título de apenas um livro.[21] É inegável que algumas pessoas poderiam beneficiar de mais confiança em alguns contextos específicos. Mas é um erro pregar confiança para todos. A elevada confiança não pode oferecer isso tudo. É mais provável que lhe cause danos. Ser calibrado é um objetivo melhor — para evitar tanto a falta como o excesso de confiança.

Esqueça a literatura de autoajuda. Em vez disso, ouça os economistas.

Fontes de excesso de confiança

Nesta fase, pode estar cético. Se os economistas comportamentais tiverem razão, quase toda a gente passa grande parte das suas vidas — e grande parte das suas carreiras — a ser ridiculamente demasiado confiante. Será possível que as pessoas sejam tão confiantes durante tanto tempo? Não aprenderíamos e não nos adaptaríamos? A investigação sugere que as respostas são sim e não. Infelizmente, não aprendemos tanto quanto pensamos — ou deveríamos. O excesso de confiança deve-se a uma espécie de tempestade perfeita de distorções cognitivas. A tempestade ajuda a explicar como o excesso de confiança pode ser tão generalizado e resiliente.

Primeiro, o excesso de confiança é, por vezes, o resultado da seleção.[22] Segundo consta, o presidente dos Estados Unidos Harry Truman ficou tão frustrado com os conselheiros económicos que diziam «por um lado... por outro...»*, que exclamou: «Dê-me um economista maneta!»[23] Truman não queria conselheiros que fossem epistemologicamente humildes. Ele queria pessoas confiantes. Pense nos «especialistas» que vê na televisão. Lá, acontece algo do género. As pessoas que são convidadas para participar num painel num programa de notícias ou atualidades podem ou não ter qualificações específicas. O que é necessário é a capacidade de dizer coisas que contribuam para um bom momento televisivo. Há uma tendência para convidar os ousados, agressivos, dramáticos e controversos — não os epistemologicamente humildes. Sempre que os especialistas são selecionados com base na sua confiança, tendem a ser excessivamente confiantes. Como vimos acima, a confiança é um sinal de alerta.

A questão é que a confiança pode ser confundida com competência. Há alguns anos, desenvolvi um problema de pele no rosto. O dermatologista surpreendeu-me ao passar a maior parte da minha consulta a olhar pela janela. Quando saí do consultório, lembro-me de ter ficado impressionado. Um dermatologista que conseguia diagnosticar um paciente sem sequer olhar para ele! Só depois me ocorreu que tinha cometido um erro. Concluí que ele devia ser incrivelmente competente por agir com uma

* Em inglês: «on the one hand... on the other hand...», sendo que *hand* é mão. *[N. do T.]*

confiança fantástica. Mas são duas coisas diferentes. Eu não tinha, na altura, nenhuma evidência de que ele fosse mais ou menos competente do que qualquer outro médico da sua especialidade. O engraçado/triste da história é que eu estava a escrever sobre excesso de confiança na altura, e deveria ter dado por isso muito tempo antes. O diagnóstico foi correto e o problema de pele passou. Mas o episódio ilustra como pode ser difícil não confundir confiança com competência.

Em segundo, muitas vezes falta-nos *feedback* útil. A esperança de que, em última análise, iremos aprender com o nosso excesso de confiança e adaptarmo-nos em conformidade pressupõe muita coisa. Pressupõe que recebamos amplo *feedback* sobre os resultados — informações que nos digam o que realmente aconteceu, se tínhamos razão ou não, etc. Mas o *feedback* adequado sobre os resultados é muitas vezes difícil de encontrar. Existem muitas razões pelas quais o *feedback* pode ser inadequado, ambíguo, dispendioso ou, por algum outro motivo, inatingível. Uma vez que fazemos uma previsão, agimos de acordo com ela com frequência. Ao agir de acordo com ela, mudamos o resultado esperado. O que quer que aconteça depois de agirmos de acordo com a previsão não pode ser utilizado diretamente para confirmar ou refutá-la. Em algumas situações, é impossível obter o *feedback* dos resultados mesmo como princípio. Afirmações do género «se a outra parte fosse responsável, as coisas seriam diferentes agora» são *contrafactuais*. Dizem algo sobre como seria a situação se as coisas fossem diferentes. Se uma afirmação contrafactual é verdadeira ou falsa não pode ser determinada através da confrontação direta com o *feedback* dos resultados. Mesmo que pudéssemos atualizar a nossa confiança à luz do que acontece e muitas vezes não conseguimos. Simplesmente não sabemos o que aconteceu, ou o que teria acontecido.

Depois, aprender com a experiência é mais difícil do que se poderia pensar, mesmo na presença de *feedback* dos resultados. Uma das razões pelas quais temos dificuldade em aprender com a experiência é que as pessoas tendem a sobrestimar as evidências que sustentam a sua posição e a ignorar as que a enfraquecem. Esta tendência é conhecida como *predisposição para a confirmação*.[24] Há estudos que sugerem que as pessoas com crenças iniciais diametralmente opostas são capazes de interpretar a mesma informação ambígua como suporte do seu ponto de vista.[25] As pessoas que ignoram evidências discordantes podem não perceber que estavam erradas no passado e podem não ver a necessidade de serem mais cautelosas no futuro.

A nossa capacidade de aprender com os erros do passado também é comprometida por algo chamado *enviesamento retrospetivo*.[26] Este viés é uma tendência para exagerar sobre a previsibilidade dos acontecimentos passados. Depois de algo acontecer, parece que temos dificuldade em imaginar que as coisas poderiam ter acontecido de maneira diferente. Exageramos em retrospetiva em relação ao que poderíamos ter conjeturado em previsão e recordamos mal o que previmos para exagerar em retrospetiva quanto ao que realmente sabíamos de antemão. As vítimas do enviesamento retrospetivo podem nunca saber que as previsões anteriores não eram boas, porque lembram-se mal do que previram. Assim, não verão necessidade de serem menos confiantes nas suas previsões futuras.

As evidências mostram que tanto a predisposição para a confirmação como o enviesamento retrospetivo são mais fortes quando as previsões são vagas e o *feedback* sobre os resultados é ambíguo.[27] Na medida em que as pessoas têm a tendência para se lembrar mal das previsões e reinterpretar os resultados para os tornar mais compatíveis, a tarefa é muito facilitada pela ambiguidade e imprecisão. Na verdade, muitas das previsões que fazemos são vagas e ambíguas. Isso acontece na vida quotidiana, nos negócios e na política. Quando assim for, devemos esperar um enviesamento retrospetivo considerável e predisposição para a confirmação.

Por fim, as nossas competências cognitivas e metacognitivas parecem estar interligadas. A «competência cognitiva» refere-se à capacidade de realizar uma ou outra tarefa mental. A «competência metacognitiva» refere-se à capacidade de julgar o nosso próprio desempenho. A questão é que as pessoas que carecem de uma também tendem a carecer da outra. Num artigo que se tornou imediatamente um clássico, Justin Kruger e David Dunning aplicaram aos participantes testes de raciocínio lógico, gramática inglesa, entre outros.[28] Eles também pediram aos participantes que classificassem o seu próprio desempenho em relação ao grupo de colegas. A conclusão geral é que as pessoas que eram muito capazes — pessoas que tiveram muito boa pontuação no teste —, em média, subestimaram um pouco as suas competências. As pessoas que eram muito incapazes — pessoas que tiveram muito má pontuação no teste — sobrestimaram radicalmente as suas competências. Os participantes cujas pontuações nos testes de lógica e gramática os colocaram entre os 25% inferiores do grupo de colegas, em média, estimaram que estavam muito acima da média.[29]

Os autores exploraram ainda o que acontece quando os participantes obtêm informações sobre o desempenho de outras pessoas. Kruger e Dunning permitiram que os participantes originais «avaliassem» os testes de outras pessoas. Isso deu-lhes mais informações sobre o seu próprio desempenho em relação aos outros. Idealmente, a informação deve levar a melhores avaliações do próprio desempenho. Os de elevado desempenho realmente melhoraram. Quando obtiveram mais informações sobre o desempenho dos outros, reviram as avaliações da sua própria competência na direção certa (para cima). Os de baixo desempenho, por outro lado, não melhoraram. Na verdade, ajustaram as avaliações do seu próprio desempenho na direção errada (também para cima). Com base nestes resultados, Kruger e Dunning sugerem que os menos competentes estão em dupla desvantagem, pois a sua incompetência «não só causa um mau desempenho, como também causa a incapacidade de reconhecer que o seu desempenho é mau».[30] Daí o título do artigo: «Não qualificado e inconsciente disso.»

Estas descobertas deram origem a uma substancial literatura secundária que debate o seu *significado*.[31] Esse fenómeno — o padrão nos dados — parece-me suficientemente robusto. Certamente corresponde à minha experiência enquanto professor universitário. Quando alunos muito bons vêm ter comigo para discutir a sua nota num teste, normalmente apenas posso apontar na direção da resposta correta e eles percebem-na de imediato. Quando alunos muito fracos vêm ter comigo, continuam a protestar contra as suas notas baixas, mesmo depois de ficarem a par da resposta correta. Ao contrário dos bons alunos, simplesmente não veem a diferença entre o que está certo e o que está incorreto. A sua incapacidade de passar no teste está associada à incapacidade de reconhecer o seu desempenho como mau. A dupla carga é, de facto, pesada. Diminui qualquer hipótese de melhoria, porque retira aos alunos fracos o reconhecimento de que ainda não se destacam.

Estes vários fenómenos — efeitos de seleção, falta de *feedback* sobre os resultados confiáveis, enviesamento retrospetivo e predisposição para a confirmação e o efeito Dunning-Kruger — não seriam tão maus se se anulassem uns aos outros. Mas isso não acontece. É fácil pensar em situações em que todos apontam na mesma direção quando é preciso. Quando isso acontece, não devemos ficar surpreendidos se as pessoas não tiverem humildade epistémica — e se isso causar prejuízos.

Evitar o excesso de confiança

O facto de o excesso de confiança ser tão comum e tão difícil de eliminar pode parecer deprimente. E é. Mas há esperança. Embora os livros populares de psicologia continuem a promover a confiança, os economistas comportamentais identificaram estratégias que fomentam a humildade epistémica e reduzem o excesso de confiança. A primeira passa por confrontar as nossas previsões com um bom *feedback*. A segunda passa por considerar as razões pelas quais estamos errados. De onde vêm essas estratégias? Como é que os economistas sabem? O segredo está em explorar as exceções à regra. Se conseguirmos identificar pessoas que conseguem evitar o excesso de confiança, estaremos no caminho certo.

John Stuart Mill chamou a atenção para um paradoxo.[32] Em princípio, todos sabem que são falíveis. Se nos perguntarem: «Tem razão sobre tudo?», responderemos de forma negativa. No entanto, se nos perguntarem sobre crenças específicas: «Tem a certeza sobre essa questão em particular?», muitos de nós insistiremos que sim. Isso sugere que somos menos confiantes sobre as questões em *geral* do que sobre as questões em *particular*. Então, a questão é: como podemos tornar-nos tão humildes em relação às crenças particulares como somos com as questões em geral?

Os meteorologistas têm má reputação. Muita gente já passou pela experiência de ficar encharcada quando lhe foi prometido sol. Memórias como essa são bastante relevantes e emocionalmente intensas. Ainda se deve recordar da raiva e da desilusão que sentiu durante aquele evento em que o sol deveria brilhar. O facto de os erros dos meteorologistas estarem altamente acessíveis faz com que pareçam mais comuns do que realmente são. A investigação propriamente dita revela que os meteorologistas que preveem a chuva são excecionalmente calibrados, com um mínimo de excesso de confiança.[33] O mesmo se aplica aos jogadores profissionais de *bridge* que fazem julgamentos sobre os chamados «contratos».[34] (Os amadores, pelo contrário, são excessivamente confiantes, como todos nós.) O que está a acontecer aqui?

A explicação óbvia é que os meteorologistas e os jogadores de *bridge* aprendem com os erros do passado. Há duas coisas que os colocam numa posição melhor do que o resto das pessoas.[35] Primeiro, tomam decisões altamente repetitivas. Os meteorologistas fazem sempre o mesmo tipo de previsão. Todos os dias têm de calcular a probabilidade de chuva com base num determinado conjunto de observações. Os jogadores de *bridge* também tomam decisões repetidas do mesmo tipo. Qual é a probabilidade de um certo contrato agora? E agora? E agora? Em segundo lugar, e isso é fundamental, os meteorologistas e os jogadores de *bridge* recebem um *feedback* regular, imediato e inequívoco. Os meteorologistas vão saber se choveu ou não no dia seguinte à sua previsão. Os jogadores de *bridge* saberão o que aconteceu depois da mão anterior. O *feedback* é confiável. É rápido e claro. Tudo isso os ajuda a aprender com os erros do passado, o que, por sua vez, melhora a sua calibração ao longo do tempo. Os estudos de laboratório confirmaram que o excesso de confiança pode ser reduzido quando as pessoas recebem *feedback* frequente, imediato e inequívoco.[36]

Estes estudos sugerem duas coisas que podemos fazer.

Primeiro, devemos tentar fazer juízos claros e inequívocos. Baruch Fischhoff ironiza que, se o leitor quiser ganhar a vida como meteorologista, deve especificar um valor ou um tempo, mas nunca os dois ao mesmo tempo. Se insiste em prever que um índice do mercado de ações atingirá um determinado número, certifique-se de não dizer quando é que isso vai acontecer. Se insiste em prever que algo vai acontecer num determinado momento, certifique-se de não dizer o quê. Desta forma, não importa o que aconteça, pode sempre alegar que foi justificado — ou pelo menos não foi provado que estava errado. Mas esta estratégia é o oposto do que deseja caso pretenda ser epistemologicamente humilde. Certifique-se de especificar o que prevê que vai acontecer, quando acha que isso vai acontecer e sob que condições não acontecerá. Idealmente, vai querer colocá-lo por escrito. Só então obtém o tipo de previsão inequívoca que pode ser comparada com o *feedback* sobre os resultados de uma forma que não permita a predisposição para a confirmação e enviesamento retrospetivo.

Em segundo lugar, devemos buscar *feedback* sobre os resultados sempre que pudermos. Se fizer uma previsão, tente descobrir se tinha razão ou não. Houve estudos que concluíram que as pessoas — incluindo especialistas que fazem julgamentos dentro da sua área de especialização — são muito boas a explicar qualquer coisa que corra mal. Philip Tetlock descobriu que as pessoas costumam insistir que «tinham razão», mesmo quando estavam claramente erradas.[37] Com certeza, o resultado salienta a importância de fazer previsões claras e de as confrontar com um *feedback* inequívoco.

Outra corrente de investigação sugere uma terceira coisa que podemos fazer: considerar as razões pelas quais estamos errados. Se acha que vai chover amanhã, pergunte-se se há algum motivo para o sol brilhar. Se acha que o valor da sua casa pode aumentar, pergunte-se em que cenário o valor pode baixar. Se acha que o partido do governo pode perder as próximas eleições, pergunte o que pode levá-lo a vencer. Considerar as razões pelas quais podemos estar *errados* não é algo que surja naturalmente. Estamos muito mais habituados a considerar as razões pelas quais temos *razão*. No trabalho escrito, bem como em conversas casuais, muitas vezes espera-se que justifiquemos as coisas que dizemos à luz de evidências. Em antecipação aos pedidos de evidências positivas, preparamo-nos pensando nas razões pelas quais estamos certos. Estamos prontos para os apresentar quando solicitados, tudo isso é normal. Mas há uma desvantagem. Quando todas as razões pelas quais podemos estar certos são as que vêm à mente, corremos o risco de sobrestimar a probabilidade de estarmos certos. Quando temos acesso fácil a estas razões, elas parecerão mais prováveis do que realmente são.

Asher Koriat *et al.* demonstraram através de experiências que listar razões contraditórias melhora a calibração das pessoas.[38] Os autores descobriram, como esperado, que as pessoas são melhores a produzir evidências positivas do que negativas. Porém, mais importante, os autores também descobriram que forçar as pessoas a considerar evidências negativas melhorou a calibração. O facto de pedir apenas às pessoas que listassem as razões pelas quais podiam estar erradas levou a julgamentos de confiança mais apropriados. (Ao considerarem evidências positivas, já não aconteceu o mesmo.) Como os autores indicaram, as pessoas que se preocupam com a calibração devem gastar mais tempo e esforço a arranjar e a avaliar evidências.[39] No entanto, é pouco provável que o tempo e o esforço gastos na produção de evidências positivas melhorem o seu grau de calibração. O que precisa de fazer é arranjar e avaliar as evidências *negativas*. Isso é muito mais difícil. Mas neste estudo, de qualquer forma, é a única intervenção que surtiu um efeito positivo.

Don Moore descreve que «considerar o oposto» — perguntar a si mesmo por que motivo pode estar errado — é «a estratégia de eliminação de enviesamento mais simples e multifuncional identificada por investigadores de decisão».[40] Mas apresenta uma nova reviravolta no conselho. Ele sugere considerar outras perspetivas.[41] Ou seja, procurar e ponderar a perspetiva de alguém que discorda de si. Parece fácil, mas é surpreendentemente difícil. Suponha que acredita que a Rússia iniciará outra guerra nos próximos cinco anos. Moore propõe que pense em alguém em cujo julgamento confia, mas que discorda de si em relação a futuras guerras russas. Ele quer que tente colocar-se no lugar dessa pessoa, perguntando em que experiências e outras evidências podem basear-se e que linha de raciocínio pode tê-los levado à conclusão oposta. Isso irá forçá-lo a pensar nas razões pelas quais pode estar errado. Imagine que acredita que este é um bom momento para investir em ações de companhias aéreas. Moore propõe que pense na pessoa que está do outro lado dessa transação. Para comprar uma ação, tem de haver outra pessoa a vender. Essa pessoa pode ser um investidor amador, assim como o leitor. Mas é mais provável que essa pessoa seja um profissional — alguém que negoceia ações para ganhar a vida, que tem uma formação adequada e acesso a todos os tipos de informações exclusivas. Mais uma vez, o leitor quer refletir sobre o que pode ter levado essa pessoa a decidir que agora seria um bom momento para vender. Fazer isso irá forçá-lo a considerar os motivos pelos quais você pode estar errado.

Procurar e avaliar a perspetiva de alguém que discorda de si significa conviver com pessoas que rejeitam as suas suposições, conclusões e formas de raciocínio. Vai querer identificar essas pessoas. (Os malucos do outro lado não contam.) Vai precisar de tentar ver o mundo como eles o veem. Terá de os envolver em conversas respeitosas e mutuamente saudáveis. Pode até desejar cultivar uma amizade com essas pessoas. Mais uma vez, isso pode ser desconfortável — difícil, até. Estamos muito mais habituados a estar com pessoas que concordam connosco. Mas se estiver interessado em melhorar a sua calibração, esta é uma boa coisa a fazer. Como diz Moore: «O desacordo dos outros é… uma dádiva valiosa, mas nem sempre é fácil apreciá-lo.»[42]

Construir equipas à prova de excesso de confiança

Até agora, falámos sobre coisas que podemos fazer para promover a humildade epistémica e evitar o excesso de confiança a nível individual. Mas muitas vezes não estamos menos interessados nos aspectos sociais do excesso de confiança. Existe algo que possamos fazer para desenvolver uma cultura mais propícia à humildade epistémica? Podemos construir equipas à prova de excesso de confiança? Existe, e podemos.

Deixe-me começar com o «círculo de competência» — uma ideia do lendário investidor Warren Buffett. Uma «Carta do presidente» aos acionistas, em 1996, expôs a ideia básica.[43] O seu círculo de competência é o espaço das coisas que conhece bem. Pode incluir as coisas que conhece e as que sabe fazer. Toda a gente tem um círculo de competência. Todos nós sabemos alguma coisa. Nenhum de nós sabe tudo. Os nossos círculos provavelmente sobrepõem-se. Há coisas que eu e o leitor sabemos fazer. Ambos sabemos atar os sapatos, talvez, ou visualizar um círculo. Mas a sobreposição é apenas parcial. Há coisas que o leitor sabe que eu não sei, e vice-versa. De qualquer forma, o que importa na ideia de Buffett não é que os nossos círculos sejam muito pequenos. O tamanho em si não é um problema. A questão é que precisamos de saber onde estão os seus limites. Segundo ele:

> Eu diria que o mais importante nos negócios, e nos investimentos, que considero ser a mesma coisa, do nosso ponto de vista, é conseguir definir com precisão o seu círculo de competência. Não é uma questão de ter o maior círculo de competência. Eu tenho amigos que são competentes numa área muito mais abrangente do que a minha, mas saem dos seus limites.[44]

Não é o tamanho que importa, mas sim os limites.

Buffett descreve um dos seus gestores de negócios, uma imigrante russa, que não sabia *nada* sobre ações e coisas do género.[45] Ela tinha conhecimentos sobre dinheiro e móveis. Construiu um negócio de móveis espetacularmente bem-sucedido. O segredo do seu sucesso foi conhecer o seu círculo de competência — e permanecer dentro dele. Buffett cita Tom Watson Sr. fundador da IBM: «Não sou nenhum génio. Sou inteligente em alguns pontos, e não me afasto daí.»[46] É essa a ideia.

A conexão com o excesso de confiança é óbvia. Enquanto permanecer dentro do seu círculo de competência, o seu grau de excesso de confiança será limitado. É provável que esteja razoavelmente calibrado. No momento em que sai do seu círculo de competência, porém, a ameaça de excesso de confiança torna-se mais aguda. Isso verifica-se especialmente se não tiver a certeza de onde estão os limites e ainda achar que está dentro do seu círculo. Nesse caso, esteja preparado para que o grau de excesso de confiança aumente.

Conhecer os nossos círculos de competência é útil para nós enquanto indivíduos. Mas não é menos útil para um empregador, gestor, supervisor ou outro cargo semelhante. Se tem algo a dizer sobre o que as outras pessoas fazem, quando e como o fazem, então precisa de estar atento ao seu círculo de competência. Desde que deixe as pessoas fazerem o que elas fazem melhor, não precisa de se preocupar tanto com o excesso de confiança. Se as deixar — ou, pior, as incentivar — a afastarem-se muito do seu círculo, estará a fazer um convite ao excesso de confiança. Isto verifica-se especialmente, é claro, se elas *pensarem* que permanecem dentro do círculo — talvez porque as levou a isso, ou permitiu que elas pensassem assim.

Portanto, essa é a primeira coisa a ter em mente: conheça o seu círculo de competência.

A segunda coisa a ter em mente é evitar selecionar por excesso de confiança. Parece óbvio, mas não é. Se é um empregador, gestor, investidor ou o que quer que seja, terá algum grau de influência sobre as pessoas com quem trabalha, quem ouve e em quem confia. Como eu disse anteriormente, é fácil confundir confiança com competência. Se contratar os candidatos mais confiantes, é praticamente garantido que ficará rodeado de funcionários com demasiada confiança. Se promover o colega de trabalho mais seguro de si, provavelmente acabará com uma liderança excessivamente confiante. Se ouvir o indivíduo que fala mais alto e com mais convicção, é provável que receba conselhos excessivamente confiantes. Eu digo «indivíduo» porque é provável que essa pessoa seja do sexo masculino. Se o favorece, é provável que desfavoreça colegas femininas muito mais calibradas. A longo prazo, todos ficarão em pior situação.

A terceira coisa é encorajar as pessoas a fazer previsões claras e inequívocas e a fornecer *feedback* de qualidade. Agora, a maioria das organizações é mais ou menos orientada por dados, mas ainda vale a pena ter isso em mente. Obviamente, os dados não podem simplesmente ficar parados. Vai precisar de vincular a previsão ao resultado e avaliar honestamente qualquer discrepância.

A quarta coisa é desenvolver uma cultura na qual as pessoas se sintam confortáveis para expressar um grau plausível de calibração. Isso significa promover um ambiente em que as pessoas se sintam à vontade para admitir que não sabem algumas coisas. Em alguns contextos, essa admissão é considerada vergonhosa e pode ser recebida com escárnio e troça. Esses ambientes incentivam as pessoas a fingir que sabem coisas que não sabem e convidam ao excesso de confiança. Em vez disso, precisamos de reforçar expressões de ignorância ou incerteza. Precisamos de expressar o nosso apreço pelas pessoas que *não* estão dispostas a agir com confiança.

Quando comecei a docência universitária, tinha cerca de 25 anos e era mais jovem do que alguns alunos da turma. Sentia-me desesperado para não parecer ignorante e incapaz de responder às perguntas dos alunos. Com o passar dos anos, porém, percebi que não custa nada confessar que não sei a resposta a todas as perguntas. Na verdade, alguns alunos parecem apreciar francas admissões de ignorância. Muitas vezes é suficiente dizer: «Vou investigar» e voltar ao assunto. Por vezes, devolvo a pergunta à pessoa que a faz: «O que acha?» Acontece que, quando as pessoas fazem uma pergunta, muitas vezes já têm uma ideia da resposta e ficam gratas pela oportunidade de a articular. Aa admitir ignorância e incerteza, parece-me, pode realmente obter mais respeito do que se não o fizer.

Portanto, aqui está algo que pode fazer, especialmente se estiver, de alguma forma, numa posição de liderança: seja um bom exemplo! Admita que não sabe o que não sabe. Admita a incerteza quando não tiver certezas. Mostre que não há vergonha em confessar ignorância pedindo a opinião honesta dos outros. E quando outras pessoas admitirem a sua própria ignorância, certifique-se de responder com apreço, em vez de desprezo ou troça. Agradeça-lhes por serem honestos — e pode até confessar-lhes que também não sabe.

Desenvolver uma cultura na qual as pessoas se sintam confortáveis para expressar um grau razoável de calibração também significa promover um ambiente em que as pessoas se sintam à vontade para admitir que erraram. Mais uma vez, em alguns contextos, é considerado vergonhoso estar errado e embaraçoso ter de admitir que se errou. Estes ambientes encorajam as pessoas a evitar admitir que erraram no passado. Na pior das hipóteses, estes ambientes levam-nos a intensificar o que (em algum nível) já sabemos que estava errado. Estes ambientes também convidam ao excesso de confiança. Em vez disso, precisamos de reforçar o reconhecimento de que estávamos errados. Precisamos de expressar a nossa gratidão perante as pessoas que estão dispostas a confessar que cometeram erros.

Então, mais uma vez: seja um bom exemplo. Admita que estava errado quando estava. E quando as pessoas confessarem os seus próprios erros, não se esqueça de expressar a sua gratidão. Evite a vontade de os ridicularizar.

Construir uma equipa à prova de excesso de confiança também envolve perguntar às pessoas os motivos. Quando as pessoas fazem várias afirmações — especialmente quando são muito confiantes —, pergunte-lhes que razão têm para pensar assim. Mas, ainda mais importante, pergunte-lhe que razões poderiam opor-se a isso.

Isto, por sua vez, exige a construção de uma cultura em que as pessoas se atrevam a fazer perguntas difíceis — mesmo, ou especialmente, aos chefes. Se punir as pessoas por desafiarem-no, certamente não receberá as perguntas difíceis de que precisa para diminuir o seu excesso de confiança.

E quando as coisas correm mal, o que inevitavelmente acontecerá, tente aprender as lições certas com o fracasso. Pergunte: «O que aconteceu, ao certo?», ou então «Que sequência de acontecimentos levou ao que aconteceu de errado?». Em seguida, prossiga com: «Como poderíamos ter evitado que aquilo acontecesse?». E, finalmente, pergunte: «O que podemos fazer de diferente para garantir que isso não aconteça outra vez?» Ter esta conversa vai obrigá-lo, e à sua equipa, a discutir todos os erros que foram cometidos, com o objetivo de ficarem mais calibrados e cometerem menos erros.

Debate

O grande economista austríaco Joseph Schumpeter é famoso por usar a expressão «destruição criativa» como uma forma de captar o potencial existente no capitalismo moderno tanto para a destruição como para a inovação. Schumpeter, que acabou por dar aulas em Harvard, afirmou que estabeleceu três objetivos para si mesmo na vida. Pretendia ser o maior economista do mundo, o melhor cavaleiro da Áustria e o maior amante de Viena. No final da sua vida, acrescentou, tristemente, que apenas tinha alcançado dois dos três (não disse quais.) Dado todo o trabalho sobre excesso de confiança, as suas causas e consequências, pode pensar que os economistas seriam o próprio modelo de humildade epistémica. Ficará chocado ao saber que não são.

Os economistas, de facto, podem ser mais confiantes do que a média das pessoas, especialmente quando surgem como especialistas em questões de política pública.[47] Isso é mau. Os economistas com excesso de confiança têm a tendência para exagerar os méritos e não conseguirem alcançar o que se esperava deles, o que os leva ao fracasso. O fracasso convida ao ridículo, o que os deixa com má imagem — especialmente quando é merecido. Como refere o economista Ken Binmore, «será que já não nos metemos em problemas suficientes ao reivindicar muito mais do que podemos dar? Certamente estou cansado de se divertirem a ridicularizar-me».[48]

Os economistas provavelmente seriam mais eficazes a longo prazo se moderassem a sua confiança. Como Robbins ressalvou: «Os economistas não têm nada a perder ao subestimar, em vez de exagerar, a extensão da sua certeza. De facto, só quando isso é feito é que se pode esperar que o poder esmagador para convencer o que subsiste poderá ter ação livre.»[49] De qualquer forma, o excesso de confiança persistente é o que devemos esperar, com base em pesquisas existentes.

Neste capítulo, dei alguns conselhos que pode usar para se tornar epistemologicamente mais humilde e desenvolver equipas à prova de excesso de confiança. Devia ser óbvio que isto é economia, mas, se não for, pense nas implicações para os negócios e investimentos. Também devia ser óbvio como o conselho explorado aqui difere do conselho apresentado noutros lugares. A abordagem económica é bastante distinta. O conselho é imediatamente prático: pode começar a implementá-lo hoje. E é baseado em meio século de dados. Nada disso garante que a sua equipa estará perfeitamente calibrada. Como vimos, o excesso de confiança é difícil de evitar. Ainda assim: os economistas comportamentais identificaram estratégias sustentadas em evidências. O leitor poderia fazer muito pior do que implementá-los na sua própria vida pessoal e profissional.

8
Como enriquecer

Quando o meu pai morreu inesperadamente em 2021, fiquei responsável por gerir o seu património. Ele era um homem excecionalmente inteligente e realizado. Foi piloto de caça e instrutor de voo da Força Aérea, engenheiro aeroespacial e, por fim, piloto de testes e engenheiro-chefe do *JAS 39 Gripen*, um jato de combate multifuncional de última geração. Mas quando soube qual tinha sido a sua estratégia de investimento, fiquei horrorizado: ele tinha investido grande parte das suas economias em exatamente três ações. Escolheu as três (pelo que percebi) com base no *feeling* que teve na época. Obviamente não lhe passou pela cabeça pedir conselhos a ninguém. Poderia ter perguntado a um profissional de investimentos. Talvez, na pior das hipóteses, pudesse ter perguntado ao filho, um economista doutorado.

Por vezes, os economistas respondem mal se lhes pedem conselhos sobre investimentos em festas, aviões e outros que tal. Os economistas consideram-se, antes de mais nada, cientistas sociais. Eles ressentem-se de serem confundidos com profissionais de investimento — ou, Deus me livre, professores de finanças. (Estes últimos costumam trabalhar em escolas de negócios, e não em departamentos de economia, e são considerados uma espécie totalmente diferente.) O desdém é lamentável. Isto pode desencorajar outras pessoas de pedirem conselhos.

Será que é preciso ser economista para ter um bom desempenho em termos financeiros? Claro que não. A economia pode ajudar? Sem dúvida! Os economistas têm muito a ensinar sobre o comportamento financeiro. O conselho deles aplica-se caso o leitor queira enriquecer, como refere o título do capítulo. Mas também se aplica se deseja acumular um modesto pé-de-meia ou apenas livrar-se das dívidas. Aplica-se mesmo que o seu objetivo seja poupar algum dinheiro para poder doá-lo a alguém que precise mais do que você. O conselho é teoricamente fundamentado e imediatamente prático. São coisas nas quais pode começar a trabalhar hoje.

Aqui, irei focar-me em quatro conselhos diretos: (1) economize quando puder. (2) Invista em fundos indexados, não em ativos individuais. (3) Peça crédito de forma criteriosa. E finalmente: (4) melhore as suas competências. O conselho pode parecer tão óbvio para o economista profissional que nem vale a pena especificá-lo. Mas, como revela o exemplo do meu pai, até profissionais muito inteligentes e talentosos poderiam fazer uso dela. A pesquisa confirma a ideia de que muitas pessoas acham estes princípios pouco familiares ou mesmo contraintuitivos. E isso inclui as pessoas que se sentem realizadas profissionalmente e em termos académicos.

Os conselhos de investimento dos economistas baseiam-se em duas peças-chave: a teoria da escolha racional sob risco e a teoria dos mercados eficientes. Os economistas utilizaram inquéritos e experiências para estudar a literacia financeira — basicamente, as competências necessárias para fazer escolhas sábias sobre dinheiro. Os resultados são um tanto alarmantes. Os inquéritos revelam que a maioria, incluindo pessoas altamente instruídas, carece da literacia financeira necessária para realizar tarefas elementares, como escolher um cartão de crédito ou obter um crédito à habitação com sabedoria. Por fim, os economistas têm uma história para contar em relação às razões por que as pessoas não agem de acordo com os seus conselhos. A história vem da economia comportamental, a vertente da economia moderna que incorpora ideias da psicologia. A história sugere que muito do que as pessoas ouvem sobre estratégias de investimento é pior do que inútil e ativamente prejudicial. É mais provável que o faça tropeçar do que o oriente. Isso inclui, infelizmente, coisas que pode ter ouvido na escola de negócios ou lido na imprensa financeira.

Não há motivo para os economistas se ressentirem de falar sobre estratégias de investimento. As pessoas têm muito a aprender — e os economistas têm muito a ensinar.

Uma advertência: quando dou conselhos sobre como enriquecer, o que espero dar são diretrizes que as pessoas comuns poderão usar tendo em conta a sua situação e que lhes dará, uma hipótese tão boa como qualquer outra. Se não for uma pessoa comum — se for o Tiger Woods ou um profissional de investimentos —, o conselho pode não se aplicar a si. Como dizem os economistas, este é um conselho que se aplica «na margem». O objetivo é ajudá-lo a progredir a partir de onde se encontra, e não de onde não está. Não estou a dizer que seguir o meu conselho é a única maneira de ganhar mais dinheiro. (Obviamente não é.) Mas ele é concebido, sobretudo, para lhe dar a melhor hipótese de enriquecer. Nada disto tem uma garantia de sucesso. Esse conselho não existe. As pessoas que oferecem esquemas de enriquecimento rápido estão a tentar enganá-lo. Seguir os conselhos que apresento aqui pode até deixá-lo mais pobre. O propósito é simplesmente dar-lhe a melhor expectativa possível — no sentido de que não há nenhum conselho alternativo que lhe dê melhores hipóteses.

Por fim, este capítulo não pretende explicar a pobreza nem culpar ninguém por ela. A questão não é a pobreza dever-se a más escolhas a nível individual, ou a pobreza dever ser atribuída a pessoas individuais e às suas decisões. Não é, e não deveria ser. Já vimos como os economistas querem lidar com a pobreza. O objetivo deste capítulo é explorar, especificamente, o que as pessoas podem fazer a partir de onde se encontram — «na margem» — para se livrarem das dívidas e construírem riqueza, se assim o desejarem.

Economize quando puder

Numa vida anterior, tive um colega que estava prestes a reformar-se. Vamos chamar-lhe Robin. Robin teve uma longa carreira académica, fazia parte de um programa de investigação e era professor. Agora tinha chegado o momento de se reformar. Havia apenas um problema: Robin não tinha poupanças e, portanto, não podia dar-se ao luxo de se reformar. Na época em que assumiu o cargo, optou por não participar no sistema de reforma oferecido pelo empregador. O esquema era altamente benéfico, visto que o empregador de Robin igualaria as suas contribuições. Mas Robin sentiu que não poderia dar-se ao luxo de participar. Ele não ganhava o suficiente como académico júnior e imaginou que começaria a poupar mais tarde. Agora, de repente, tinha passado da idade da reforma e sentia que não tinha escolha a não ser continuar a trabalhar.

Eu e alguns colegas receávamos que ele tivesse de trabalhar até termos de o carregar para fora do gabinete deitado numa maca.

O conselho mais óbvio é economizar quando puder, esteja a construir riqueza esteja a livrar-se das dívidas. Muitos americanos são como Robin. Não poupam nada, mesmo quando podiam. Numa investigação realizada em 2021, 25% dos entrevistados disseram que não tinham nenhuma poupança de emergência.[1] Mais de metade (51%) disse ter menos de três meses de poupanças para emergências. Os americanos mais jovens estão particularmente mal, como seria de esperar. Até 57% dos *millennials* seriam incapazes de cobrir três meses de despesas em caso de emergência.

Ter poupanças parcas torna-o vulnerável. A perda de um emprego, um desastre natural ou um acontecimento adverso relacionado com a saúde podem ser suficientes para o levarem à falência. Conheço famílias sólidas de classe média que se sentiram compelidas a abrir falência após contratempos relativamente pequenos, como um infeliz negócio imobiliário, um divórcio repentino ou algo semelhante. Se não tiver uma almofada para se apoiar, isso também pode acontecer consigo.

Nem toda a gente tem condições para poupar. Se hoje tem dificuldades para pagar as contas, economizar para o futuro pode não estar nos seus planos. Se tem dívidas no cartão de crédito, é recomendável pagá-las antes de começar a poupar. Quaisquer juros que ganhe com as suas economias provavelmente serão superados pelas taxas de juro que terá de pagar à empresa do cartão de crédito. Nem toda a gente precisa de poupar. Se é financeiramente independente, pode não querer saber se economiza ou não.

Mas muita gente poderia e deveria poupar para o futuro e não o faz. Robin teve um emprego remunerado durante toda a sua carreira e certamente poderia ter encontrado uma maneira de economizar 5% do seu salário. (Com a contribuição do empregador, isso chegava a 10%.) Parte do problema é que muita gente começa com salários baixos e poucas economias. Então, responde ao aumento dos salários aumentando as despesas num grau proporcional. Quando começamos um novo emprego ou somos promovidos, muitas vezes ficamos tentados a comprar um apartamento maior ou um carro mais caro, ou a adotar hábitos mais caros — eliminando assim as hipóteses de economizar para o futuro.

Muitas pessoas possivelmente conseguiriam reduzir um pouco os seus gastos. Mesmo economias menores podem fazer uma diferença enorme ao longo do tempo. Para descobrir o que aconteceria, só precisa de matemática de nível médio e alguns princípios básicos de economia.[2] Suponhamos que ganha 100 unidades de dinheiro por ano e consegue economizar 5%. Isso significa que, a cada ano, pode colocar cinco unidades de dinheiro na sua conta bancária.

Imagine, primeiro, que não há juros: em cinco anos, terá 25 unidades de dinheiro na sua conta bancária — o suficiente para cobrir despesas de três meses no caso de ter uma emergência. Vinte anos depois, terá um ano de salário guardado. Quarenta anos depois, dois anos de salário. A essa altura, pode estar a aproximar-se da idade da reforma, quando o dinheiro será útil.

No mundo real, porém, pode investir o seu dinheiro de forma a render juros. Suponha, novamente a título informativo, que pode ganhar 10% ao ano investindo num fundo indexado (ver abaixo). Isto está aproximadamente de acordo com os dados históricos, embora o futuro possa ser menos brilhante.[3]

Ano 1 Junta 5 unidades no dia 1 de janeiro. No dia 31 de dezembro, acumulou 0,5 de juros. Mas ainda tem 5, então o seu saldo é 5,5.

Ano 2 Junta mais 5, então o seu total no início do ano é de 10,5. Até ao final do ano, ganhou 10% de juros sobre o total, o que significa 1,05. O seu saldo passa a ser 11,55.

Ano 3 Tem mais 5 para guardar. Isso é 16,55 no início do ano e 16,55+1,655 = 18,21 no final.

A Figura 6 dar-lhe-á uma boa ideia do impacto. Passados 20 anos, terá 281 unidades de dinheiro na sua conta. Isso corresponde a quase três anos de salário. Depois de 40 anos, se conseguir continuar a poupar, terá 2434. Isso é mais do que 24 anos de salário! Se começar a poupar aos 25 anos e se reformar aos 65, terá dinheiro suficiente para manter o seu padrão de vida até aos 89 anos.

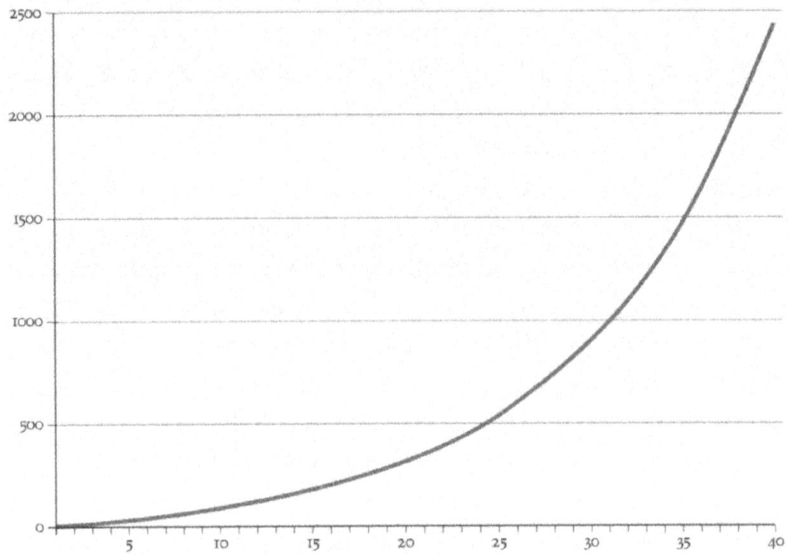

Figura 6: Poupanças totais anuais.

Observe a diferença entre poupar durante 20 anos e poupar durante 40. Se pretende reformar-se aos 65 anos, é a diferença entre começar a poupar aos 25 e aos 45. Se começar aos 25 anos, terá quase nove vezes mais dinheiro na sua conta quando se reformar.

Os números são inventados. Não estou a sugerir que iria ver estes retornos exatos se seguisse o meu conselho. O resultado depende de uma série de fatores que não pode controlar — e eu também não. Se não tiver sorte, pode fazer o que eu digo, mas acabar com muito menos dinheiro quando se reformar. A inflação pode comer muito dos seus ganhos. Mas também pode acabar com mais. Nestes exemplos, assumi que o seu salário e taxa de poupança (5%) permanecem constantes ao longo da sua carreira. Se for promovido, receber aumentos anuais para acompanhar a inflação ou conseguir economizar mais com o tempo, poderá acabar ainda com mais dinheiro do que estes cálculos sugerem.

O meu caso foi mais semelhante ao Robin do que gostaria de admitir. Apenas comecei a economizar a sério depois de estar no meu terceiro emprego, após a pós-graduação. Antes disso, era uma daquelas pessoas que aumentava os gastos sempre que os rendimentos aumentavam. Gostaria de poder dizer que recuperei espontaneamente a razão, mas nem isso seria verdade. Apenas comecei a poupar quando um funcionário do banco me pressionou nesse sentido. Mas, assim que o fiz, fiquei surpreendido com a rapidez com que o dinheiro se acumulou. Embora conhecesse a teoria por detrás da Figura 6, não estava emocionalmente preparado para a sua eficácia. E a almofada fornecida pela poupança já foi útil em várias ocasiões.

Invista em fundos indexados

O que é que faz com as suas economias, depois de as ter? Se perguntar aos economistas, eles dirão para investir em *fundos indexados*. O que não deve fazer é o que o meu pai fez, investir em ativos individuais. Ao investir num fundo, não possui ativos individuais, como ações do Google. Em vez disso, possui uma parte de uma coleção (possivelmente muito grande) de ações ou outros ativos. Um fundo indexado é uma coleção de ações ou outros ativos vinculados a um índice. O índice pode ser o Standard & Poor's 500, o Dow Jones Industrial Average ou algo idêntico. Um fundo indexado é construído para acompanhar o índice: sobe quando o índice sobe e desce quando o índice desce.

Há toda uma série de piadas sobre como os economistas não conseguem concordar em nada. «Se todos os economistas do mundo fossem colocados lado a lado, não chegariam, mesmo assim, a uma conclusão.» «Se colocar dez economistas numa sala, obterá 11 opiniões.» «A economia é o único campo em que duas pessoas podem dividir um Prémio Nobel por dizerem exatamente o oposto.» Mas quando o Fórum IGM da Universidade de Chicago perguntou aos principais economistas sobre os fundos indexados, todos os que responderam concordaram que são a melhor escolha.[4] Sem exceções.

Tenha em consideração o que isso significa, no entanto. Quando os economistas dizem que os fundos indexados são a melhor escolha, não querem dizer que o resultado seja necessariamente bom. Se o índice cair, o fundo perderá valor. Nem estão a dizer que o resultado é necessariamente melhor do que cada ativo individual. *A posteriori*, o leitor pode sempre identificar pelo menos uma ação que correu melhor do que o índice como um todo. O que eles querem dizer é que, *com o tempo*, não há outro investimento que lhe dê uma perspetiva melhor de riqueza. Não há investimento alternativo que lhe dê uma expectativa melhor.

Há uma exceção: se tiver informações privilegiadas — informações relevantes referentes ao preço de uma ação que não estão disponíveis para outros participantes do mercado. O comércio de informações privilegiadas pode ser muito lucrativo, mas também é ilegal. Eu não o encorajaria a tentar.

O que é que os fundos indexados têm que faz com que os economistas gostem tanto deles? Têm pelo menos três coisas.

Primeiro, em comparação com outros fundos, são *baratos*. Os profissionais que gerem os fundos de todos os tipos geralmente recebem uma percentagem dos ativos que gerem. O leitor paga-os independentemente de o fundo aumentar ou diminuir. Os fundos indexados são fáceis de gerir. A razão é que o gestor de um fundo indexado não faz muito além de identificar um conjunto de ações que fará com que o fundo se comporte como qualquer índice ao qual esteja vinculado. Além de reequilibrar o fundo de tempos em tempos, o gestor pode sentar-se passivamente e deixar o fundo fazer o seu trabalho. Por outro lado, um fundo de gestão ativo é aquele em que os gestores estão continuamente a comprar e a vender com o objetivo de vencer o mercado. Gerir ativamente um fundo requer mais trabalho. Por isso é mais dispendioso.

A diferença de preço entre fundos passivos e ativos é enorme. O custo de gerir um fundo é expresso em *índices de despesas*. Esta é a parcela de todos os ativos que é gasta na gestão. Sai do seu dinheiro. Pode pensar nisso como o preço que paga pelo benefício de investir no fundo. No momento em que escrevo, os fundos indexados da minha instituição financeira têm um índice de despesas à volta de 0,05%. Se eu investir 1000 dólares com eles, pago 0,50 por ano. O fundo de gestão ativo mais caro com a mesma instituição tem um índice de despesas de 1,27%. Pode não parecer muito. Mas se eu investir 1000 dólares com eles, pago 12,70 dólares por ano. Os dois números diferem por um fator de 25! Esta diferença pode traduzir-se em muito dinheiro ao longo da vida — especialmente se se sair bem e os seus ativos continuarem a crescer. Os fundos indexados são um ótimo negócio, em comparação com outros fundos.

Estes números serão diferentes, quando estiver a ler isto. Se aceder ao *site* de um banco ou instituição financeira, poderá obter uma lista de todos os fundos que eles oferecem. Também deve poder ordená-los por proporção de despesas, do menor para o maior. Desta forma, pode ver os números que se aplicam a si, agora. Se tem dinheiro para investir, basta olhar para os três a cinco fundos no topo. O mais certo é poder ignorar os restantes em segurança.

Depois, os fundos indexados permitem que *diversifique*. Isto significa que não coloca todos os ovos no mesmo cesto. Pode valer a pena refletir, por um segundo, sobre por que razão *não deve* colocar todos os ovos no mesmo cesto. Imagine que coloca todos os seus ovos em cestinhos individualizados. Provavelmente, pode deixar cair um, se o fizer. Mas deixar cair um cesto com um ovo não é preocupante quando tem tantos outros que não caíram. Enquanto isso, seria pouco provável que deixasse cair todos os cestos com todos os ovos. Ainda bem, porque partir todos os seus ovos seria muito mau. Aplicam-se princípios semelhantes aos investimentos. Se investe num fundo composto por muitas ações diferentes, é muito provável que uma delas tenha um desempenho inferior ao do mercado. Isto não é um problema. Contudo, é extremamente improvável que isso aconteça com todas. Quando investe num fundo indexado, não precisa de se preocupar com os valores das ações individuais. Todo o fundo, por construção, nunca ficará abaixo do índice de mercado ao qual está vinculado. (Nem vai superá-lo, é claro.)

Investir, especialmente em ações individuais, é uma atividade inerentemente arriscada. Mas, comparativamente, os fundos indexados são seguros. São uma aposta muito mais segura do que as ações individuais. E, em geral, também são muito mais seguros do que os fundos de gestão ativos. Investir em fundos indexados dá mais segurança, nesse sentido, por um preço menor. Isso é muito bom.

Por fim, é plausível que os fundos indexados tenham um desempenho tão bom como qualquer outro investimento. Esta última parte pode soar surpreendente. Como esperar que um fundo indexado tenha um desempenho tão bom quanto um gerido ativamente? Não é óbvio que os gestores inteligentes e ativos podem vencer o mercado se lhes pagar para fazer isso? Não. É aqui que entra a teoria dos mercados eficientes.

A economista Deirdre McCloskey explica melhor. «Encare como axioma do comportamento humano que as pessoas apanham notas de 500 dólares do passeio», escreve.[5] Se encontrasse esse dinheiro a caminho de casa hoje, iria apanhá-lo. Eu sei que sim. Talvez devêssemos devolver a nota ao seu legítimo dono; talvez a guardássemos. De qualquer forma, não a deixaríamos no chão. McCloskey dá-lhe o nome de princípio de *Axioma da Ganância Modesta*. Como ela salienta, não é controverso. Se duvida, convido-o a fazer um teste no seu bairro — ou melhor, por favor, no meu.

O axioma tem uma implicação particularmente interessante. É a seguinte: «Hoje não existe nenhum passeio nas imediações da sua casa em que haja uma nota de 500 dólares.» Chame-lhe *Teorema da Ganância Modesta*. Como McCloskey poderia saber disso? Bem, segundo ela, se houvesse ali uma nota de 500 dólares, em algum momento antes de agora, o Axioma da Ganância Modesta diz que alguém já a teria apanhado. Então, por contradição, não existe uma nota de 500 dólares para o leitor apanhar atualmente.

A questão generaliza. Imagine que um indivíduo se aproxima de si com algum tipo de esquema de enriquecimento rápido. Talvez diga: «Dê-me o seu dinheiro e eu devolvo-lhe 100 vezes mais». O que ele está a dizer é que há muitas notas de 500 dólares em algum passeio, que ele sabe onde estão e que, se lhe der o seu dinheiro primeiro, ele irá apanhá-las por si. O homem está a mentir. Não há uma pilha de notas de 500 dólares em qualquer lugar para ele ir buscar. Se houvesse, alguém já as teria apanhado. Quanto mais não seja, o indivíduo poderia facilmente tê-las apanhado ele mesmo, sem o envolver a si no seu esquema. Pode assumir com segurança que esse homem é uma fraude.

Generalizemos esta questão ainda mais. Suponha que algum indivíduo ou instituição o aborda com uma oferta. Pode dizer «Dê-nos o seu dinheiro e nós iremos pagar-lhe de forma generosa», convidando-o a investir em ações de nicho, a mais recente invenção da *blockchain* e das criptomoedas ou NFT (*non-fungible token*). O que eles estão a dizer é que sabem onde está o dinheiro de graça e, se pelo menos tiverem o seu dinheiro primeiro, irão garanti-lo. Se realmente soubessem onde estava o dinheiro de graça, poderiam facilmente ter investido o seu próprio dinheiro. Mas eles querem investir o seu. O que é que isso lhe diz a si?

Para concluir, nenhum fundo ou outro modelo pode superar o mercado de forma confiável e previsível de maneira significativa, pelo menos a longo prazo. Após o sucedido, o leitor pode sempre identificar ações ou fundos individuais que superaram o mercado e tiveram melhores resultados do que o índice. Mas *antes* do sucedido, não pode identificar com segurança qual será. Após o sucedido, também consegue identificar quem ganhou nas *slot machines*. Antes do sucedido, não consegue. É a mesma coisa. Os mercados são, em geral, eficientes. Há muitas pessoas inteligentes por aí à procura de dinheiro de graça. Se houvesse algum, já o teriam recolhido. O leitor pensar que consegue equivale a acreditar que há dinheiro grátis apenas à espera de ser apanhado.

Há alguém que garante ganhar dinheiro quando o leitor investe num fundo. Não é você. É o gestor do fundo. Como sabemos, eles recebem uma fração dos seus ativos, independentemente do desempenho. No póquer há um ditado: «Todas as mesas têm um otário. Se não sabe quem é, é você.» Algo muito semelhante está a acontecer nos mercados. Há muita gente inteligente em busca de oportunidades. As oportunidades em causa serão muitas vezes uma questão de encontrar pessoas para explorar. Se não sabe quem está a ser roubado, pode assumir que é você.

A questão também se generaliza para os economistas. Os economistas recebem muitas críticas por serem incapazes de prever coisas como preços de matérias-primas e quebras do mercado de ações. Mas imagine que um economista fosse capaz de prever o preço do milho. O economista poderia rapidamente fazer uma fortuna. McCloskey refere: «Com um pequeno empréstimo sobre o património da sua casa ou sua reputação de seriedade, pode arranjar 500 mil dólares que depois se transformam em 500 milhões, e depois mais. Nada de mais.» Mas o economista não o faz, mesmo quando é sério. Não consegue. Se encontrar economistas que afirmam ser capazes de prever coisas assim, provavelmente estão iludidos ou são desonestos. Sinta-se à vontade para perguntar o que McCloskey apelida de Questão Americana: «*Se é tão inteligente, porque não é rico?*»

Depois de colocar algum dinheiro num fundo indexado, é importante deixá-lo em paz até precisar dele. Uma forma certeira de *perder* dinheiro é investir quando o mercado está a correr bem, depois entrar em pânico e vender os seus ativos numa recessão. Segure-se bem, mesmo que doa. Faça como a avestruz e nem olhe para as suas demonstrações financeiras.

Um artigo publicado no *Journal of Finance* em 2000 comparou investidores individuais que deixaram o seu dinheiro em paz com aqueles que negociaram ativamente para cronometrar a subida e a descida das ações individuais.[6] Durante um período em que o mercado geral subiu quase 17,9%, os investidores que negociaram mais fizeram 11,4%. As pessoas que negociavam ativamente eram excessivamente confiantes. Não eram tão boas a prever as oscilações do mercado como pensavam. Foram rapidamente castigadas pelos mercados. O título do artigo? «Negociar é Perigoso para a sua Riqueza.»

A única questão remanescente é se deve investir em ações ou títulos. Existem fundos indexados para ambos. Do nosso ponto de vista, existem duas diferenças principais. Historicamente, as ações valorizaram mais do que os títulos. Mas as ações flutuam mais, o que significa que são uma aposta mais arriscada. Em grande medida, a escolha resume-se a uma preferência pessoal. Será que consegue suportar oscilações maiores de modo a ganhar mais dinheiro no longo prazo? Em caso afirmativo, as ações podem ser para si. Consideraria uma queda rápida intolerável e talvez preferisse vender tudo? Nesse caso, os títulos podem ser para si. Em geral, quanto mais tolerante ao risco for, mais quererá optar por ações; quanto menos tolerante ao risco for, mais quererá optar por títulos.

Mas o seu horizonte de tempo também é importante. Se está a fazer poupanças a longo prazo — décadas ou mais — as ações podem ser a melhor escolha. As flutuações a curto prazo não têm importância, já que não vai lucrar de qualquer maneira. Se está a poupar para um prazo mais curto, as flutuações são muito importantes. Não quer correr o risco de ter de lucrar no meio de uma crise. Os títulos podem ser a escolha para si. Imagine que está a economizar para a reforma. É provável que prefira mais ações do que títulos quando é jovem, mas que queira mudar para mais títulos do que ações quando estiver perto da idade da reforma. Pode fazer isso, reequilibrando o seu portefólio a cada cinco ou dez anos. Ou então pode investir num fundo de reforma a baixo custo que faz isso por si. Existem fundos específicos para a sua faixa etária que tratam disso por si.

Investir em fundos indexados pressupõe que o seu objetivo é ter uma hipótese de criar riqueza. Existem outras razões para investir no mercado de ações, *bitcoins*, selos, vinhos requintados ou qualquer coisa que chame a sua atenção. Para algumas pessoas é um jogo, um *hobby* ou um estilo de vida. A julgar pelas biografias de algumas pessoas no Twitter, certos tipos de investimento são feitos por um certo tipo de pessoas. Se se revê nisso, e pode dar-se a esse luxo, a questão aqui não se aplica. Vá em frente e negoceie o quanto quiser. Existem muitos *hobbies* e passatempos que são mais estranhos e caros. As regatas do iatismo, em alto-mar, às vezes são descritas como sendo semelhante a ficar totalmente vestido num banho frio enquanto rasga notas de 100 dólares. E isso é feito por quem gosta!

Contraia empréstimos de forma criteriosa

Se poupar dinheiro é tão bom, pode parecer que pedir dinheiro emprestado é mau. Mas isto seria uma apreciação demasiado impulsiva. Os economistas acham que há razões muito boas para contrair empréstimos — se o fizer de forma criteriosa.

Há muitas evidências que sugerem que as pessoas em geral contraem demasiados empréstimos. Cerca de um quarto dos norte-americanos tem mais dívidas de cartão de crédito do que poupanças para emergências.[7] E o montante total de dívidas contraídas pelos americanos está a subir. Atingiu níveis recorde após o início da pandemia, enquanto o mercado de trabalho enfrentava dificuldades e os preços subiam. Em setembro de 2021, a dívida total das famílias atingiu 15,24 biliões de dólares.[8] Só a dívida do cartão de crédito aumentou 1,1 biliões de dólares do final de 2019 ao final de 2021. Enquanto isso, no momento em que escrevo este artigo, os gastos dos consumidores continuam a subir.[9]

Este nível de dívida vai colocar muita gente em apuros. A maior preocupação é que uma perda repentina de rendimento ou uma despesa de carácter urgente o torne incapaz de pagar a dívida. Quando pedimos dinheiro emprestado, comprometemo-nos a pagá-lo, com juros, em prestações num determinado prazo. Desde que cumpra o cronograma, tudo bem. Se falhar — mesmo que não tenha culpa —, as coisas podem piorar rapidamente. O credor pode impor taxas adicionais e aumentar a sua taxa de juro. Nesta situação, algumas pessoas sentem-se compelidas a pedir dinheiro emprestado a um segundo credor, que oferece taxas ainda piores, para pagar o primeiro. O ciclo pode facilmente levar a resultados muito maus, incluindo a falência pessoal. Cerca de 500 mil a 2 milhões de pessoas declaram falência todos os anos apenas nos EUA.[10] Os 25% que possuem mais dívidas de cartão de crédito do que poupanças para emergências estariam numa situação particularmente difícil se perdessem o emprego ou outra fonte de rendimento.

Algumas pessoas têm relutância em contrair empréstimos. Evitam pagar coisas com o cartão de crédito — ou usar qualquer um dos serviços que incentivam a comprar agora e pagar depois. Estas pessoas insistem em economizar primeiro e consumir depois. Um político eminente de onde resido é famoso por citar as Escrituras: «O rico governa o pobre, e o que pede emprestado é escravo daquele que empresta.»[11] As pessoas que nunca acumularam dívidas são, de facto, livres dessa forma. Este é um bom motivo para evitar dívidas.

Mas contrair empréstimos também pode conceder-lhe muita liberdade. É por isso que os economistas acham que há situações em que *devemos* pedir empréstimos — com cuidado.

Por vezes precisamos de dinheiro para ganhar dinheiro. Na Bíblia, a Parábola dos Talentos enfatiza: «Aquele que tem receberá mais terá em abundância. Quem não tem, até o que tem lhe será tirado.» Talvez precise de um curso para arranjar o emprego dos seus sonhos. Talvez precise de um carro para ir até lá. Talvez precise de comprar ferramentas para poder fazer o seu artesanato ou materiais para fazer a sua arte. Talvez precise de uma nova camisa ou um fato para ficar apresentável. Talvez precise de uma ama para poder ir trabalhar. Talvez precise de alguma margem de manobra para poder concentrar-se no futuro. Se precisa de dinheiro para ganhar dinheiro, um empréstimo é algo positivo. Partindo do princípio de que a receita obtida excede o custo do serviço do empréstimo, provavelmente será inteligente contrair um empréstimo. Talvez até muito inteligente.

O empréstimo também lhe permite que gaste quando precisar e pague quando puder. Muitas pessoas precisam de dinheiro a tempo para as férias, mas não têm nenhum até receberem o salário, uma ou duas semanas depois. Nessa situação, pode fazer sentido contrair empréstimos, mesmo com taxas de juro relativamente altas. Muitas pessoas precisam de dinheiro no início das suas carreiras, quando os filhos são pequenos, os salários são baixos e as despesas são altas. Muitos delas esperam ter mais dinheiro numa fase posterior da vida, quando os filhos terminarem a faculdade, os salários forem mais altos e as despesas passarem a ser mais modestas. Nessa situação, também pode fazer sentido pedir emprestado, mesmo por um longo período.

Os economistas falam em *alisamento do consumo*. Refere-se à manutenção de um padrão de vida um tanto constante ao longo do tempo, mesmo sob condições mutáveis. Pode pensar no alisamento do consumo como uma questão de redistribuição. O alisamento do consumo retira-lhe recursos numa fase da vida em que é relativamente rico para si mesmo numa fase da vida em que é relativamente pobre. Muitas pessoas são relativamente pobres quando estão no processo de constituir família — no início da carreira, quando os salários são baixos e as despesas associadas à compra da primeira casa e do carro da família, etc., são elevadas. Pode ser relativamente rico antes de os filhos nascerem, quando você e a sua mulher são novos — rendimento a dobrar sem filhos —, e mais tarde, quando está a aproveitar a reforma após uma longa carreira.

Há, portanto, muitas razões pelas quais contrair um empréstimo pode ser uma decisão inteligente. Pode até fazer sentido pedir um empréstimo e poupar ao mesmo tempo. Se os juros que paga da sua hipoteca forem menores do que os retornos do seu fundo indexado, faz sentido contrair dívidas de modo a investir. Aumentar a sua hipoteca para manter algum dinheiro na conta-poupança também lhe pode trazer liquidez — dinheiro para gastar rapidamente, evitando a cobrança de gastos inesperados no cartão de crédito. Mais uma vez, não deve pedir mais dinheiro emprestado do que aquele que pode pagar. Tem de levar em conta a possibilidade de perder o seu rendimento — por uma crise económica, uma doença prolongada ou invalidez — e as despesas inesperadas — em resultado de uma «obra divina» não planeada.

Se faz sentido contrair um empréstimo ou não numa determinada situação vai depender da taxa de juro. O juro é o preço que se paga para contrair um empréstimo. As taxas de juro variam drasticamente, dependendo de onde reside, quem é e qual o objetivo do empréstimo. No momento em que escrevo, os juros da minha hipoteca são de 1,25%, da minha linha de crédito, de 3,50%, e do cartão de crédito, de 15,50%. Pedir dinheiro emprestado a uma empresa de cartões de crédito é dez vezes mais caro, em termos de juros, do que hipotecar a sua casa. Se não possui nenhuma dívida, isto não é importante; se tem, é extremamente importante. Mas estas taxas de juro são todas completamente ofuscadas pelos juros cobrados pelos estabelecimentos de crédito consignados, cujas taxas de juro (anuais) podem ascender a mais de 600%.[12]

Se pedir um empréstimo, e tudo correr como esperado, vai querer pagar o mínimo de juros possível. Normalmente, isso significa obter uma hipoteca, se possível, uma linha de crédito, se necessário, e um cartão de crédito, se for absolutamente necessário. É melhor evitar estabelecimentos de empréstimo consignado, exceto possivelmente no caso de uma emergência, como uma ponte para uma solução mais sustentável. Se contraiu vários empréstimos de várias fontes, veja se consegue reduzir o valor total dos juros que paga. Transfira as dívidas dos cartões de crédito para linhas de crédito e as linhas de crédito para uma hipoteca (se puder).

O problema com as dívidas é que são muito mais fáceis de acumular do que de pagar. Se está a pensar contrair um empréstimo para cobrir algumas despesas, pode ser-lhe útil pensar no futuro à maneira de Bryan Caplan. Suponha que está a pensar em pedir um empréstimo para comprar uma mala nova e amortizá-lo em 36 meses. Até quando é que essa mala lhe vai despertar alegria? Se a resposta for que a mala lhe vai trazer alegria todos os meses daqui até à eternidade, então fazer um empréstimo pode fazer sentido. (Isso pressupõe que a alegria que ela desperta supera a dor de pagar as prestações mensais.) Se a resposta for que o interesse vai diminuir e pode desaparecer por completo, as coisas já são bastante diferentes. Imagine que se adapta à sua nova aquisição de modo que a mala desperte mais alegria do que as prestações dolorosas por apenas três meses. Neste caso, está a olhar para três meses de alegria líquida, seguidos de 33 meses de sofrimento líquido. Esta perspetiva pode tornar a compra muito menos atraente.

Sempre que não tiver certeza se uma compra vale a pena, considere economizar primeiro e fazer a compra depois. Se poupar durante 36 meses antes de fazer a compra, poderá perceber que a mala saiu de moda e se tornou completamente desinteressante para si. Neste caso, pode já não fazer a compra e ficar apenas com o dinheiro.

Existe mais um motivo para adiar o consumo, se puder. O economista comportamental George Loewenstein estudou os prazeres (e as dores) da antecipação. Ele defende que adiar o consumo pode *aumentar* o seu contributo para o bem-estar de uma pessoa. Os seus estudos revelam que muitas vezes as pessoas preferem adiar experiências que lhes dão prazer, como um beijo a uma estrela de cinema à sua escolha. Uma parte significativa da alegria que retiramos de um acontecimento positivo é o que Loewenstein chama de «saborear». Essa é a sensação agradável que sentimos ao antecipar coisas boas. Podemos, portanto, aumentar a quantidade total de utilidade que obtemos de coisas boas, adiando-as para o futuro. O reverso dessa moeda é que uma parte significativa do desprazer que retiramos de experiências negativas é «pavor». Essa é a sensação desagradável que sentimos ao antecipar acontecimentos negativos. Consequentemente, as pessoas muitas vezes preferem apressar as experiências desagradáveis, como um choque elétrico. Podemos, pois, diminuir a quantidade total de inutilidade que obtemos das coisas negativas, arrastando-as para o presente. Isso sugere que as festas de aniversário surpresa são um erro, porque eliminam toda a parte de antecipar o prazer do objeto das comemorações. Mais importante, porém, sugere que temos motivos para reprimir o desejo de satisfação instantânea e empurrar as coisas que desejamos para um futuro mais ou menos remoto. Poupar primeiro e consumir depois não só permite que poupe nos juros, mas também lhe dá algo por que esperar. Isso conta muito.

Melhore as suas competências

A A&W Restaurants é uma rede americana de *fast-food*. A rede é famosa não só pelos hambúrgueres, mas também por estar no centro de um dos mais famosos fracassos de *marketing* de todos os tempos. Na década de 1980, a A&W decidiu enfrentar a McDonald's melhorando o hambúrguer principal deles, o Quarter Pounder. Como o nome sugere, contém um quarto de libra* de carne bovina. Numa tentativa de ganhar mercado, a A&W decidiu oferecer a mesma coisa, mas com carne mais fresca. O terço deles continha um terço inteiro de meio quilo de carne bovina. Ou seja, um sexto de uma libra (ou 33%) a mais de carne bovina do que o McDonald's utilizava. É uma melhoria considerável. E era vendido pelo mesmo preço.

* A libra avoirdupois ou libra internacional (lb) é a unidade de massa equivalente a 453,59237 gramas. *[N. do T.]*

O esforço foi um total e completo fracasso. Uma investigação *post mortem* revelou porquê. A maioria dos participantes do grupo de foco achou que um terço era um mau negócio porque continha menos carne. Eles pensaram que ⅓ era menos que ¼! Três é menor que quatro, então… Como concluiu o proprietário da A&W, talvez de forma excessivamente diplomática: «O consumidor americano pode não entender ou valorizar totalmente a promessa de um terço de libra.»[13]

A incapacidade das pessoas de entenderem frações quando pedem um hambúrguer pode não ser muito relevante para quem não é proprietário da A&W. Muitas pessoas (e um grande número de vacas) estariam ainda melhor se os hambúrgueres contivessem menos carne. Mas a história ilustra algo importante. Muitas pessoas não têm as competências necessárias para fazer escolhas inteligentes no seu ambiente financeiro, seja para o seu próprio benefício seja para o benefício da sua comunidade. Pior ainda, não percebem isso. A maioria que achava que um terço era aparentemente um mau negócio estava bastante segura de si. E se as pessoas não conseguem perceber frações simples, quais são as hipóteses de que possam avaliar ofertas de cartão de crédito com taxas percentuais anuais, taxas fixas e juros compostos? Nada boas.

Uma última dica: desenvolver as competências necessárias para tomar decisões inteligentes sobre dinheiro. A capacidade de processar informações e tomar decisões informadas sobre questões financeiras é chamada de *literacia financeira*. Para muitas pessoas, a literacia financeira pode ser literalmente uma questão de vida ou morte. Não há modo de treino. Quando temos idade suficiente para gastar o nosso próprio dinheiro, está em causa dinheiro verdadeiro. E para muitas decisões importantes, temos oportunidades limitadas de aprender. Comprar uma casa é algo que provavelmente não vai fazer mais do que algumas vezes ao longo da vida. Poupar para a reforma é efetivamente algo que faz apenas uma vez. Pode mudar as estratégias de poupança durante os seus anos ativos. Mas, quando se reforma e percebe o que fez certo e errado, é demasiado tarde para recomeçar. Algumas pessoas começam no modo fácil, no sentido de que podem dar-se ao luxo de cometer erros — o que permite que adquiram conhecimento financeiro através de tentativa e erro. Outras começam no modo difícil, já equilibradas à beira do precipício.

A literacia financeira é algo que os economistas estudam há anos.[14] Eles aprenderam muito sobre a natureza do problema e o que pode ser feito para o corrigir. Estudos revelaram que a literacia financeira das pessoas em geral é muito baixa e também está longe de ser tão boa quanto as pessoas pensam. As pessoas com baixa literacia financeira estão muito pior, financeiramente, do que outras. A boa notícia é que a literacia financeira é uma competência que se pode adquirir. E quando as pessoas a adquirem, ganham mais e preocupam-se menos.

Primeiro, de que forma é que pode medir algo como a literacia financeira? As economistas Annamaria Lusardi e Olivia S. Mitchell desenvolveram um teste baseado em três perguntas simples.[15] Experimente:

1. Imagine que tem 100 dólares numa conta-poupança e a taxa de juro é de 2% ao ano. Após cinco anos, quanto acha que teria na conta se deixasse o dinheiro a render: (a) mais de 102 dólares, (b) exatamente 102 dólares ou (c) menos de 102 dólares?
2. Imagine que a taxa de juro da sua conta poupança é de 1% ao ano e a inflação é de 2% ao ano. Passado um ano, seria capaz de comprar: (a) mais que, (b) exatamente o mesmo ou (c) menos que hoje, com o dinheiro dessa conta?
3. Considera a seguinte afirmação verdadeira ou falsa? «Comprar uma única ação da empresa comummente oferece um retorno mais seguro do que um fundo mútuo de ações.» (a) Verdadeiro, (b) falso.

Cada questão também tinha as opções «não sei» e «recuso-me a responder». Se quiser confirmar as suas respostas, encontrará as soluções nas notas finais.[16]

A principal conclusão que se retira é que as pessoas comuns são surpreendentemente analfabetas em termos financeiros. Num estudo realizado por Lusardi e Mitchell, americanos selecionados aleatoriamente com mais de 50 anos caíram em cerca de três grupos igualmente grandes. Um terço (34,3%) acertou nas três respostas. Um terço (35,8%) acertou em duas respostas. O restante (26,1%) acertou numa ou em nenhuma resposta. Apenas cerca de metade (52,3%) de todas as pessoas que responderam às questões sabiam a resposta à terceira. Aparentemente, não ajudou o facto de todos os sujeitos neste estudo, por causa da sua idade, terem décadas de experiência com tomada de decisões financeiras e também terem passado por vários colapsos do mercado de ações e períodos de inflação. Se conseguiu responder à terceira pergunta, talvez porque obteve a resposta no início do capítulo, já está numa posição melhor do que cerca de metade dos americanos mais velhos.

O problema não é exclusivo da América, se está a questionar-se. A evidência sugere que é bastante comum, mesmo em países ricos. A Alemanha é conhecida como um dos países mais alfabetizados financeiramente. Mesmo assim, apenas pouco mais de metade (53,2%) acertou nas três respostas.

Embora as pessoas em geral tenham pontuações bastante baixas, os valores variam dentro de um país. A literacia financeira varia com a idade. É menor entre os jovens, que ainda não têm muita experiência na tomada de decisões financeiras, e entre os idosos. Por outro lado, as pessoas de meia-idade têm pontuações relativamente altas de literacia financeira. Há uma lacuna de género que é grande e persistente. Na Alemanha, 59,6% dos homens responderam corretamente às três perguntas. O número correspondente para as mulheres foi de apenas 47,5%. Nos EUA os números foram 38,3 para homens e 22,5 para mulheres. Na Suíça foram 62 para homens e 39,3 para mulheres. A literacia financeira também varia de acordo com a etnia. No contexto dos EUA, os afro-americanos e os hispânicos têm pontuações particularmente baixas. Como seria de esperar, as pessoas com mais formação têm maior literacia financeira. Entre os americanos com pós-graduação, 63,8% sabiam as respostas corretas para as três perguntas. Entre os norte-americanos que nunca concluíram o ensino secundário, o número era de 12,6%. Dito isto, ter muita formação não o isenta por completo. Mesmo entre os americanos com pós-graduação, mais de um terço não conseguiu acertar nas três respostas.

Embora a literacia financeira das pessoas seja geralmente baixa, elas não percebem isso. Como vimos acima, as pessoas incapazes de comparar frações simples normalmente desconhecem esse facto. Os economistas avaliaram a confiança das pessoas nas suas competências na área financeira, juntamente com a sua literacia financeira real. A confiança na própria literacia financeira é medida, por exemplo, com uma pergunta como esta: «Numa escala de 1 a 7, em que 1 significa muito baixo e 7 significa muito alto, como avaliaria o seu conhecimento financeiro geral?» Os resultados mostram uma certa incompatibilidade entre competência e confiança. Num estudo de 2009 nos Estados Unidos, 70% deram a si mesmos uma pontuação de 4 ou mais. Ou seja, classificaram-se no ponto médio da escala ou acima dele. No entanto, apenas 30% conseguiram responder às perguntas de forma correta. Mais uma vez, não é apenas nos EUA. Descobertas semelhantes foram feitas noutros lugares. As pessoas também parecem ter um excesso de confiança nesta área.[17]

O grau de excesso de confiança varia. Sem surpresa, também aqui há uma diferença de género. As mulheres são muito mais propensas a responder «não sei» a perguntas sobre literacia financeira. Nos Estados Unidos, 50% das mulheres responderam «não sei» a pelo menos uma das perguntas. O valor correspondente para os homens era de 34,3%. O padrão mantém-se nos diversos países. Isso sugere que as mulheres talvez tenham menos excesso de confiança do que os homens. O excesso de confiança também parece aumentar com a idade. À medida que a literacia financeira das pessoas diminui durante a idade adulta, a confiança nas suas competências financeiras *aumenta*. Lusardi e Mitchell consideram que essa pode ser a razão por que as pessoas mais velhas são particularmente propensas a fraudes financeiras.[18] Se já for um adulto mais velho, considere obter aconselhamento competente em questões financeiras, mesmo se — e especialmente se — achar que não precisa.

As três perguntas foram selecionadas porque exploram conceitos fundamentais na raiz das decisões de poupança e investimento. As pontuações baixas sugerem que muitas pessoas, talvez dois terços, não possuem as competências mais básicas necessárias para poupar e investir. O termo «analfabetismo funcional» é utilizado para indicar a falta de competências necessárias para o próprio desenvolvimento e da comunidade. Usando essa terminologia, podemos dizer que a maioria das pessoas é funcional e financeiramente iletrada. E a situação é ainda pior por não terem consciência disso.

Os economistas também estão interessados em perceber se, ou até que ponto, a literacia financeira acompanha o sucesso financeiro. Uma vasta série de estudos revelou exatamente o que seria de esperar: as duas coisas andam de mãos dadas.[19] Não importa para que geração olhe, o bem-estar financeiro é consideravelmente menor entre pessoas com baixa literacia financeira.[20] Pessoas com baixa literacia financeira relatam ter mais problemas para pagar as contas, ter mais dificuldades para arranjar 2000 dólares para uma emergência, estar tão endividado que não consegue lidar com outras prioridades financeiras e gastar mais tempo a pensar e a lidar com problemas financeiros. As diferenças são particularmente acentuadas na Geração Y. Aqueles que tinham entre 24 e 39 anos quando foi realizada a investigação. A Geração Y com baixa literacia financeira relata gastar quase três vezes mais tempo a preocupar-se com dinheiro (14 horas por semana) do que as suas contrapartes mais alfabetizadas financeiramente (5 horas por semana).

É, contudo, encorajador constatar que a literacia financeira pode ser ensinada — de forma barata e eficaz. Para testar se a educação financeira pode melhorar a literacia financeira e o bem-estar financeiro das pessoas, os economistas realizaram uma série de ensaios controlados e aleatórios. Tim Kaiser e os seus coautores realizaram recentemente um meta-estudo, que leva em consideração todos estes estudos.[21] Eles consideraram 76 programas de educação financeira, em 33 países e 6 continentes, com um total de 160 mil participantes. O seu meta-estudo revelou que a educação financeira melhora a literacia financeira. Isso talvez não seja tão surpreendente. É importante ressaltar, porém, que o estudo também revelou que a educação financeira muda o comportamento financeiro no futuro. E como a educação financeira pode ser oferecida de forma relativamente barata, em escolas e locais de trabalho, na Internet e na televisão, é bastante económica. Ou seja, oferece muito mais benefícios aos participantes do que custa a implementar. Isso é importante porque um meta-estudo de ensaios clínicos aleatórios é considerado a melhor evidência que poderíamos ter.

Surgem resultados idênticos em condições menos controladas no mundo real. Quando as escolas secundárias exigem aulas de educação financeira antes da entrega de diplomas, acontecem coisas boas.[22] Os licenciados acabam com menos dívidas, melhores pontuações de crédito, menores taxas de incumprimento, melhores empréstimos e outros benefícios. Também há evidências de externalidades positivas. Quando os alunos recebem educação financeira, isso melhora a literacia financeira e os comportamentos financeiros de professores e pais.[23] A educação financeira pode ser um benefício para toda a comunidade. Não deve surpreender, portanto, que o Programa Internacional de Avaliação de Estudantes (PISA) da OCDE tenha ficado interessado pela literacia financeira. Como observam Lusardi e Mitchell: «O PISA assumiu a posição de que a literacia financeira deve ser reconhecida como uma competência essencial para a participação na economia de hoje.»[24]

Então, para melhorar as suas hipóteses de enriquecer (ou livrar-se das dívidas), deve melhorar a sua literacia financeira. A sua capacidade de processar informações de economia e de tomar decisões financeiras sábias pode ter enormes consequências a jusante. Pode beneficiá-lo a si e à sua comunidade. O conselho aplica-se mesmo que já tenha muita experiência em tomar decisões financeiras, talvez porque seja um adulto mais velho. O conselho também se aplica mesmo se tiver um elevado nível de formação. Considere os médicos: Lusardi acredita que os médicos podem ser alguns dos «piores infratores».[25] Ricos e confiantes, mas não muito sofisticados em relação ao dinheiro, são vulneráveis à exploração. Por fim, mais uma vez, obtenha aconselhamento económico competente se e quando puder usá-lo — mesmo que já saiba muito. Como o meu pai deveria ter feito.

Porque é que ainda não somos ricos?

A pobreza não foi causada por indivíduos que não seguiram os conselhos deste capítulo, e não pode ser atribuída aos próprios pobres. Mas muita gente (incluindo o leitor) gostaria de ter mais dinheiro. Porque não temos? Existem várias explicações, todas elas podem ser verdadeiras até certo ponto.

A falta de literacia financeira faz claramente parte da resposta. A maioria de nós não possui as competências necessárias para processar informações económicas e fazer escolhas financeiras sábias — e não temos consciência disso. Enquanto isso, o ambiente financeiro está a ficar cada vez mais exigente.[26] Em primeiro lugar, o número de produtos financeiros disponíveis para o pequeno investidor está a crescer aceleradamente. Houve uma altura em que poupar dinheiro exigia que o leitor fosse a um local físico com várias opções. Com serviços bancários online e afins, as pessoas podem aceder um grande número de instituições financeiras, que oferecem uma vasta gama de opções. Em segundo lugar, as mudanças nos sistemas nacionais de pensões colocam mais responsabilidade nos próprios trabalhadores. Antigamente, podia depender dos benefícios do Estado e, se tivesse um, do plano de reforma patrocinado pelo seu empregador. Atualmente, os trabalhadores têm de assumir a responsabilidade pelas suas próprias economias de reforma num grau muito maior. Estes desenvolvimentos podem ser benéficos para algumas pessoas que sabem o que querem e o que estão a fazer. Porém, exigem muita capacidade mental e literacia financeira do pequeno investidor. E as nossas competências financeiras simplesmente não estão a conseguir acompanhar a situação. Pense nos *baby-boomers* e em como agora o ambiente financeiro é diferente de quando eles entraram no mercado de trabalho. Com todas estas mudanças, temos de ser mais rápidos apenas para acompanhar os desenvolvimentos.

Mas a falta de literacia financeira é apenas uma parte.

A outra parte da resposta é o facto de existirem pessoas que querem tanto o seu dinheiro quanto o leitor. Existem fraudes, claro. Também existem maneiras perfeitamente legais de fazer com que se desfaça do seu dinheiro. Não devemos ficar surpreendidos porque os bancos e outras instituições financeiras estão a fazer o possível para lhes passar o seu dinheiro. Eles fazem publicidade agressiva e são bons nisso. Algumas instituições financeiras usam um esquema nos seguintes moldes. Escreva dez *newsletters* a fazer dez previsões diferentes sobre o mercado de ações. Aguarde um pouco, até que por acaso uma ou mais previsões se tornem realidade. Em seguida, anuncie a sua proficiência em prever o mercado de ações, usando como evidência a única *newsletter* que mostrou ser exata. Não é incomum que os bancos citem o facto de alguns fundos de nicho terem retornos fantásticos no ano passado como prova da sua proficiência — sem mencionar que têm outros 200 fundos que não tiveram um desempenho tão bom. É o mesmo esquema. Está a aproveitar a limitada literacia financeira nos potenciais clientes. Fazer isso é (maioritariamente) legal.

Outra parte da resposta tem ainda que ver com a maneira como os nossos cérebros estão conectados. As formas como a nossa psicologia mexe com o nosso comportamento económico é o domínio da economia comportamental.

Os economistas comportamentais mostraram que somos impacientes e impulsivos. A *impaciência* significa que desconsideramos coisas que acontecem depois, em relação a coisas que acontecem agora. Se puder escolher entre uma experiência divertida realizada em breve e a mesma experiência divertida realizada mais tarde, com frequência irá escolher divertir-se agora. (Uma exceção é quando está a saborear o que é bom, como expliquei anteriormente.) De uma forma geral, a impaciência é considerada algo racional. Algumas pessoas só querem divertir-se agora, mesmo que isso implique menos diversão depois. A impulsividade significa que somos vítimas de gratificação instantânea, mesmo quando somos pacientes. A *impulsividade* é amplamente considerada algo irracional, porque pode anular a nossa procura racional por bens mais distantes no tempo. Tanto a impaciência como a impulsividade trabalham contra nós quando tentamos poupar. Poupar é, por definição, uma questão de abandonar algo *agora* em troca de algo bom mais tarde. O impaciente e o impulsivo podem não ser capazes de lidar com isso. Não é impossível superar a impaciência e a impulsividade, mas pode exigir trabalho e força de vontade.

Os economistas comportamentais também estudaram o poder das histórias. Os seres humanos adoram histórias. O livro *Economia Narrativa*, do Prémio Nobel Robert J. Shiller, defende que as narrativas são o principal impulsionador do comportamento humano e dos acontecimentos económicos.[27] Todos nós já ouvimos histórias de pessoas que se tornaram importantes ao iniciarem um negócio de sucesso, investindo na mais recente invenção criptográfica, ou o que quer que seja. Estas histórias são convincentes, especialmente se incluírem uma narrativa de dificuldades e contendas. Elas ficam. As histórias são ótimas; eu adoro ler ficção. Também as utilizo na minha escrita, como já reparou.

Mas contar e recontar boas histórias tem um lado negativo. Se duvida disso, pergunte a um lobo. Os lobos representam um perigo comum para os seres humanos. O número de ataques fatais comprovados de lobos a seres humanos é extremamente baixo. No entanto, o medo dos lobos é profundo. Parte da explicação deve-se à quantidade de histórias sobre lobos grandes e maus que comem avós de meninas na floresta e perseguem princesas rebeldes na neve. Como resultado de todas essas histórias, a ideia de lobos a atacar humanos é muito importante para nós. Se gosta de histórias como a do *Capuchinho Vermelho* e de *Frozen*, a possibilidade de um lobo o comer pode ser a primeira coisa que vem à sua mente quando pensa num. Além disso, e isto é fundamental, a relevância de um acontecimento para a nossa mente afeta a probabilidade de o julgarmos. Algo que está facilmente disponível para nós — algo que nos vem à mente sem esforço — será considerado mais provável de acontecer do que algo que não nos vem de imediato à mente. O resultado é algo a que se dá o nome de *heurística da disponibilidade*.[28] Quando a imagem de um lobo grande e mau a atacar seres humanos vulneráveis está disponível de forma fácil e nítida, temos tendência a sobrestimar a probabilidade de este tipo de coisas acontecer no mundo real.

Mas o que é que a heurística da disponibilidade tem que ver com investimento? As histórias sobre estratégias de investimento bem-sucedidas são inúmeras. Pode lê-las na imprensa financeira e nas revistas de negócios, sob títulos que incluem «Como fiquei rico». Também as ouve na escola de negócios, onde são chamadas de «casos». As histórias são muitas vezes focadas num investidor individual: a pessoa que ganhou imenso dinheiro a apostar utilizando alguma estratégia mais ou menos idiossincrática — comprando um determinado tipo de ativos, lançando uma *start-up* bem-sucedida ou a brincar com *bitcoins*. Não me lembro de ter lido uma história sobre alguém que ganhou dinheiro a investir em fundos indexadoss. Isso seria bastante aborrecido em comparação.

Existem dois problemas com este tipo de escrita e pedagogia, mesmo quando as histórias são verdadeiras. Primeiro, os casos de que ouve falar não são obviamente representativos. As histórias são selecionadas porque são boas histórias — divertidas de ler ou de debater em sala de aula. São muito semelhantes às *newsletters* de sucesso ou aos fundos de nicho mencionados anteriormente. Nunca ouvirá falar de todas as pessoas que fizeram o mesmo que as pessoas destas histórias, mas não tiveram igual sucesso. Pelo que sabemos, o sucesso das pessoas nas histórias pode ser atribuído à sorte. Conhecer a estratégia que elas utilizaram pode ser tão instrutivo como saber os números que alguém usou para ganhar a lotaria.

Em segundo lugar, as boas histórias sobre estratégias de investimento idiossincráticas fazem com que estas se tornem mais evidentes para nós. E quando elas estiverem disponíveis de maneira mais fácil e vívida nas nossas mentes, temos tendência a sobrestimar as hipóteses de esse tipo de coisa acontecer connosco. Isto, por sua vez, pode levar-nos a tentar seguir alguma estratégia idiossincrática, quando fazê-lo seria um erro. No conjunto: as histórias que lê na imprensa financeira e os casos que debate na escola de negócios podem ser mais do que inúteis — podem, inclusive, levá-lo ao engano. Há uma boa hipótese de ser melhor ignorá-las por completo.

Porque é que o nosso aparato cognitivo é tão pouco adequado para lidar com o ambiente financeiro atual? Há uma explicação óbvia. Os nossos cérebros evoluíram para mais ou menos o que são agora há muito tempo — muito antes de existirem mercados de ações, NFT e fraudes online. Na medida em que estão adaptados ao ambiente, estão adaptados a um ambiente que simplesmente já não existe.

Portanto, os que querem poupar ou livrar-se das dívidas, enfrentam uma ameaça tripla: literacia financeira abaixo do ideal, charlatães e profissionais de *marketing* e um aparato cognitivo que não está concebido para lidar com as águas nas quais precisam de navegar. Mais uma vez, não é como se não pudéssemos usar os nossos cérebros para lidar com o ambiente atual. Os cérebros são, de facto, bastante adaptativos. Mas é preciso trabalho e esforço. E isso começa com a perceção de que não podemos fazer escolhas em piloto automático. Precisamos de assumir o controlo do nosso comportamento financeiro e desenvolver os recursos para o fazer de forma correta.

Ter tudo

Os economistas deviam ficar satisfeitos quando são solicitados a prestar aconselhamento sobre investimentos. Significa que alguém confia neles. E a economia realmente pode dar conselhos úteis e práticos para ajudar a maioria das pessoas. Não é garantido que ficará rico ou mesmo que fique livre de dívidas. Nada é garantido. Os esquemas de enriquecimento rápido são todos fraudulentos. O conselho está concebido para nos dar a melhor possibilidade, considerando onde estamos, e isso não é nada. O conselho aplica-se quer já esteja no preto ou se encontre profundamente no vermelho. Aplica-se se quer mais dinheiro para si e para a sua família ou se deseja ter mais dinheiro para doar aos necessitados. O leitor não precisa de ser egoísta para querer construir riqueza.

Algumas pessoas contestam os economistas que tentam ajudar as pessoas a tomar melhores decisões financeiras. Contestam que esses conselhos são inúteis, ou mesmo prejudiciais, pois não resolvem o problema da pobreza. «Pare de dizer aos pobres para tentarem poupar», podem dizer; «Em vez disso, resolva o problema da pobreza».

Para o economista, a contestação parece ser uma falha em pensar na margem. Claro que devemos tentar resolver o problema da pobreza. Como leu no capítulo sobre a pobreza, os economistas têm muito a dizer sobre como lidar com ela. Não há contradição entre tentar resolver o problema maior da pobreza e capacitar as pessoas para que façam melhores escolhas nas suas próprias vidas. Esta última não é um esforço para explicar a pobreza, como referi antes, ou para culpar os pobres pela sua situação. Devemos reduzir a pobreza e ajudar as pessoas a fazerem melhores escolhas em simultâneo. É simplesmente um erro pensar que temos de escolher um ou outro. A economia pode fazer as duas coisas.

9

Como construir uma comunidade

Numa tarde do final do verão de 1938, duas meninas de 11 anos entraram na água no porto de Stora Rör, na ilha de Öland, no mar Báltico. Estavam à espera da mãe, que regressava a casa de *ferry* de uma ida a um hospital no continente. As meninas não sabiam, mas o porto tinha sido dragado recentemente. Onde costumava haver areias rasas, a água agora era fria, escura e profunda. As meninas não sabiam nadar. Elas afogaram-se a poucos metros de segurança — à vista de uma irmãzinha impotente que estava na praia.[1]

A comunidade ficou abalada. Decidiu que não iria voltar a acontecer mais nenhuma tragédia deste tipo. Para garantir que todas as crianças sabiam nadar, a comunidade decidiu oferecer aulas de natação a todos os interessados. A Associação de Natação Stora Rör, fundada no mesmo ano, ainda hoje se mantém ativa. Milhares de crianças, adolescentes e adultos inscreveram-se ali. A minha avó, professora de educação física por formação, foi uma das primeiras instrutoras. O meu pai, eu e os meus filhos aprendemos a nadar lá. Espero e confio que os meus netos também o façam, caso os tenha.

É impossível saber se a associação salvou vidas. Pode muito bem tê-lo feito. A comunidade tem sido poupada, embora as crianças passem a vida a brincar e a cair à água. Em todo o país, o afogamento é a principal causa de morte das crianças suecas entre 1 e 6 anos de idade.

Sabemos que a associação teve muitos outros efeitos benéficos. Ofereceu atividades de verão ao ar livre saudáveis e ativas para gerações de crianças. Aprender a nadar é divertido e útil, mesmo que não salve a sua vida. As atividades da associação permanecem abertas a todos. As quotas são simbólicas. As crianças vêm de famílias de agricultores e refugiados, artistas e escritores, professores universitários e CEO de grandes corporações, locais e turistas. Alguns participantes viajam distâncias consideráveis de carro, bicicleta ou autocarro só para participar. Ao contrário de muitas outras organizações desportivas, o objetivo não é ensinar uma pequena percentagem de crianças a nadar muito rápido, mas ensinar 100% das crianças a serem nadadoras competentes. (Os pais que ficam muito agitados no cais são instruídos, educadamente, a sentarem-se e a ficarem calados.)

Os benefícios vão além dos próprios participantes. Jovens adultos locais podem trabalhar como professores de natação. Recebem dinheiro, formação e experiência de trabalho precoce. A água do mar fria pode até criar carácter. A associação gerou imensa boa vontade e muito capital social na comunidade. Amizades duradouras foram forjadas na água, ou na costa, quando as crianças, os seus pais e os familiares passam horas na mesma praia durante semanas a fio. Enquanto isso, a associação tornou-se um parceiro confiável da comunidade. A cidade que detém a praia e as suas instalações procura a associação para obter informações sobre que melhorias e serviços é preciso realizar. Isso permite que a associação atue como intermediária entre os cidadãos e o governo, entre outras coisas, ajudando a canalizar o dinheiro dos impostos para os projetos mais valiosos para a comunidade. Por fim, a associação aumenta os valores dos imóveis. O mercado imobiliário local está ativo e os agentes imobiliários costumam anunciar a Associação de Natação e as suas atividades como um fator diferenciador da vila, juntamente com as suas muitas outras virtudes.

A própria associação é integralmente autofinanciada. Não recebe dinheiro do contribuinte. Para manter as quotas baixas e as atividades acessíveis, precisa de uma fonte confiável de receita. Para o bem ou para o mal, a Suécia não tem uma tradição de doações de caridade como a que se pode encontrar nos EUA ou no Reino Unido. As doações diretas são muito insuficientes. Em vez disso, a associação obtém uma boa parte da sua receita através de um leilão anual de caridade. Os membros doam produtos caseiros, geleias e marmeladas, arte original — ou o que quer que sejam bons a fazer. Os bens doados são então leiloados a outros membros. É um leilão de licitações abertas, o que significa que todas as licitações se tornam imediatamente do conhecimento comum. O leilão gera grandes receitas porque os membros competem para licitar as quantias mais absurdas. Um modesto bolo caseiro, embora delicioso, pode valer facilmente o equivalente a 100 libras ou mais. O leilão funciona não só no sentido de arrecadar os fundos necessários com custos mínimos de transação, mas também no sentido de extrair os fundos das pessoas que podem pagar mais. Os membros que estão a precisar de dinheiro não precisam de fazer licitações. Outros podem desembolsar o quanto quiserem em troca de rolinhos de canela, a satisfação de ter vencido uma guerra de licitações com os seus vizinhos e uma reputação de generosidade prazerosa.

Em termos económicos, a Associação de Natação Stora Rör é uma instituição. É um conjunto de regras, ou «prescrições» que os seres humanos utilizam para estruturar todos os tipos de interações repetidas.[2] Estas regras podem ser formalizadas num documento governamental. A constituição da associação diz que se deve pagar quotas se quiser permanecer um membro em situação regular, por exemplo. Mas as regras que definem a instituição não precisam de ser escritas nem precisam de ser formuladas em palavras. «Participe no leilão de caridade e, se puder, licite artigos.» «Voluntarie-se para servir no conselho de administração quando for a sua vez.» «Trate os professores de natação com respeito.» «Sente-se e cale-se enquanto os seus filhos estão na água.» Todas estas são regras não escritas. Podem nunca ter sido formuladas assim. Ainda assim, são amplamente — se não universalmente — seguidas. E, do ponto de vista económico, estas regras em conjunto definem o que é a Associação de Natação.

A economista Elinor Ostrom estudou múltiplas instituições ao longo da sua carreira. Ela queria saber o que as instituições fazem, como e porque é que funcionam, como aparecem e evoluem no tempo, como podemos construí-las e melhorá-las e, finalmente, como partilhar esse conhecimento com o resto das pessoas.[3] Lin Ostrom (como os seus amigos a chamavam) acreditava no poder da economia para «despertar o melhor que há nos seres humanos». A maneira de fazer isso, pensou ela, passava por ajudá-los a construir uma comunidade — desenvolvendo uma rede rica de relações que formam a estrutura de uma sociedade. No processo, Ostrom construiu uma visão da boa sociedade constituída por instituições sobrepostas e aninhadas de tamanhos diferentes, oferecendo soluções para as pessoas na escala adequada. Deu-lhe o nome de *policentricidade*. E considerava que os economistas tinham um papel legítimo a desempenhar na concretização desta visão. Ela rejeitou o binário tradicional de mercado e Estado. Não acreditava na economia do *laissez-faire*, que defende ficar parado enquanto se espera que as coisas se resolvam. Também não acreditava em soluções de comando e controlo, que favorecem a resolução de problemas através do planeamento central e engenharia social. Em vez disso, Ostrom acreditava que o economista deveria agir adequadamente como um *catalisador da autogestão*.[4] Isso significa ajudar as pessoas a construir instituições que funcionem para elas, tendo em conta a situação de cada uma.

A investigação de Ostrom rendeu-lhe o Prémio Nobel em 2009. Ela foi a primeira mulher a receber esse prémio em economia. O seu livro *Governing the Commons*, de 1990, é um clássico das citações, com mais de 47 mil citações no momento em que foi escrito.[5] Uma excelente introdução à sua vida e obra é *Elinor Ostrom: An Intellectual Biography*, de Vlad Tarko.

A Associação de Natação Stora Rör é um exemplo perfeito do tipo de instituição que ocupou Ostrom durante toda a sua vida adulta. A associação surgiu como uma solução para um problema identificado pelas pessoas mais afetadas por ela. É modesta em dimensão e alcance. Tem a dimensão que precisa de ter para corrigir o problema, mas não muito maior do que isso. É gerida de maneira consistente com os valores da comunidade. Assumiu uma forma que os membros originais não conceberam e não poderiam ter previsto, mas que reflete o conhecimento das condições locais e dos recursos disponíveis. Esbate a distinção entre individual e coletivo, pois surge numa escala diferente de ambos. Também esbate a distinção entre mercado e estado, pois não está a tirar proveito das soluções do mercado ou do governo. Acima de tudo, funciona com o consentimento dos governados. As pessoas concordam de bom grado — até mesmo com entusiasmo — em submeterem-se às regras da associação para aproveitar os seus benefícios. As pessoas consentem porque os benefícios excedem em muito os custos — e os fardos e as alegrias são distribuídos de forma justa por toda a comunidade.

Talvez considere a história sobre a Associação de Natação Stora Rör absolutamente normal. Pode sentir vontade de salientar que existem organizações deste tipo em todo o mundo, e não apenas nas ilhas bálticas varridas pelo vento. E tem razão. A questão é essa! Instituições como esta existem em todos os lugares onde as pessoas vivem juntas em comunidades. Surgem em países ricos e pobres, em tempos de paz e de guerra. Às vezes são legalmente certificadas, outras totalmente informais. Às vezes são mais pequenas, envolvendo apenas algumas pessoas ou famílias. Às vezes são maiores, aproximando-se do tamanho de um país ou federação. Elas existem porque resolvem problemas enfrentados pelas pessoas que vivem juntas em comunidades. O problema não precisa de ser o afogamento de crianças, embora obviamente possa ser. Também pode ser uma questão de fornecer água potável, manter o meio ambiente limpo, dividir de forma justa um recurso limitado, prevenir a guerra e a violência — ou qualquer outra coisa com a qual as pessoas se importem.

Ainda mais importante, nos locais onde as pessoas que vivem juntas enfrentam problemas que ainda não foram resolvidos, há uma boa hipótese de que a solução possa assumir a forma de uma instituição.

Se não lê sobre instituições modestas como a Associação de Natação Stora Rör com frequência, não é porque elas não são suficientemente numerosas. É porque são menos disfuncionais do que a política nacional.[6] As instituições locais nem sempre funcionam, é claro. Por vezes, falham de uma maneira espetacular o suficiente para atrair a atenção nacional. Mas, mais frequentemente, cumprem o seu trabalho. As instituições locais são os pilares da comunidade. Se queremos construir uma sociedade que funcione, precisamos de construir e apoiar as nossas instituições locais. Se quisermos ajudar, contudo, precisamos primeiro de entender como elas funcionam e porquê — e sob que condições prosperam. Isso é o que Elinor Ostrom pode ensinar-nos.

Qual é o problema?

O bacalhau do Báltico é especialmente adaptado às condições salobras do mar Báltico. Tradicionalmente, tem sido um dos recursos pesqueiros mais importantes da região.[7] Quando era criança, o meu pai levava-me a pescar bacalhau, e mal tínhamos tempo de baixar o isco até à profundidade adequada antes que algo mordesse. Meia tarde a pescar dava-nos bacalhau suficiente para encher o congelador. Agora, o bacalhau do Báltico praticamente desapareceu. O *stock* entrou em colapso. Existem várias causas, como seria de esperar. Os fatores são tão variados como a degradação ambiental, parasitas e focas. Mas grande parte deve-se à sobrepesca. O Báltico é rodeado por nove países. Nada impedia os pescadores desses países de pescar como se não houvesse amanhã, e foi o que fizeram. A pesca excedeu em muito os níveis sustentáveis, especialmente devido às péssimas condições. Os peixes sobreviventes são poucos em número e de má qualidade. Embora toda uma indústria dependesse do aprovisionamento de bacalhau para a sua sobrevivência, os seus membros destruíram-no.

Quando os *Vikings* se estabeleceram na Islândia, por volta do final do século IX, o local era repleto de florestas exuberantes, principalmente de bétulas.[8] Nos 100 anos seguintes, os *Vikings* cortaram 97% das árvores. Os colonos precisavam de lenha e materiais de construção e terra para pasto. Os *Vikings* deviam saber que seria mau perder as florestas. Mas cortaram-nas na mesma. Não havia nada nem ninguém para os deter. Até agora, apenas 0,5% do território da Islândia é coberto por floresta. A escassez de árvores levou a uma extensa desertificação, erosão, tempestades de pó e perda de terras aráveis. Se visitar, descobrirá que grande parte da ilha é semelhante a uma paisagem lunar — dramática, bonita e desprovida de árvores. Trazer de volta as florestas é muito mais difícil do que derrubá-las. A Islândia continua a debater-se.

A escassez de recursos de bem comum — sejam peixes, florestas ou outros — parece ter ocorrido por todo o lado onde os humanos tenham vivido em sociedade. O exemplo dos *Vikings* revela que não é exclusivo do modo de produção capitalista, caso se esteja a perguntar. Há evidências de que os seres humanos caçaram presas até à extinção durante milhares (talvez até milhões) de anos.[9] Mas como pode isso acontecer, quando as pessoas sabem que a depleção e a extinção são más?

Para compreender o que as instituições fazem, precisamos de entender qual o problema que é suposto resolverem. A própria Ostrom descreveu o problema com a ajuda de termos retirados da teoria dos jogos.[10] Este é o ramo da economia que estuda a interação estratégica a um nível mais abstrato. Fornece uma descrição concisa do desafio fundamental enfrentado pelas comunidades em todo o mundo.

Já deve ter ouvido a história do *dilema do prisioneiro*.[11] Dois ladrões, vamos chamá-los de Bill e Bull, foram presos sob suspeita de dois crimes distintos, um maior e um menor. O Procurador do Ministério Público tem provas suficientes para condenar os dois pela acusação menor, mas não pela maior. Se Bill e Bull *cooperarem* (C) um com o outro e ficarem calados, serão condenados pela acusação menor, mas não pela maior. Ambos cumprirão dois anos de prisão. Depois de separar os presos, o procurador oferece a cada um deles uma pena reduzida se *denunciar* (D) e testemunhar contra o outro pelo crime maior. Se um prisioneiro denunciar, mas o outro cooperar, o denunciador fica livre, enquanto o cooperador cumpre 20 anos de prisão. Se os dois denunciarem, ambos serão condenados pela acusação maior, mas (como recompensa por testemunhar) cumprirão apenas dez anos cada. Eles têm de tomar as suas decisões independentemente um do outro. Não têm forma de saber o que o outro irá fazer. Os dois ladrões não querem saber de mais nada, exceto ir para a cadeia pelo menor tempo possível.

A situação de Bill e Bull é tecnicamente um jogo. Pode ser analisado com as ferramentas fornecidas pela teoria dos jogos. Jogos simples como este podem ser representados de forma útil em forma de tabela, como na Tabela 1.

	C	D
C	3,3	0,5
D	5,0	1,1

Tabela 1: O dilema do prisioneiro na sua forma original

Cada linha representa uma ação realizada por Bill (jogador 1). Cada coluna representa uma ação realizada por Bull (jogador 2). Como cada jogador tem dois caminhos alternativos, há quatro resultados possíveis. Os números nessas quatro células representam as recompensas para Bill e Bull, respetivamente, separados por vírgulas. Os pagamentos são dados em benefícios, que são apenas números que representam se um resultado é bom ou mau para um jogador. Se os dois cooperarem (C) e evitarem uma longa sentença de prisão, Bill e Bull recebem, cada um, um pagamento de três. Isso é muito bom. Se ambos denunciarem (D) e receberem uma sentença longa (mas com redução), Bill e Bull recebem um pagamento de um. Isso é muito mau. Agora suponha que Bill denuncia enquanto Bull coopera. Então Bill recebe um pagamento de cinco. Isso é muito bom! Bull recebe a sentença longa (sem redução) e recebe um pagamento de zero. Isso é muito mau! A mesma coisa, mas ao contrário, se Bill cooperar enquanto Bull denuncia.

O que vai acontecer? Veja-se primeiro a situação pela perspetiva de Bill: se Bull cooperar, Bill tem a opção de cooperar por um pagamento de três ou denunciar por um pagamento de cinco. Cinco é melhor que três, então, ele vai denunciar. Se Bull denunciar, Bill tem a opção de cooperar por um pagamento de zero ou denunciar por um pagamento de três. Três é melhor que zero, então ele vai denunciar. Isso significa que Bill irá denunciar, independentemente do que Bull faça! Denunciar é uma *estratégia dominante* para ele, o que significa que é melhor, independentemente de tudo. A mesma análise é obtida da perspetiva de Bull. Denunciar é uma estratégia dominante para ele também. Ambos os jogadores irão denunciar. Ambos receberão uma recompensa de um. O jogo é chamado de «dilema», mas de certa forma não há dilema. A racionalidade exige que eles denunciem. *E isso é verdade, embora ambos saibam que a cooperação mútua teria sido melhor para ambos.*

Um equilíbrio de Nash, como sabe, é uma situação na qual nenhum jogador pode melhorar o seu resultado escolhendo outra estratégia, tendo em conta o que o outro jogador faz. Neste caso, há apenas um equilíbrio de Nash. O equilíbrio único é a situação em que ambos os jogadores denunciam. (Na tabela, esta situação é representada pela célula sombreada no canto inferior direito.) O jogo mostra que um equilíbrio de Nash não precisa de ser particularmente bom para ninguém. Uma coisa que a teoria dos jogos nos ensina é que o resultado de uma interação estratégica pode ser mau para todos — mesmo quando todos os envolvidos são racionais e bem informados. Os incentivos individuais podem afastar-nos muito do bem social.

Algumas supostas «soluções» podem vir à mente. E se Bill e Bull pudessem conversar previamente? Poderiam conversar sobre as coisas e comprometer-se a cooperar. O problema é que essa promessa acabaria por não ter importância. Não interessa o que Bill e Bull tenham prometido um ao outro, chega um momento em que precisam de decidir se devem cooperar ou denunciar. Desde que estejam a jogar o mesmo jogo de antes, aplica-se a mesma análise e ambos irão denunciar. Promessas vazias como essa são *conversa fiada*, como dizem os teóricos dos jogos. Conversa fiada é irrelevante.

E se Bill e Bull jogarem o mesmo jogo repetidamente? Imagine que os dois nesciamente continuam a cometer os mesmos crimes e continuam a ser confrontados pelo mesmo procurador. O leitor pode pensar que a ameaça de denúncia nas rodadas posteriores pode inspirá-los a cooperar nas primeiras. Isso é verdade, mas apenas sob certas condições. Suponha que Bill e Bull jogam o mesmo jogo um número definido de vezes, digamos 57. O que acontecerá? Considere primeiro a última rodada. Na 57.ª vez que Bill e Bull são apanhados, não há ameaça de denúncia futura, então, ambos irão denunciar. Na 56.ª vez, ambos sabem que o outro irá denunciar na próxima vez, então, não há esperança de inspirar cooperação na rodada 57, cooperando na rodada 56. Ambos irão denunciar na rodada 56 também. A mesma coisa para a rodada 55. Por *indução retroativa*, nome dado a este modo de pensamento, podemos dizer que Bill e Bull irão denunciar desde o início. A cooperação sustentada só é possível se o jogo for repetido indefinidamente e também se os dois jogadores se importarem o suficiente com o futuro remoto — o que pode ser improvável, dada a escolha de carreira. E mesmo assim, não há garantias. A denúncia mútua sustentada pode ser um equilíbrio de Nash mesmo nessas condições.

A única maneira honesta de evitar o terrível resultado do dilema do prisioneiro é não jogar esse jogo — ou seja, mudar a natureza do jogo. Como é que Bill e Bull podem fazer isso? Existem muitos caminhos. Mas este é um. Suponha que Bill e Bull foram ter com o chefe do crime local antes de cometerem os crimes. Vamos tratá-lo por Mean Mike. Bill e Bull poderiam dizer: «Ei, Mike: se algum de nós denunciar, pagamos-te para nos atirares aos leões.» A Mike isto parece um bom negócio, por isso aceita. E não é conversa fiada: Mike é capaz e está disposto a atirar Bill e/ou Bull aos leões se conseguir ganhar dinheiro rapidamente. Na próxima vez que Bill e Bull forem apanhados, eles irão jogar um jogo muito diferente (ver a Tabela 2). A cooperação leva ao mesmo resultado de anteriormente. Mas a denúncia agora significa ser atirado aos cães, por um pagamento de menos nove. Neste novo jogo, Bill prefere cooperar, independentemente do que Bull faça. E Bull prefere cooperar, não importa o que Bill faça. A cooperação tornou-se a estratégia dominante para ambos os jogadores. Ainda existe um equilíbrio de Nash único. Mas agora o equilíbrio é a cooperação mútua (a célula sombreada na tabela). Este é o melhor resultado possível. Os incentivos individuais estão de súbito alinhados com o bem--estar social.

	C	D
C	3,3	0,−9
D	−9,0	−9,−9

Tabela 2: Dilema do prisioneiro na sua forma modificada

Podemos considerar estranho que possa ser do interesse de Bill e Bull pedir a Mike para os atirar aos leões se eles denunciarem e pagarem para fazer isso. Mas é! Entender o porquê exige que o leitor «resolva o equilíbrio», como dizem os economistas. Quando Bill e Bull trazem Mike para a equação, mudam a natureza da interação. E isso altera o equilíbrio de Nash. O novo equilíbrio de Nash é o melhor resultado possível para ambos. Neste novo equilíbrio, ninguém é atirado aos leões. Ser atirado aos leões é mau, mas como está «fora do caminho do equilíbrio», como dizem os economistas, não tem importância. Tudo está bem quando acaba bem.

Ostrom acreditava que não havia uma, mas duas revelações fundamentais nesta história.

Primeira: os incentivos individuais às vezes estão mal alinhados com o bem-estar social. Nessas situações, os indivíduos lógicos e bem informados não irão alcançar de forma confiável o melhor resultado possível. O problema pode ser não ter solução. O leitor não o pode solucionar apenas por dar às pessoas mais informações sobre qualquer situação em que estejam. Pode gritar aos quatro ventos, mas enquanto o jogo for o que é, não vai mudar o comportamento de ninguém. Também não pode resolver o problema construindo carácter nem instruindo as pessoas a serem mais racionais. Superficialmente, pode parecer que a comunidade está predestinada ao fracasso. Mas essa parte deprimente é apenas metade da história. A outra metade é mais construtiva.

Segunda: as pessoas possuem um certo grau de controlo sobre o jogo que estão a jogar. Se não gostarem do resultado do jogo em que estão, não precisam de o jogar. Podem escolher jogar outro jogo. O outro jogo pode ter outros equilíbrios de Nash, o que significa que leva a resultados muito diferentes. Como o resultado pode ser melhor para todos, a troca de jogos pode ser do interesse de todos. A troca geralmente envolve a definição de limites. Mas quando o resultado do novo jogo é melhor do que o original, as pessoas têm todos os motivos para respeitar esses limites. A solução pode obter o consentimento de todos. A comunidade não está, de facto, predestinada ao fracasso. E não precisa de um déspota benevolente, junta militar ou politburo para evitar o desastre. Pode ter sucesso por si só.

A teoria dos jogos faz-nos duas coisas: explica por que motivo as pessoas por vezes acabam por ter maus resultados, apesar de agirem de forma racional e egoísta, e mantém a esperança de que as mesmas pessoas possam encontrar uma maneira de evitar um mau resultado.

Muitas interações da vida real são semelhantes ao dilema do prisioneiro. Considere a chamada *tragédia dos comuns.*[12] Esta é a sua história. Um bem comum — um pedaço de terra para uso público — é rodeada por pastores. Os pastores dependem das terras comuns para pastar. Cada pastor é motivado a acrescentar animais ao seu rebanho. Mas a área comum tem uma capacidade limitada. Se muitos animais pastarem ali, a área comum ficará estragada para todos. O problema é que cada pastor tem um incentivo para adicionar animais ao seu rebanho, não importa o que os outros façam. Se os outros se coíbem de aumentar os seus rebanhos (cooperar), o nosso pastor ainda quer aumentar o seu (denunciar). Se os outros cultivassem o deles (denunciar), o nosso pastor sentir-se-ia tolo por não cultivar o dele também (denunciar). Quando todos estiverem motivados a ampliar os seus rebanhos (denunciar), independentemente do que acontecer, todos o farão e as áreas comuns serão destruídas. *E isso acontece, mesmo que todos saibam que seria melhor não o fazer.*

Os bens comuns são conhecidos como *recursos de bem comum*. É um bem com duas características, na análise de Ostrom.[13] Não é *excludente*, o que significa que é difícil ou impossível impedir que as pessoas o usem se quiserem. Ao mesmo tempo, é *subtraível*, o que significa que sempre que uma pessoa estiver a usar ou a consumir uma unidade do bem, outra pessoa não pode usar ou consumir a mesma unidade em simultâneo. O problema com os recursos de bem comum é que eles podem esgotar-se, mas mesmo assim pode não ser possível evitar que as pessoas os esgotem. O bacalhau do Báltico é um recurso de bem comum, tal como as águas subterrâneas, sistemas de irrigação, florestas tropicais, terras agrícolas e muitas outras coisas das quais a sobrevivência dos humanos depende. Todos estes bens estão pelo menos potencialmente sujeitos a uma tragédia de um bem comum. Qualquer pescador é motivado a pescar o máximo que puder. Mas quando todos o fazem, o *stock* de peixes esgota-se e todos sofrem. «Grande parte do mundo depende de recursos que estão sujeitos à possibilidade de uma tragédia de um bem comum», escreveu Ostrom.[14] O resultado é a sobre-exploração.

Um tipo de recurso relacionado é um *bem público*: um bem que não é excludente e também não é subtraível. Ainda é difícil ou impossível impedir alguém de o utilizar. Mas o facto de uma pessoa estar a desfrutar do bem não impede que outra pessoa também desfrute dele. A luz de um farol é um exemplo clássico. Se construir um farol para o ajudar a navegar à noite, não poderá impedir-me de usar o mesmo farol da mesma forma. Mas então, o facto de eu estar a utilizar não impede que o leitor também o use. Os bens públicos são comuns. Ar puro, proteção alimentar, saúde pública e segurança pública são todos bens públicos valiosos. Os bens públicos não correm o risco de se esgotarem da mesma forma que os recursos de bem comum. Mas quando as pessoas que não contribuíram para o bem público não podem ser impedidas de o usar, as pessoas irão fornecer menos do que a comunidade desejaria. O resultado é uma subprovisão.

Pode pensar em ambos os problemas em termos de clandestinidade.[15] Quando os bens não são excludentes e as pessoas não têm motivos óbvios para os assegurar, devemos esperar um parasitismo generalizado. Talvez ninguém se importe o suficiente para preservar o recurso de bem comum ou fornecer o bem público. Talvez apenas um pequeno número de pessoas o faça. De qualquer forma, a comunidade irá sofrer as consequências da sobre-exploração e da subprovisão. Por causa da clandestinidade, as áreas comuns serão arruinadas, o sistema de irrigação esgotará, o número de faróis será insuficiente, a segurança pública precária, a qualidade do ar má, e assim por diante.

Ostrom acreditava que as pessoas que vivem em sociedade de forma rotineira enfrentam desafios semelhantes ao dilema do prisioneiro. Às vezes, são problemas de recursos comuns, como é o caso do bacalhau do Báltico. Às vezes, são problemas de bens públicos. Ostrom também acreditava que muitos dos grandes problemas enfrentados pela humanidade — do desmatamento e da pesca excessiva à degradação ambiental e falta de água potável, à violência e à guerra — eram resultado de interações em que os incentivos individuais estão mal alinhados com o bem comum.

Mas — e esse é o ponto central — Ostrom também acreditava que muitos desses problemas poderiam ser resolvidos através das instituições. As instituições funcionam porque transformam o jogo real que as pessoas jogam num jogo em que os incentivos individuais se alinham com o bem comum. As instituições restringem a ação individual. Mas como, em última análise, cumprem o seu fim, as pessoas podem concordar em ser restringidas. As instituições podem obter o consentimento dos governados.

Princípios da governança de Ostrom

No início da década de 1970, uma zona de pesca costeira em Alanya, na Turquia, estava à beira do colapso.[16] Como Ostrom relatou a história, o uso ilimitado da pesca levou a confrontos entre os cerca de 100 pescadores que operavam na área. Os confrontos às vezes tornavam-se violentos. Enquanto isso, a competição pelos melhores pontos de pesca aumentava os custos de produção. E os pescadores enfrentaram muita incerteza. Eles não conseguiam prever facilmente onde poderiam pescar ou quanto poderiam pescar. Os pescadores enfrentaram um problema clássico de recursos de bem comum. Peixes e pontos de pesca não são exclusivos. Nenhum pescador sozinho poderia impedir que outros usassem os bons pontos de pesca para apanhar o peixe. No entanto, tanto os pontos de pesca como o *stock* de peixes são subtraíveis. Podem esgotar.

Membros de uma cooperativa local decidiram começar a testar maneiras de resolver esses problemas. Levaram uma década de tentativa e erro, mas no final decidiram-se por um sistema que resolveu os problemas.

A área foi dividida em locais de pesca. Esses locais eram adequadamente grandes e espaçados para que todos pudessem ser usados ao mesmo tempo sem conflito. No mês de setembro, o direito de usar esses locais de pesca era distribuído aleatoriamente entre os pescadores elegíveis. Após o primeiro dia de pesca, os pescadores começavam a rodar. De setembro a janeiro, os pescadores deslocavam-se diariamente para leste. De janeiro a maio, regressavam em direção a oeste um local alocado a cada dia.

Ao contrário dos pescadores do Báltico, os pescadores turcos fizeram o seu sistema funcionar. O sistema é tecnicamente uma instituição. Ao limitar cada pescador a um local alocado todos os dias, a instituição quase eliminou a incerteza, o confronto e o conflito. Também ajudou a aumentar o rendimento, embora de forma sustentável. O sistema era barato e fácil de gerir. Exigiu pouco esforço para acompanhar e fazer cumprir. Os pescadores têm um forte incentivo para permanecer no local designado. Se alguém, por qualquer motivo, não o fizesse, seria imediatamente observado e relatado por quem deveria ter aquele local para si naquele dia. Mas as transgressões eram raras, porque obviamente era do interesse de cada pescador obedecer às regras. O problema não foi resolvido exatamente pelo mercado livre. Nem foi resolvido pelo governo. Foi resolvido pela própria comunidade de pescadores. Foram eles que identificaram o problema, conceberam a solução e monitorizaram e (se necessário) aplicavam as suas regras. A solução funcionou pelo consentimento mútuo dos governados.

A história da pesca de Alanya teve um final feliz. Nem todos os recursos de bem comum têm. Para Ostrom, esta foi uma observação importante. Algumas comunidades permanecem «encurraladas com remorsos na destruição dos seus próprios recursos», enquanto outras «saíram da armadilha inerente ao dilema dos bens comuns».[17] A observação levou-a a refletir sobre as diferenças. Que fatores internos e externos preveem se uma comunidade permanecerá acorrentada ao dilema dos bens comuns, questionou ela, e quais conseguirão libertar-se?

Ostrom não acreditava em ajustes rápidos e soluções de tamanho único.[18] Qualquer solução bem-sucedida, acreditava ela, deve adequar-se ao ambiente social e ecológico específico. Deve ser sensível ao conhecimento local, tradição e valores. O esquema que funcionou em Alanya não funciona necessariamente noutro lugar.

Embora a economia não possa oferecer uma solução única para todos, pode dizer-nos muito sobre as pré-condições para o sucesso. Segundo ela, «Por "bem-sucedido", quero dizer instituições que permitem que os indivíduos alcancem resultados produtivos em situações em que as tentações de clandestinidade estão sempre presentes.»[19] Ela articulou os seus *insights* fundamentais na forma de oito princípios relativos às normas. Os princípios não são leis da natureza. Nenhum princípio ou conjunto de princípios irá garantir o sucesso. Ela também não quis sugerir que as comunidades que desenvolveram instituições bem-sucedidas articularam necessariamente esses princípios ou foram guiadas por eles. Mas as instituições consistentes com esses princípios, acreditava Ostrom, eram mais propensas a cumprir o seu trabalho de maneira sustentável e aceitável.

Os economistas precisam de permanecer humildes sobre a sua capacidade de desenvolver soluções e fornecer resoluções do exterior, por assim dizer. A melhor coisa que podem fazer é ajudar as pessoas a ajudarem-se a si próprias. O papel apropriado do economista é ajudar a comunidade a desenvolver instituições que resolvam os problemas que estão a enfrentar e a corrigir esses problemas de uma forma que responda ao conhecimento, tradição e valores locais. Os princípios relativos às normas permitem que isso aconteça. Ao ajudar as pessoas a estabelecer as pré-condições para instituições bem-sucedidas e duradouras, os economistas podem ajudar as pessoas a ajudarem-se.

Como é que Ostrom iria saber o que resultava? Os seus princípios relativos às normas são baseados em material empírico muito extenso, além da abordagem mais analítica da teoria dos jogos.[20] Ostrom fez investigações de campo originais, onde estudava coisas como a gestão de bacias subterrâneas na década de 1960 e a vigilância em grandes áreas metropolitanas dos Estados Unidos. Esta investigação foi feita no local, às vezes na parte de trás dos carros da polícia e nas ruas do centro da cidade. Ela e a sua equipa realizaram uma longa série de experiências de laboratório, o que lhe permitiu variar de forma independente diversos parâmetros num ambiente controlado. Ela fez os seus próprios estudos em grande escala, por exemplo, sobre sistemas de irrigação no Nepal e gestão florestal em todo o mundo. Finalmente, construiu um banco de dados de estudos de caso de uma variedade de campos: antropologia, sociologia, história, ecologia, ciência política, silvicultura, etc. Em 1989, o banco de dados continha quase 5 mil entradas.[21] A estrutura teórica deu-lhe uma maneira de classificar esses estudos e estruturar o banco de dados, o que lhe permitiu fazer inferências sobre o que funcionou e o que não funcionou.

Com base nesta vasta quantidade de material empírico, Ostrom procurou condições que estão presentes onde as instituições surgem e sobrevivem durante longos períodos, e que estão ausentes onde não o fazem. Estes oito princípios da governança, ou «fatores de sucesso», estão listados abaixo.[22]

1. Limites claramente definidos

O primeiro princípio de gestão defende que o problema precisa de ser claramente delineado. Precisa de ficar claro que recurso específico a instituição deve gerir e como o distinguir do sistema social e ecológico mais amplo do qual faz parte. Os pescadores em Alanya tiveram de identificar os limites da pescaria que estavam a tentar gerir. Também deve ficar claro quem são os potenciais utilizadores do recurso. Os pescadores precisavam de identificar quem, exatamente, deveria ter o direito de receber um ponto de pesca. Se qualquer uma dessas condições falhar, surgirão problemas. Os pescadores que não estiverem vinculados às regras da instituição podem comparecer e começar a pescar num local cedido a outro pescador, por exemplo. Então, podemos esperar que a incerteza, o conflito e o confronto regressem.

Da mesma forma, o tamanho da instituição tem de corresponder ao tamanho do problema. Um recurso de bem comum concentrado numa pequena localização geográfica e com um pequeno número de utilizadores potenciais é mais bem gerido por uma pequena instituição. Um recurso que se estende por uma grande área geográfica e que possui um grande número de utilizadores em potencial precisa de uma grande instituição. A Associação de Natação Stora Rör funciona, em parte, porque lida com um problema bem definido e limitado — mas também porque a organização não é menor nem maior do que precisa de ser. Se fosse menor, não seria capaz de fazer o seu trabalho; se fosse maior, teria problemas totalmente desnecessários.

2. Congruência entre regras e condições locais

O segundo princípio de gestão diz que as regras precisam de ser adaptadas às condições locais. Ao estudar sistemas de irrigação em todo o mundo, Ostrom descobriu que havia variações consideráveis. As diferenças refletiam disparidades de tempo, lugar, tecnologia, recursos e muito mais. As regras que funcionaram em Alanya foram elaboradas para refletir a distribuição dos locais de pesca e os padrões de migração dos peixes locais. As regras que não atendem às condições locais provavelmente não serão bem-sucedidas, não importa quão bem tenham funcionado noutros lugares. Mais uma vez, nenhum conjunto de regras funcionará em todos os lugares.

Diferentes tipos de regras, além disso, devem ser congruentes entre si. Algumas regras determinam quem pode apropriar-se de um recurso comum. Outras regras determinam quem deve fornecer. Estas regras, em conjunto, determinam a distribuição de benefícios e custos pela comunidade. Em geral, os custos precisam de ser aproximadamente proporcionais aos benefícios. Se alguns membros da comunidade assumem grande parte dos custos sem receber uma parte proporcional dos benefícios, é pouco provável que concordem com o acordo.

3. Acordos de escolha coletiva

O terceiro princípio de gestão refere que as pessoas afetadas pelas regras da instituição devem ter permissão para participar na sua criação e modificação. Dar voz aos membros serve vários propósitos. Por um lado, as pessoas afetadas pelas regras costumam ser as que mais sabem sobre as circunstâncias locais. Isso inclui conhecimento sobre o ambiente físico; conhecimento sobre as pessoas, os seus valores, preferências, tradições e cultura. Também inclui a sua experiência de arranjos anteriores e existentes — o que funcionou e o que não funcionou. Permitir que os utilizadores e os provedores do bem participem no processo normativo significa que as deliberações serão moldadas pelo conhecimento que está disperso na população. Que solução de irrigação específica tem maior probabilidade de funcionar num determinado local, por exemplo, não é óbvia. Informações privilegiadas são claramente úteis.

Dar voz aos membros na criação de regras também pode torná-los mais envolvidos na instituição e mais dispostos a seguir as suas regras. Mas não há garantia. Os incentivos individuais ainda precisam de estar alinhados com o bem comum. É disso que tratam os próximos princípios.

4. Acompanhamento

O quarto princípio de gestão refere que deve haver algum grau de acompanhamento. Alguém precisa de prestar atenção à condição do recurso de bem comum ou bem público e ao desempenho dos utilizadores e provedores do bem. Essas pessoas podem ser outros utilizadores ou provedores. Em Alanya, uma pessoa que pescasse fora do seu local de pesca designado seria imediatamente apontada pela pessoa que tinha o direito de pescar ali naquele dia. O acompanhamento, neste caso, é feito pelos próprios pescadores como parte das suas atividades regulares. Esses «fiscais» também podem ser pessoas externas. Os fiscais externos precisam de ser nomeados, ou, de alguma outra forma, prestar contas aos utilizadores e provedores do recurso. A monitorização não precisa de ser 100% eficaz, mas se o estado do recurso não for acompanhado, é difícil mantê-lo em níveis adequados. E se as transgressões dos utilizadores e provedores não forem sistematicamente observadas, deixa de haver motivos para não agirem em clandestinidade.

O mero acompanhamento ainda não é suficiente. Também deve haver algum tipo de consequência negativa para os clandestinos e outros infratores.

5. Sanções progressivas

O quinto princípio de gestão refere que deve haver sanções em vigor. As sanções são penalidades impostas em resposta a transgressões. As sanções podem assumir múltiplas formas, podendo envolver a devolução de ganhos ilícitos, incluindo recursos colhidos em violação das regras da instituição. A sua imposição provavelmente envolverá perda de reputação na comunidade, pois os «fiscais» irão informar outras pessoas sobre a infração. As sanções podem envolver multas em dinheiro ou outras como restituição. Para infrações particularmente graves, as sanções podem assumir a forma de expulsão da comunidade. As sanções devem ser *progressivas*. Isso significa que são leves no início. Uma infração inicial pode passar por um simples lembrete das regras. Para infratores reincidentes, no entanto, as sanções aumentam. As sanções irão motivar o ofensor a voltar ao caminho certo. Elas também recordarão aos outros as consequências potencialmente graves das transgressões. As sanções, como acompanhamento, não precisam de ser 100% eficazes, mas algumas sanções são necessárias se quisermos que os incentivos individuais estejam alinhados com o bem comum e que as pessoas sigam as regras.

Pode perguntar «Quem guarda os guardiões?». Uma vez que monitorizar e impor sanções a outras pessoas pode ser dispendioso, pode temer que ninguém se sinta motivado a fazê-lo. No entanto, isso parece ser menos problemático na prática do que na teoria. Ostrom destacou que comunidades reais são bem-sucedidas a resolvê-lo. Este facto sugere que sancionar infratores é menos dispendioso e/ou mais benéfico para utilizadores e provedores do que se pode imaginar. Quando cada membro investe na estabilidade e longevidade de uma instituição, eles têm interesse em garantir que as sanções sejam impostas de maneira adequada.

6. Mecanismos de resolução de conflitos

O sexto princípio de gestão afirma que a instituição deve fornecer alguma forma de avaliar os desacordos e conflitos. Os utilizadores e provedores devem ter acesso a algum espaço onde possam expor e resolver as suas divergências. O procedimento deve ser de baixo custo, tanto em tempo quanto noutros recursos. Alguns conflitos são inevitáveis. Nenhuma regra é completamente livre de ambiguidades. Mesmo membros honestos e bem-intencionados da comunidade podem discordar sobre aquilo que uma regra exige. Alguns podem explorar ambiguidades em benefício próprio. E as pessoas às vezes cometem erros. Um espaço adequado para resolver divergências pode impedir que elas se agravem, consumam recursos e talvez até causem o colapso da instituição.

7. Reconhecimento mínimo de direitos de organização

O sétimo princípio de gestão refere que as autoridades governamentais devem reconhecer, ou pelo menos não desafiar, o direito dos utilizadores e provedores de criar as suas próprias instituições. Por vezes, os funcionários do governo acreditam que eles, e somente eles, têm o direito de determinar quem deve fornecer e quem deve usar. Por exemplo, os funcionários podem pensar que é o seu trabalho — e de mais ninguém — decidir quem deve ter o direito de usufruir de um recurso de bem comum. Quando é assim, é difícil manter instituições locais que gerem o mesmo recurso. Uma instituição construída e gerida pelos próprios utilizadores provavelmente prosperará apenas quando o governo permanece à distância. Suponha que o governo turco intervinha e organizava o seu próprio sistema para alocar direitos de pesca em Alanya, por exemplo. Então, qualquer pescador insatisfeito com o sistema poderia ter solicitado ao governo que interferisse na atribuição de direitos e deveres, causando o colapso de uma instituição funcional.

8. Empresas aninhadas

O oitavo e último princípio de gestão diz que a governança deve ser organizada em múltiplas camadas de instituições aninhadas. Em princípio, poderia imaginar uma instituição enorme que tenta apropriar-se, fornecer, monitorizar, fazer cumprir e resolver todos os problemas dentro da sua jurisdição. Essa instituição seria muito semelhante a um Estado tradicional. Nenhum dos casos de sucesso que Ostrom estudou é assim. As comunidades bem-sucedidas criam múltiplas instituições estáveis e duradouras de diferentes dimensões, que funcionam em diferentes níveis, para gerir os recursos e bens no sistema social e ecológico do qual fazem parte naquele nível. O resultado é um sistema de instituições sobrepostas e aninhadas, cada uma com uma dimensão correspondente ao tamanho do problema que tenta resolver.

Embora Stora Rör seja uma pequena vila, tem várias associações e outras instituições destinadas a gerir recursos (como o porto e estradas privadas), prestar serviços (como manter campos de ténis e *padel*), organizar atividades (como festivais comunitários), e mais. Estas instituições funcionam mais ou menos na mesma área geográfica, têm associações sobrepostas e interagem de várias maneiras. A questão é que, em vez de haver uma organização enorme que faz tudo o que precisa de ser feito na comunidade, as pessoas distribuíram-se numa série de organizações sobrepostas e aninhadas, cada uma delas adequada à sua tarefa. Mais uma vez, nada disso é invulgar. Se Ostrom tinha razão, é a norma.

Novamente, estes princípios de gestão não garantem o sucesso. Esse sistema de princípios não existe. Os princípios de Ostrom aumentam a probabilidade de sucesso. Fornecem-nos dicas sobre o que os pescadores de bacalhau do Báltico poderiam ter feito para evitar o colapso do *stock* de bacalhau. Os pescadores teriam de identificar os limites do bacalhau do Báltico e quem tinha o direito de pescar o *stock* (princípio de gestão 1). Teriam igualmente de desenvolver as suas próprias regras operacionais que regulassem como e onde o bacalhau poderia ser pescado e em que quantidades (princípio de gestão 3). Estas regras teriam de ser adequadas às condições locais, dadas as restrições sociais, económicas e ecológicas relevantes (princípio de gestão 2). Os pescadores teriam de considerar a possibilidade de as condições poderem variar de uma parte do Báltico para outra e, se apropriado, construir uma série de instituições aninhadas para lidar com elas (princípio de gestão 8). Os pescadores, ou alguém por eles designado, teriam de fiscalizar o cumprimento destas regras (princípio de gestão 4). Se necessário, também teriam de aplicar algum conjunto de sanções gradualmente crescentes aos que violassem as regras (princípio de gestão 5). Teriam de desenvolver um espaço no qual as queixas pudessem ser geridas de forma pacata e rápida (princípio de gestão 6). Enquanto isso, o projeto pressupõe que os governos dos países à volta do Báltico deixem os pescadores em paz — e não destruam os seus esforços com intervenções gratuitas (princípio de gestão 7).

A visão policêntrica de Ostrom

Ostrom não forneceu apenas uma série de princípios de governança — apresentou uma visão do que seria uma boa sociedade. A ideia de que a dimensão da instituição deve corresponder ao tamanho do problema inspirou uma visão da sociedade que consiste numa manta de retalhos ricamente texturizada de instituições.[23] Ostrom usou o termo *policêntrico* para denotar uma sociedade sem uma única autoridade governamental central, como acontece numa sociedade monocêntrica. Numa sociedade policêntrica, as decisões sobre provisão, gestão e distribuição de recursos são feitas por muitas instituições diferentes. Estas instituições terão dimensões diferentes e irão funcionar em níveis diferentes. Estas instituições serão *formalmente independentes*, no sentido de tomarem as suas próprias decisões sobre os recursos que estão sob o seu controlo. E muitas vezes serão *funcionalmente independentes*, no sentido de que atuam independentemente uns dos outros.

O que há de tão positivo numa sociedade policêntrica? A investigação de Ostrom sobre vários sistemas de governança diferentes concluiu que havia várias vantagens.[24] Uma sociedade policêntrica tem mais capacidade de utilizar o conhecimento local e distribuído, porque autoriza os utilizadores de cada recurso de bem comum a estabelecerem as regras que regem da forma como esse recurso específico deve ser utilizado. Uma sociedade policêntrica é mais adaptativa. Permite experimentar formas alternativas de gestão. Também permite que uma comunidade aprenda com outras envolvidas em processos paralelos de aprendizagem por tentativa e erro. E uma sociedade policêntrica é mais resiliente. Oferece um certo grau de redundância nas formas organizacionais, assim como um avião bem construído oferece redundância no seu número de motores, pilotos e baterias. Se uma instituição falhar num nível, pode haver outra instituição sobreposta ou aninhada disponível — no mesmo ou noutro nível — para compensar a falha. Ao distribuir a tomada de decisão por uma ampla gama de centros autónomos, reduz-se a probabilidade de falha total e completa.

Esta visão policêntrica é bastante diferente daquilo que se encontra noutras situações.

Uma visão comum sugere privatizar tudo e depender do mercado para resolver as coisas. Só assim, pensa-se, podemos garantir que o recurso seja utilizado de forma lucrativa e responsável. A sugestão, efetivamente, é resolver problemas de recursos de bem comum eliminando a parte comum — ou seja, colocando o recurso nas mãos de agentes privados. Como solução geral, Ostrom considerou que era uma má ideia.[25] Muitos recursos de bem comum não podem ser facilmente divididos e privatizados. Estas são situações em que os problemas de recursos de bem comum têm a tendência para ser particularmente graves. O *stock* de peixes num oceano é um exemplo. Uma floresta é outra. As florestas bem administradas são a fonte de vários produtos, o local de várias operações produtivas e o lar de vários utilizadores. Pode não haver uma boa maneira de os dividir em parcelas que permitam que todos esses utilizadores continuem a manter as suas operações. A privatização também pode levar a ineficiências. Aumenta a necessidade de mercados que distribuam a produção e de esquemas de seguro que distribuam os riscos — todos associados aos custos de transação e aos riscos de falhas do mercado.

Outra visão comum sugere centralizar a propriedade e o controlo dos recursos de bem comum e deixar que o Estado resolva isso. A ideia é retirar o controlo das pessoas e comunidades locais e colocá-lo nas mãos de um governo central com grandes poderes coercivos. Só assim, prossegue este raciocínio, podemos confiar que os recursos serão geridos de forma responsável e sustentável e para benefício de todos. Ostrom tinha pouca fé na centralização como uma solução geral.[26] Para gerir os recursos de bem comum de maneira eficiente e justa, um governo central — de certa forma distante da comunidade real — ainda precisaria de uma grande quantidade de informação a que não consegue aceder. Isso inclui informações sobre o recurso em questão, mas também sobre as necessidades, objetivos, preferências das pessoas, etc. Um governo central também precisaria de capacidades de monitorização. Seria necessário um sistema confiável para gerir sanções consistentes. Seria necessário garantir que os incentivos de todos os envolvidos estivessem devidamente alinhados com o bem comum. E precisaria de fazer tudo isto sem incorrer em custos administrativos proibitivos.

Estas duas visões, de certa forma, refletem uma perspetiva pessimista da sociedade humana. Elas partilham o pressuposto de que as comunidades humanas são largamente incapazes de gerir recursos de bem comum juntos. Os dois argumentos pressupõem que os seres humanos, quando deixados por conta própria, vão destruir e esgotar os recursos. O argumento da privatização defende que a única maneira de evitar a destruição e o esgotamento é garantir que não haja recursos de bem comum para arruinar. O argumento da centralização defende que os recursos de bem comum têm de ser retirados das mãos das pessoas e geridos por um

Estado benevolente. Ambos concordam que as pessoas, assim, têm de ser salvas de si próprias.

A visão de Ostrom é muito menos sombria. Considerava que uma das mensagens essenciais do seu trabalho era um certo grau de otimismo. Segundo Ostrom: «A lição mais importante para a análise de políticas públicas retirada da minha jornada intelectual... é que os seres humanos têm uma estrutura motivacional mais complexa e têm mais capacidade de resolver dilemas sociais do que o postulado.»[27] Ostrom não era ingénua em relação à capacidade de as pessoas gerirem os seus recursos comuns. Ela estava bem ciente de que muitas comunidades simplesmente não conseguem proteger e preservar os *stocks* de peixes, florestas e outros. Mas manteve-se otimista. A sua investigação revelou muitos exemplos de comunidades bem-sucedidas. Isso ajudou-nos a ver as condições sob as quais o sucesso tem mais probabilidade de ocorrer. Ela ensinou-nos a preparar o caminho para uma governança bem-sucedida — «além dos mercados e dos Estados», como refere o título da sua palestra sobre o Nobel.

Economia, especialização e valores

Ostrom mostrou-nos como criar uma comunidade, gerir recursos, resolver problemas e muito mais. Ela não era ingénua quanto à capacidade das pessoas de resolverem os seus próprios problemas, mas reconhecia que as pessoas muitas vezes falham. Ela também não era ingénua sobre a capacidade de um economista poder ajudar. Admitiu, com alegria, que a economia não oferece maneiras infalíveis de alcançar todos os resultados que valorizamos. «Para alguns leitores, esta é uma lição deprimente», disse. «Eles estão à procura "da" resposta de como solucionar melhor os dilemas comuns e outros problemas políticos.» Mas depois acrescenta que os engenheiros aeroespaciais e os *designers* de *software* não têm receitas infalíveis para fazer com que os aviões voem e os computadores funcionem. Aceitar unicamente um avião que voa e um computador que não se avaria é uma escolha sua — não é uma ciência imperfeita.

O trabalho de Ostrom é fascinante, até porque nos diz muito sobre o que a economia é — e pode ser. Não há dúvida de que Ostrom estava a fazer economia. Todo o projeto é profundamente influenciado pela análise da teoria dos jogos com a qual começámos. A teoria dos jogos forneceu-nos uma imagem nítida e clara do problema. Concentrou a nossa atenção na natureza das interações — ou seja, situações em que os incentivos individuais e o bem comum podem separar-se e as coisas más podem acontecer. A teoria dos jogos também nos trouxe uma resposta baseada em princípios para a questão de como uma solução poderia assemelhar-se. A teoria da economia forneceu uma estrutura para classificar o vasto e rico material empírico de uma variedade de disciplinas, de um modo que permitiu a Ostrom articular os oito princípios da governança. Com base nisso, Ostrom produziu uma análise única — e uma visão convincente de como seria uma boa sociedade, para além dos mercados e dos Estados.

A obra de Ostrom ilustra a forma como os economistas tratam — e podem tratar — o indivíduo. Algumas pessoas temem que a economia promova uma visão da sociedade na qual os indivíduos são átomos antissociais, unidos apenas pelas relações de mercado. A visão de Ostrom não é nada disso. A sua análise é, de certa forma, individualista. Ela explica as instituições, em última análise, ao nível do indivíduo — os seus objetivos e propósitos, etc.[28] As instituições existem apenas porque são desenvolvidas e mantidas por indivíduos que lutam pelos seus interesses, como eles os veem, da melhor maneira possível. Mas os indivíduos na análise de Ostrom não são átomos antissociais, e a sociedade não é apenas a soma das partes individuais. Os indivíduos fazem parte de uma densa rede de relações de mercado e não-mercado. Os seus comportamentos, crenças e atitudes refletem o facto de viverem numa sociedade policêntrica e ricamente estruturada. Numa sociedade policêntrica, as pessoas dependem umas das outras de várias maneiras. E, em última análise, é a rede de instituições sociais que retira as pessoas dos dilemas sociais que aprisionam os agentes estritamente racionais, míopes e egoístas.

O trabalho de Ostrom também ilustra o papel que os valores e a ideologia desempenham — e podem desempenhar — na economia. Os economistas são frequentemente acusados de serem ideológicos e/ou de promoverem os seus próprios valores tacanhos. Não há dúvida de que Ostrom tinha valores que queria concretizar e que inspiraram os seus princípios da governança e a sua visão de uma sociedade policêntrica. Mas isso é normal. Qualquer pessoa preocupada em tornar o mundo um lugar melhor, como os economistas, terá de começar com alguma noção de como seria uma boa sociedade. A pergunta que devemos fazer não é se os benfeitores têm valores. Claro que sim. As perguntas que devemos fazer incluem se os valores são transparentes, se são defensáveis e se desempenham um papel razoável na análise.

Para mim, o uso de valores de Ostrom é explícito e responsável. Ela é clara sobre quais são os seus valores. Segundo ela:

> Um objetivo central da política pública deve ser o de facilitar os desenvolvimentos que fazem sobressair o que há de melhor nos seres humanos. Precisamos de perguntar como é que as instituições policêntricas ajudam ou atrapalham a inovação, a aprendizagem, a adaptação, a confiabilidade, os níveis de cooperação dos participantes e a obtenção de resultados mais eficazes, equitativos e sustentáveis em múltiplas escalas.[29]

Os valores de eficiência, equidade e sustentabilidade foram todos essenciais para a análise de Ostrom — como um meio de fazer sobressair o melhor dos seres humanos. Não menos importante, ela destacou repetida e enfaticamente que o economista deve ser guiado pelos valores das próprias pessoas. Ela comparou o papel do economista ao de um facilitador ou de uma parteira, ajudando as comunidades a identificar os seus problemas e a construir as suas próprias soluções — de uma maneira que corresponda aos seus próprios valores. O seu trabalho não era isento de valores — não poderia ser —, mas foi concebido para respeitar os valores das pessoas envolvidas tanto quanto possível. Como escreve Tarko, o foco de Ostrom no consentimento e na autogovernança permite-nos permanecer agnósticos, em grande medida, sobre os valores que devem ter prioridade. E prossegue: «Em vez de tentarmos impor os nossos próprios valores pessoais a todos, o foco deve estar em capacitar as pessoas para construir comunidades que melhor atendam às suas prioridades.»[30]

Conclusão

Desde o primeiro dia que a economia se tem debruçado sobre tornar o mundo um lugar melhor, mais apto para o progresso humano. A razão pela qual existe é que os filósofos morais se recusaram a aceitar a miséria e o sofrimento generalizados, e pensaram que uma economia científica poderia ajudar a aliviá-los. Quando a economia foi atacada e apelidada de «ciência sombria», e talvez até obra do próprio Diabo, no século XIX, os economistas já estavam ocupados a opor-se à escravatura e à injustiça. A disciplina percorreu um longo caminho desde então, mas a ambição de ajudar as pessoas a levar uma vida melhor e de aperfeiçoar o mundo ainda continua viva e de boa saúde.

A economia oferece a melhor alternativa às soluções milagrosas e às varinhas de condão: soluções praticáveis e baseadas na evidência de que podem, no limite, melhorar vidas humanas, comunidades de pessoas e o mundo em que vivemos. A proposta é distinta, no sentido em que difere da que é oferecida noutros lugares. Não é óbvia, no sentido em que nem sempre é a que se esperaria. A economia ajuda-nos a enfrentar grandes desafios e pequenos aborrecimentos. Abre caminho para acabar com a pobreza. Dá conselhos sobre como criar filhos bem-adaptados e (não menos importante para os envolvidos) a permanecer são no processo. Diz-nos como lidar com as alterações climáticas e a poluição. Diz-nos como estimular comportamentos pró-sociais e promover os direitos humanos. Fornece-nos algoritmos que salvam vidas e dão às pessoas o que elas precisam. Diz-nos como sermos felizes, humildes e ricos — possivelmente até ao mesmo tempo. E ensina-nos a construir comunidades sustentáveis e resilientes dentro dos limites instituídos pelo planeta em que vivemos. A proposta é elaborada para nos beneficiar a nós, às nossas comunidades e ao mundo como um todo.

Defendo a economia pode ajudar-nos a salvar o mundo da mesma maneira que uma caixa de ferramentas pode ajudá-lo a construir uma casa. O que quero dizer é que estará melhor com a caixa de ferramentas do que sem ela. Não estou a dizer que a economia pode resolver todos os problemas. Não estou a dizer que as suas soluções funcionam garantidamente. Não estou a dizer que as suas soluções não devem ser complementadas com conhecimentos de outras disciplinas e domínios. Não estou a dizer que não possa ser criticada. Não estou a dizer que a economia, na sua forma atual, é perfeita. Não estou a defender os economistas ou a profissão de economista. O que quero dizer é que a economia, no limite, contribui positivamente para os nossos esforços de construir um mundo melhor.

A economia é muito parecida com a medicina moderna. A medicina moderna é incrível. Contudo, por melhor que seja, não pode resolver todos os problemas que afligem a humanidade. Nenhuma cirurgia ou medicação funciona garantidamente. A medicina é uma arte, assim como uma ciência, e não resolve problemas por magia ou por si só. Pode ser mal utilizada ou fazer-se mal com ela. Alguns médicos são seres humanos terríveis. Alguns causaram estragos efetivos. Algumas das coisas que os bons médicos fazem são inúteis ou redundantes. E ir ao médico não é a única maneira de promover a sua saúde. Um treinador de corrida, por exemplo, pode ajudá-lo a manter a forma e a evitar lesões. Nada disto, porém, é motivo para descartar a medicina enquanto disciplina. Também não é motivo para não procurar ajuda médica quando precisar. Com a medicina, como com a economia, não queremos fazer do ótimo o inimigo do bom. Se se recusa a consultar um médico, a menos que ele lhe prescreva remédios que funcionem de certeza, isso parece ser um problema *seu*.

Devo acrescentar que não descrevi *todas as maneiras* através das quais a economia pode ajudar. O que abordei é apenas uma seleção, extraída de um conjunto muito mais abrangente. O que abordei não é sequer uma seleção representativa, seja lá o que isso for. Mas espero que confie em mim quando digo que não me foquei em figuras secundárias e marginais. Os economistas que conhecemos nos capítulos anteriores são, em geral, membros extremamente respeitados da profissão. São parte firme do *mainstream*. Ocupam cargos nos principais departamentos e em instituições de renome. O seu trabalho aparece em jornais de primeira linha.

E ganharam alguns dos prémios e distinções mais prestigiosos — incluindo o Prémio Nobel.

Pelo caminho, tentei dar-lhe uma ideia de como a casa da economia é construída. Descrevi as evidências que os economistas recolhem e as ferramentas que usam. Inclui experiências de laboratório, trabalho de campo, grandes dados. Informações recolhidas de bases de dados de todos os tipos. Teorias e modelos abstratos. Econometria — estatísticas reaproveitadas para fins económicos. Não tentei descrever toda a base empírica para as propostas que relatei. (Encontrará isso no meio das notas.) Mas tentei dar-lhe uma noção de como os economistas apresentam as suas ideias, como determinam se são verdadeiras ou não, e o que lhes dá motivos para pensarem que as suas propostas são boas e vão funcionar.

Uma ferramenta importante a que me referi várias vezes é a «forma de pensar da economia». Isso inclui um conjunto de regras de ouro, ou heurística. As regras de ouro não nos dizem nada sobre o mundo. Dizem-nos como abordá-lo — ou estudá-lo. Ideias como pensar na margem e procurar o equilíbrio podem não ter muito para dizer. Mas é preciso treino (ou disciplina) para as aplicar de forma consistente. E quando o faz, surgem respostas que, de outra forma, não lhe teriam ocorrido. Esse modo distinto de análise ajuda a explicar porque é que as soluções económicas costumam ser diferentes das que são oferecidas noutros lugares.

Um terceiro objetivo foi indicar porque não devemos ser seduzidos pela antieconomia. Assim como uma discussão sobre a ciência das alterações climáticas estaria incompleta se não mencionasse os céticos dessas alterações, uma discussão sobre a economia como ciência não pode evitar totalmente o tópico dos céticos da economia. Como apontei na introdução, a economia sempre foi perseguida por críticos que defendem que seria melhor se tudo o que a economia construiu fosse destruído. Tenho a certeza de que existem determinadas teorias, práticas, modelos, medidas e soluções que são objetáveis da maneira sugerida pelos antieconomistas. Também estou certo de que existirão certos economistas moral e intelectualmente reprováveis. É um dever moral melhorar a economia na medida do que for possível. Mas os escritores antieconomia não atacam apenas ideias ou indivíduos específicos. Eles atacam tudo. Generalizam e avançam numa ampla frente contra a disciplina. E a imagem que emerge dessas generalizações não corresponde à descrição da atual teoria e prática económica.

Uma pergunta razoável a fazer é se seria melhor, e quem beneficiaria, se descartássemos a economia em bloco — não porque tivéssemos acesso a uma teoria melhor, mas porque decidimos que o material existente não era bom. Considere, por exemplo, o pensamento económico sobre enriquecer — para nos focarmos no que pode ser visto como a parte mais vulgar. As coisas seriam melhores se não tivéssemos acesso à teoria da escolha racional, que nos diz qual é a melhor estratégia de acordo com os nossos objetivos e valores? As coisas seriam melhores se não tivéssemos a teoria dos mercados eficientes, que nos diz para sermos céticos em relação a qualquer pessoa que prometa lucros maiores do que o mercado de ações? As coisas seriam melhores se não tivéssemos uma investigação sistemática sobre a literacia financeira e os obstáculos que coloca? As coisas seriam melhores se não tivéssemos as ferramentas pedagógicas desenvolvidas para ajudar as pessoas a melhorar a sua literacia financeira? As coisas seriam melhores se não tivéssemos ensaios controlados e aleatórios para mostrar que essas ferramentas ajudam as pessoas a concluir o ensino secundário, a arranjar emprego, a sair da pobreza e a construir riqueza? Eu acho que não. Obviamente, todas as ferramentas podem ser mal utilizadas. Mas, uma vez mais, isso não é motivo para pensar que estamos melhor sem elas.

De onde vem o ceticismo?

Se a economia é tão útil, porque é que todas as suas propostas não estão já implementadas? É uma boa pergunta. Se a economia é tão útil quanto eu fiz parecer, cabe-nos a nós perceber os obstáculos à obtenção desses ganhos — e remover esses obstáculos.

Em primeiro lugar, deve-se voltar a dizer que a economia poderia ser melhor. Por um lado, a profissão de economista poderia ser mais diversificada.[1] Pelo menos parte da explicação vem da discriminação sistemática de grupos sub-representados. A discriminação prejudica tanto os indivíduos quanto a profissão. Não há forma de saber quantos estudantes talentosos e inovadores, ou académicos em início de carreira, escolhem outra profissão como resultado desse mau tratamento.

Os economistas também poderiam ser muito melhores a comunicar o que é a economia e por que razão alguém devia estudá-la. Há sinais de que um simples *e-mail* para os novos alunos pode aumentar o número de matrículas e de colocações.[2] A mensagem mais eficaz é um convite para a inscrição num curso de economia, juntamente com «informações que mostrem a diversidade de investigações e investigadores em economia». Uma melhor comunicação pode fazer uma grande diferença, na medida em que a ignorância sobre a economia é um fator relevante (e voltarei a isso mais à frente).

A economia poderia ser mais aberta. Há dados bibliográficos que mostram que cientistas políticos e sociólogos citam economistas com muito mais frequência do que economistas citam cientistas políticos e sociólogos.[3] A assimetria pode dever-se ao facto de os economistas se acharem muito melhores do que os outros cientistas sociais. Nem todos os economistas são tão arrogantes quanto Schumpeter (Capítulo 7), mas muitos precisam de um pouco de humildade, já que há muitas razões para isso.

Acima de tudo, a economia poderia relacionar-se mais com a filosofia. A filosofia inclui a filosofia da ciência, que reflete sobre o uso de teorias, modelos, medidas e metodologias científicas. Isso inclui explorar tanto o poder das ferramentas científicas quanto as suas limitações. Uma atenção explícita à filosofia da ciência poderia tornar os economistas melhores cientistas. Não menos importante, poderia dar-lhes uma melhor ideia do que uma economia científica *não pode* fazer. Mas a filosofia também inclui a filosofia moral, que lida mais explicitamente com questões normativas. O que é o bem-estar? O que é uma boa sociedade? O que são a justiça e a equidade, e como devem esses valores influenciar os nossos esforços para tornar o mundo um lugar melhor? Muitas das críticas mais sérias à economia resumem-se não à ciência relevante, mas aos valores que lhe dão forma. A crítica ao PIB como medida de bem-estar e desenvolvimento económico, por exemplo, muitas vezes vem da alegação de que não mede o que *realmente importa*. É uma crítica justa. Mas note que o que importa é uma questão de valores. Da mesma forma, os economistas são frequentemente criticados por darem mais atenção à dimensão da economia — eficiência, crescimento económico, etc. — do que a questões de como os bens e serviços são distribuídos. Essa também é uma crítica justa. Mas, no fundo, é um argumento de que os economistas atribuem peso insuficiente ao valor da igualdade e questões similares. Estes tipos de problemas não são resolvidos pelo aperfeiçoamento da metodologia puramente científica — pelo menos, não apenas por isso. Estes problemas são resolvidos por um compromisso honesto com a reflexão filosófica sobre a natureza de uma boa vida e de uma boa sociedade, e pelo esforço para incorporar melhores valores na nossa teoria e prática científica. E exigirá o compromisso com outras partes interessadas, uma vez que a economia é agitada por valores. Principalmente o público que (através dos impostos) financia algumas obras, e que será o alvo de qualquer política pública.

É inegável que a economia e a profissão de economista são imperfeitas, mas isso não é motivo para mandar o edifício todo abaixo. Em primeiro lugar, note que os investigadores que revelam as várias maneiras pelas quais a economia é subótima também costumam ser economistas que usam as ferramentas do seu ofício. Mas, mais precisamente, as falhas não significam que a economia devesse ser eliminada da face da Terra. Não deitamos fora a nossa caixa de ferramentas porque não é tão boa quanto poderia ser.

Se perguntar aos economistas por que razão as pessoas não gostam muito deles, eles darão duas respostas recorrentes com base na história. Uma delas é que as pessoas não gostam de ouvir que não podem ter tudo o que desejam. A economia ensina que há escassez e que temos de ter compromissos. Em relação à nossa vida pessoal, o economista pode dizer que temos de escolher entre esbanjar hoje e ter dinheiro no banco amanhã. Em relação à esfera pública, o economista pode dizer que temos de escolher entre construir grandes infraestruturas ou pagar a dívida soberana.

A outra resposta é que as pessoas não gostam de ouvir que o sistema económico não pode ser reorganizado à vontade. A disciplina económica enfatiza que a economia é um sistema complexo com muitas partes interdependentes. Uma mudança numa parte do sistema pode ter consequências de longo alcance — e às vezes indesejáveis — para as outras partes. O economista pode então dizer que mesmo as reformas bem-intencionadas podem ser equivocadas e ter consequências fortemente negativas. E isso é verdade mesmo que o economista concorde com os objetivos da reforma. Nessa situação, como observou Hayek, «talvez seja inevitável que [o economista] se torne objeto de antipatia e suspeita».[4]

Na minha opinião, porém, as pessoas desconfiam da economia principalmente porque sabem muito pouco sobre o que *é*, o que *faz* e para que *serve*. Existem muitas razões pelas quais as pessoas comuns não sabem — na verdade, não podem saber — o que é a economia e o que os economistas estão a fazer. Aqui estão quatro.

Primeiro, a economia real é notoriamente inacessível. Articula-se numa linguagem que é altamente técnica e muitas vezes matemática, e requer um diploma de economia para ser assimilada. Mesmo que a investigação fosse legível, muitas vezes aparece em publicações fechadas ao público, ou então custa um dólar por página, mesmo em formato eletrónico. Existem livros populares de sucesso, como *Freakonomics* e *O Economista Disfarçado*, entre outros, que fazem um ótimo trabalho ao capturar a natureza e a alegria do pensamento económico.[5] No entanto, são muito superficiais. Os economistas, enquanto comunidade, estão a fazer um péssimo trabalho para se explicarem.

Em segundo lugar, os verdadeiros economistas são facilmente confundidos com imitadores e impostores. As pessoas que se apresentam como economistas na comunicação social muitas vezes não são nada disso. Alguns são apenas charlatães e excêntricos. É óbvio porque é que eles deveriam querer vestir o manto da ciência. Os jornalistas e produtores permitem-no porque isso contribui para uma boa televisão. Alguns dos fingidores são do mundo dos negócios. São pessoas que podem ter um diploma de negócios e experiência em negócios, mas que não têm experiência em economia. E os que são verdadeiros economistas costumam ser atiradores contratados: pessoas a trabalhar por interesses especiais, como bancos ou *think-tanks*. O trabalho deles não é, para começar, apresentar uma avaliação imparcial sobre o estado da economia. É transmitir de forma convincente aquilo em que o seu empregador quer que acreditemos. Se formou a sua visão da economia com base na impressão das pessoas que aparecem como economistas na comunicação social, é simplesmente natural que suspeite. Pode ter sido voluntariamente induzido em erro. A menos que também seja economista, como poderia saber? Os economistas permitiram que os não-economistas se apropriassem indevidamente da marca.

Mais insidiosamente, talvez, há bons economistas que oscilam entre um modo mais científico e outro mais ideológico. Quando a mudança não está claramente marcada, não nos devemos surpreender se um leitor ou um ouvinte concluir que é *tudo* ideologia. Se quiser avaliar as contribuições dele, primeiro tem de separar o conteúdo científico do resto. Fazê-lo requer um entendimento mínimo sobre o que a economia real diz. A economista de Cambridge Joan Robinson achou que era um motivo suficientemente bom para estudar economia:

> Para fazermos bom uso de uma teoria económica devemos primeiro separar as relações entre os seus elementos propagandistas e científicos... O propósito de estudar economia não é adquirir um conjunto de respostas prontas para questões económicas, mas aprender a evitar ser enganado por economistas.[6]

Em terceiro lugar, mesmo que tenha estudado economia na faculdade, pode não ter ficado com uma boa ideia do que é realmente a economia. Provavelmente leu abordagens genéricas de manuais, que dão uma má ideia do poder e alegria (e complexidade) da verdadeira economia. Foi também provavelmente exposto ao que às vezes é chamado de *economicismo*: modelos excessivamente simplistas aplicados a problemas complicados do mundo real. Modelos mais avançados e interessantes normalmente complicam a imagem pintada no início de um trajeto de estudo. Mas estes só são ensinados em cursos de nível superior ou mesmo de pós-graduação. Um aluno que não persista até chegar a esse ponto pode obter uma imagem totalmente incorreta do que é a economia. E embora as abordagens dos manuais mudem com o tempo, não mudam tão rapidamente quanto a profissão. Há exceções (consulte a leitura complementar a seguir a este capítulo), mas os manuais de economia costumam ser mais enfadonhos do que a realidade.

Em quarto, e acima de tudo, a economia mudou. Tanta coisa aconteceu nas últimas duas décadas. Não é exagero dizer que a economia do século XXI é radicalmente diferente da economia do século XX. Os economistas falam sobre uma *viragem empírica*, na qual os dados e as evidências desempenham um papel relativamente mais importante do que o que era costume — e a teoria pura desempenha um papel relativamente menos importante.[7] Parte deste desenvolvimento é a instauração da economia experimental, baseada em evidências recolhidas do laboratório da economia. A economia experimental ainda era polémica na década de 1990, mas agora já não é. O mesmo acontece com a economia comportamental, que integra a economia com a psicologia. Quando fui para a universidade, a economia comportamental nem sequer era considerada economia. (Estudei-a num departamento de ciências sociais e de decisão.) A economia comportamental faz agora parte do currículo.[8] A economia da felicidade, que estuda quem está contente e porquê, baseia-se em inquéritos em larga escala sobre sentimentos como a felicidade. Costumava provocar grande diversão nos círculos economistas no início dos anos 2000, mas agora é amplamente incontroversa. Os economistas hoje também fazem um conjunto mais amplo de perguntas e consideram um conjunto mais alargado de respostas. Tudo isto tornou a economia muito mais interessante e relevante para as preocupações humanas, mas, se não estiver imerso no mundo da economia, não tem como saber quão radicalmente as coisas mudaram.

A ignorância sobre a economia e o que ela pode conseguir não é um fenómeno novo. Lionel Robbins notou uma confusão generalizada e desinformação em 1932. Dissipá-las era o objetivo do seu livro. Eis o que ele disse:

> A confusão ainda persiste em muitos pontos, e prevalecem ideias falsas sobre as preocupações do economista e a natureza e extensão da sua competência. Em consequência, a reputação da economia sofre, não se tirando o máximo partido dos conhecimentos que ela confere.[9]

O facto de a ignorância, a confusão e a desinformação não serem novidade não as torna menos importantes. A ignorância e a confusão deixaram a economia com uma reputação injustamente má e, mais seriamente, enfraqueceram os esforços para usar o conhecimento económico para melhorar o mundo. Estamos todos piores em resultado disso.

Palavras finais

Temos duas tarefas diante de nós. Uma é fazer bom uso das ciências sociais em geral, e da economia em particular, para construir um mundo melhor, mais adequado para o progresso humano, sempre que possível. Existem obstáculos, que vão desde a simples ignorância até à resistência aos factos e à negação direta da ciência. A outra é tornar a economia melhor, mais útil e mais apropriada para abordar as preocupações humanas. (Não há contradição em dizer que a economia é boa, mas poderia ser melhor.) Entre outras coisas, isso significa fornecer valores apropriados à economia: ideias sobre que problemas merecem atenção, que soluções são moralmente aceitáveis e que visões de uma boa vida e de uma boa sociedade devem guiar os esforços dos economistas. Também aqui existem obstáculos, que vão da inércia à falta de sofisticação do nosso pensamento sobre valores, sobre uma boa vida e uma boa sociedade. Mas não sejamos derrotistas. Um mundo melhor está ao nosso alcance. A economia pode ajudar-nos a chegar lá.

Leitura complementar

Este pode ou não ser o primeiro livro de economia que já leu. De qualquer forma, espero que não seja o último. Um livro como este só consegue abordar as questões superficialmente. Se não fizer nada, além de o inspirar a ler mais, terá alcançado o seu objetivo.

Se estiver interessado nos tópicos específicos que abordei aqui, procure as referências e vá direito à fonte. Há muito mais em cada história do que consegui transmitir. Espero e confio que considere a história completa tão fascinante como eu. (Acima de tudo, não julgue ninguém que mencionei apenas com base na minha explicação sobre a sua investigação. Se tiver alguma pergunta ou objeção depois de ler este livro, há uma boa probabilidade de a ver respondida na obra original.)

Se quiser saber mais sobre a economia em geral, existem livros sérios escritos por pessoas conscientes que conhecem os seus meandros. Um excelente ponto de partida é a economia pelo projeto principal.[1] Está disponível *online* de forma gratuita e inclui uma variedade de materiais auxiliares. Se tem dinheiro para gastar, aconselho dois livros recentes: *Economics*, de Acemoglu, Laibson e List, e *Principles of Economics*, de Stevenson e Wolfers.[2] Se estiver interessado em economia comportamental e as suas aplicações (incluindo a agenda de incentivos), a modéstia não me impede de mencionar o meu próprio livro, *A Course in Behavioral Economics* (agora na sua 3.ª edição).[3]

Há também uma literatura para refletir que tem uma perspetiva mais abrangente, ou seja, pensar sobre o poder e o potencial (e os problemas) da economia. Diane Coyle é uma autora prolífica e uma excelente escritora. Tem uma série de livros que oferecem uma visão privilegiada sobre o que é a economia e o que esta faz.[4] James R. Otteson, filósofo e historiador da economia, explora a natureza da economia do ponto de vista das falácias económicas recorrentes.[5]

A história da economia é fascinante por si só. Também oferece uma janela única para as mentes dos economistas clássicos e contemporâneos, e uma melhor compreensão sobre o a disciplina está a fazer. *The History of Economic Thought*, por Medema e Samuels, fornece uma seleção de textos originais.[6]

A filosofia da economia apresenta uma reflexão filosófica, que muitas vezes não existe, sobre a teoria e a prática da economia. Eu poderia muito bem confessar que penso neste livro como sendo uma abordagem filosófica da economia, porque é sobre economia — os seus poderes, promessas e ciladas. O manual *Philosophy of Economics*, de Julian Reiss, vai ajudá-lo a apressar o seu conhecimento, mesmo que não tenha sido exposto anteriormente à filosofia ou à economia. O recente *Routledge Handbook of Philosophy of Economics*, editado por Reiss e Conrad Heilmann, contém breves artigos sobre uma variedade de tópicos atuais.[7]

Por fim, queria mencionar *Mezzanine*, de Zoë Hitzig — uma agradável seleção de poesia inspirada em economia.[8]

Glossário

Bem	Como substantivo: qualquer coisa pela qual se tem *preferências*.
Calibração	A relação entre probabilidades subjetivas e frequências objetivas.
Custo de oportunidade	A opção preferida a que o leitor deve renunciar ao escolher outra coisa.
Desconto no tempo	A prática de permitir que acontecimentos e experiências futuros tenham menos peso nas deliberações de alguém simplesmente porque estão no futuro.
Econometria	Estatística para os economistas.
Economia experimental	Uma economia que se baseia essencialmente em experiências de laboratório e de campo.
Economia	O estudo da escolha individual em condições de escassez e as consequências dessas escolhas para a sociedade como um todo.
Eficiência	Ver *eficiência de Pareto*.
Eficiência de Pareto	Uma situação em que ninguém se torna melhor, mas também nenhuma outra pessoa piora durante o processo.
Equilíbrio de Nash	Uma situação em que nenhum jogador pode melhorar a sua situação mudando o seu comportamento, tendo em conta o que todas as outras pessoas estão a fazer.
Escassez	1. Uma situação em que há menos *bens* do que as pessoas desejam. 2. A *sensação* de que há menos do que o suficiente para fornecer toda a gente.

Estudo controlado e aleatório	Um estudo em que as pessoas são divididas aleatoriamente por um grupo que recebe a intervenção (o grupo de teste) e por outro grupo que não sofre intervenção (o grupo de controlo).
Estudo de campo	Um estudo que observa as pessoas no ambiente em que vivem e trabalham.
Excesso de confiança	Excesso de confiança no próprio conhecimento e competências.
Experiência de campo	Um estudo que explora a forma como as pessoas reagem a mudanças no ambiente em que vivem e trabalham.
Experiência de laboratório	Um estudo que explora o modo como as pessoas tomam decisões em condições controladas.
Externalidade	O efeito (positivo ou negativo) de uma ação ou transação sobre terceiros.
Felicidade	Um estado mental afetivo positivo e desejável.
Heurística	Uma regra de ouro.
Humildade epistémica	Uma virtude intelectual fundamentada na perceção de que o nosso conhecimento é sempre provisório e incompleto — e que pode exigir ser revisto à luz de novas evidências.
Igualitarismo analítico	A hipótese de trabalho de que as pessoas são fundamentalmente as mesmas.
Imposto pigouviano	Um imposto sobre atividades que geram *efeitos externos* negativos, para remediar uma situação em que os mercados oferecem resultados pouco eficazes.
Incentivo	Uma característica de alguma ação ou opção que faz uma pessoa querer mais disso.
Individualismo metodológico	A noção de que todas as explicações dos fenómenos a nível de grupo devem, em última análise, ser em termos de comportamentos e atitudes dos indivíduos do grupo.
Instituição	Um conjunto de regras que dão estrutura a interações repetidas.
Lei da utilidade marginal	O *proveito* que obtemos da última unidade de algum *bem*.

Literacia financeira	A capacidade de processar informações e tomar decisões informadas sobre questões financeiras.
Macroeconomia	A *economia* das grandes coisas (taxas de desemprego, taxas de inflação, oferta de dinheiro, etc.).
Melhoria de Pareto	Uma mudança em que pelo menos uma pessoa se torna melhor sem que mais ninguém piore durante o processo.
Mercado correspondente	Um *mercado* em que ambas as partes numa transação precisam de o aprovar antes que possa ocorrer.
Mercado	Um local, físico ou virtual, onde as trocas podem ocorrer.
Microeconomia	A *economia* das pequenas coisas (especialmente escolhas, crenças e *preferências* individuais) e os seus efeitos na sociedade como um todo.
Norma social	Uma regra informal que rege o comportamento em grupo e em sociedade.
Ordem de preferência	*Bens* organizados por ordem de *preferência*.
Pensar na margem	Analisar as decisões quanto aos seus efeitos marginais.
Preferência	Um desejo ou vontade de uma coisa sobre outra.
Prosperidade / bem-estar	O que o leitor possui quando a sua vida está a correr bem; uma vida bem vivida.
Racionalidade	A capacidade de escolher os melhores meios para determinados fins.
Resolução para o equilíbrio	Pensar nas consequências das pessoas que se adaptam ao comportamento umas das outras.
Sondagem	Um estudo que questiona as pessoas sobre os seus sentimentos, atitudes e comportamentos.
Teoria da escolha racional	Uma teoria do comportamento individual que parte do pressuposto de que as pessoas são fundamentalmente racionais.
Teoria de jogos	A teoria da economia da interação estratégica.
Troca	Compromisso entre duas características desejáveis, mas mutuamente exclusivas.

Utilidade	Uma medida de satisfação de *preferência*.
Valor	Um compromisso sobre o que é bom ou mau, justo ou injusto, bonito ou feio ou semelhante.

Agradecimentos

Este livro é muito mais um projeto de grupo do que a capa sugere. Eu compenso o facto de não ser um génio não estando sozinho. O projeto não existiria, nem sequer em conceito, sem o meu agente, Jaime P. Marshall. Ele foi meu editor há uma década. Divertimo-nos tanto a trabalhar juntos que resolvemos fazê-lo outra vez. Ele encorajou-me a sonhar em grande. Ele percebeu o meu plano antes de mim. E trabalhou comigo na proposta até ela cantar (palavra dele). Deu-me conselhos valiosos, encorajamento enérgico, fez-me pressão com delicadeza, lembretes pacientes e apoio emocional conforme foi necessário e apropriado. E tornou todo o processo o mais agradável possível. Todos os autores deviam ter esta sorte.

As brilhantes Martina O'Sullivan, Celia Buzuk, Jamie Birkett e toda a equipa da Penguin ofereceram o melhor lar concebível para o manuscrito. O seu entusiasmo e apreço significaram muito. Eles perceberam. As suas aptidões literárias ajudaram-me a ver o que faria deste um bom livro; o seu conhecimento de mercado ajudou-me a ver o que funcionaria. Deram-me sugestões genéricas e comentários detalhados. Deram-me os prazos necessários e o prolongamento de que precisava. O champanhe também ajudou.

A minha formadora de escrita, Teresa Masterson, ajudou a concretizar a visão. Ela entendeu não apenas o que o projeto poderia ser, mas também como lá chegar. Ajudou-me a superar obstáculos de vários tipos. Fez-me desaprender décadas de «habilidades» de escrita académica. Fez-me ver como contar a história de uma maneira que as pessoas que não eu ou os meus amigos gostariam de ler — ao mesmo tempo que permanecia fiel ao assunto. Sem ela, haveria boas hipóteses de eu simplesmente ter desistido.

Trevor Horwood reviu o manuscrito com cuidado e sensibilidade à natureza do projeto. Limou arestas, deixando o texto mais polido, consistente e eficaz. Ellie Smith acompanhou habilmente o livro até à produção. Juntos, ajudaram-me a eliminar muitas fontes potenciais de embaraços.

Outros desempenharam um papel importante sem estarem diretamente envolvidos na obra. Sou especialmente grato aos professores cuja generosidade e amor pelo ensino me inspiraram a seguir a filosofia e a economia em primeiro lugar. Isso inclui algumas das figuras pioneiras cujo trabalho debato neste livro. Cristina Bicchieri, Baruch Fischho, George Loewenstein e Alvin Roth foram todos meus professores em Pittsburgh durante o período de formação do meu desenvolvimento intelectual.

Quero também agradecer aos meus alunos. Este projeto de livro tomou forma durante o desenvolvimento de um novo curso de filosofia da economia na Universidade de Estocolmo. Sou grato aos alunos por me permitirem experimentar inovações pedagógicas com eles. Espero não ter causado muitos danos.

Alguns amigos ofereceram-se para ler o manuscrito inteiro numa fase preliminar. Agradeço o sacrifício deles. Os olhos de lince de Siska De Baerdemaeker, Ella Flintberg, Johannes Haushofer, Louise Hedlund e Caroline Uggla ajudaram muito.

Acima de tudo, sou grato à minha família — a minha fonte mais consistente de inspiração e apoio. Este livro foi escrito em condições nada ideais, durante uma pandemia violenta e após a morte repentina e inesperada do meu pai. Elaborar este livro, com tudo o resto que deve ser feito numa casa de cinco pessoas, foi um esforço de grupo. Este livro é dedicado à minha mulher, Elizabeth, por ser uma parceira tão incrível no amor e na vida. Sou grato aos nossos filhos, por simultaneamente me encorajarem a viver o momento e a prestar atenção ao futuro mais remoto. Isto de salvar o mundo é para eles e para a sua geração. A minha mãe, Elisabet, jornalista política, foi a primeira a despertar em mim o interesse pela economia e pela política. Ela continua a ser uma fonte constante de inspiração e apoio — morais e logísticos.

As minhas desculpas a todos cujas contribuições não foram mencionadas.

Há uma coisa na qual estou verdadeiramente sozinho: na responsabilidade pelos erros, infelicidades, embaraços, lacunas, excessos, redundâncias e pleonasmos que se tenham mantido.

Bibliografia

Acemoglu, Daron, David Laibson, e John List. *Economics, Global Edition*, 3.ª edição, Harlow: Pearson, 2021.

Andersson, Julius J. «Carbon Taxes and CO2 Emissions: Sweden as a Case Study», *American Economic Journal: Economic Policy* 11, n.º 4 (2019): 1–30. https://doi.org/10.1257/pol.20170144.

Angner, Erik. «Economists as Experts: Overconfidence in Theory and Practice», *Journal of Economic Methodology* 13, n.º 1 (2006): 1–24. https://doi.org/10.1080/13501780600566271.

______. «The Evolution of Eupathics: The Historical Roots of Subjective Measures of Wellbeing», *International Journal of Wellbeing* 1, n.º 1 (2011): 4–41 https://doi.org/10.5502/ijw.viii.14.

________. «We're All Behavioral Economists Now», *Journal of Economic Methodology*

26, n.º 3 (2019): 195–207 https://doi.org10.1080/1350178X.2019.1625210.

__________. *A Course in Behavioral Economics*, 3.ª edição, Londres: Red Globe

Press, 2021.

Aristóteles. *Nicomachean Ethics*, trad. Terence Irwin, 2.ª edição, Indianapolis: Hackett, 1999. Banerjee, Abhijit V., e Esther Duflo. *Poor Economics: A Radical Rethinking of the Way to Fight Global Poverty*, Nova Iorque: PublicAffairs, 2011; edição portuguesa *Economia dos Pobres*, Actual Editora, 2020.

_____. *Good Economics for Hard Times: Better Answers to Our Biggest Problems*, Nova Iorque: Allen Lane, 2019 ; edição portuguesa *Boa Economia para Tempos Difíceis*, Actual Editora, 2020.

Barber, Brad M., e Terrance Odean. «Trading is Hazardous to Your Wealth: The Common Stock Investment Performance of Individual Investors», *Journal of Finance* 55, n.º 2 (2000): 773–806. https://doi.org/10.1111/ 0022- 1082.00226.

_______. «Boys Will be Boys: Gender, Overconfidence, and Common Stock Investment», *Quarterly Journal of Economics* 116, n.º. 1 (2001): 261–92. https://doi.org/10.1162/00335530155400.

Bayer, Amanda, Syon P. Bhanot, e Fernando Lozano. «Does Simple Information Provision Lead to More Diverse Classrooms? Evidence from a Field Experiment on Undergraduate Economics», *AEA Papers and Proceedings* 109 (2019): 110–14. https://doi.org/10.1257/pandp.20191097.

Bentham, Jeremy. *An Introduction to the Principles of Morals and Legislation*, nova edição, Oxford: Clarendon Press, 1823.

______. «Principles of the Civil Code», *in The Works of Jeremy Bentham*, ed.

John Bowring, vol. I, Nova Iorque: Russell & Russell, 19625:297–364.

______. «Offences Against One's Self: Paederasty Part I», ed. Louis Crompton, *Journal of Homosexuality* 4, n.º 1 (1978): 389–402. https://doi.org/10.1300/J082v03n04_07-.

Bicchieri, Cristina. *The Grammar of Society: The Nature and Dynamics of Social Norms*, Cambridge: Cambridge University Press, 2005.

______. «Norms, Conventions, and the Power of Expectations», *in Philosophy of Social Science: A New Introduction*, ed. Nancy Cartwright e

Eleonora Montuschi, Oxford: Oxford University Press, 2014: 208–29.

______. *Norms in the Wild: How to Diagnose, Measure, and Change Social Norms*, Oxford: Oxford University Press, 2017.

Binmore, Ken. «Why Experiment in Economics?» *Economic Journal* 109, n.º 453 (1999): F16– F24. https://doi.org/10.1111/1468-0297-00399.

Bourne, Ryan. *Economics in One Virus: An Introduction to Economic Reasoning Through COVID-19*, Washington, DC: Cato Institute, 2021.

Brusewitz, Peter, e Åse Lo Skarsgård. «Simskolan och barnen som Drunknade», *in Stora Rör: Berättelser och hågkomster*, ed. Elisabeth Nilsson, Åse Lo Skarsgård, e Karl Arne Eriksson, Högsrum: Högsrums hembygdsförening, 2014: 37–8.

Camerer, Colin F., Anna Dreber, Eskil Forsell, *et al.* «Evaluating Replicability of Laboratory Experiments in Economics«, *Science* 351, n.º 6280 (2016): 1433–6. https://doi.org/10.1126/science.aaf918.

Caplan, Bryan. *Selfish Reasons to Have More Kids: Why Being a Great Parent is Less Work and More Fun Than You Think*, Nova Iorque: Basic Books, 2012.

Caplan, Bryan Douglas, e Zach Weinersmith. *Open Borders: The Science and Ethics of Immigration*, Nova Iorque: First Second, 2019.

Carlyle, Thomas. *Occasional Discourse on the* [*N-Word*] *Question*, Londres: Thomas Bosworth, 1853.

Centola, Damon *et al.*, «Experimental Evidence for Tipping Points in Social Convention», *Science* 360, n.º 6393 (2018): 1116–19. https://doi.org/10.1126/science.aas8827.

Christensen-Szalanski, J. J., e J. B. Bushyhead. «Physician's Use of Probabilistic Information in a Real Clinical Setting», *Journal of Experimental Psychology: Human Perception and Performance* 7, n.º 4 (1981): 928–35. https://doi.org/10/dksmph.

Coleman, William Oliver. *Economics and Its Enemies: Two Centuries of Anti-Economics*, Londres: Palgrave Macmillan, 2002.

Comte, Auguste. *A General View of Positivism*, 2.ª edição, trad. J. H. Bridges, Londres: Trübner and Co., 1865.

Cook, Laurel Aynne, e Raika Sadeghein. «Effects of Perceived Scarcity on Financial Decision Making», *Journal of Public Policy & Marketing* 37, n.º 1 (2018): 68–87. https://doi.org/10.1509/jppm.16.157.

CORE Team, ed. *The Economy*, Oxford: Oxford University Press, 2017. www.core- econ.org/ the-economy/.

Coyle, Diane. *The Soulful Science: What Economists Really Do and Why It Matters*, edição revista, Princeton: Princeton University Press, 2009.

______. *GDP: A Brief But Affectionate History*, Princeton: Princeton University Press, 2014.

______. *Cogs and Monsters: What Economics is, and What It Should Be*, Princeton: Princeton University Press, 2021.

Dembitzer, Jacob, Ran Barkai, Miki Ben-Dor, e Shai Meiri. «Levantine Overkill: 1,5 Million Years of Hunting Down the Body Size Distribution», *Quaternary Science Reviews* 276 (2022): 107316. https://doi.org/10.1016/j.quascirev.2021.107316.

Douglas, Heather. «Values in Science», *in The Oxford Handbook of Philosophy of Science*, ed. Paul Humphries, Oxford: Oxford University Press, 2016: 609–30. https://doi.org/10.1093/oxfordhb/9780199368815.013.28.

Dunning, David. «The Dunning-Kruger Effect and Its Discontents», *The Psychologist* 35 (Abril, 2022): 2–3. www.bps.org.uk/psychologist/dunningkroger-effect-and-its-discontents.

Easterlin, Richard A. «Does Economic Growth Improve the Human Lot? Some Empirical Evidence», *in Nations and Households in Economic Growth: Essays in Honor of Moses Abramovitz*, ed. Paul A. David e Melvin W Reder, Nova Iorque: Academic Press, 1974: 89–125.

Ebenstein, Alan O. *Friedrich Hayek: A Biography*, Nova Iorque: Palgrave, 2001.

Fischhoff, Baruch. «Hindsight Foresight: The Effect of Outcome Knowledge on Judgment Under Uncertainty», *Journal of Experimental Psychology: Human Perception and Performance* 1, n.º 3 (1975): 288–99. https://doi.org/10.1037/0096-1523.1.3.288.

________. «Debiasing», *in Judgment Under Uncertainty: Heuristics and Biases*, eds. Daniel Kahneman, Paul Slovic, e Amos Tversky (Cambridge: Cambridge University Press, 1982): 422–44. https://doi.org/10.1017/CB0780511809477.032.

Fischhoff, Baruch, Paul Slovic, e Sarah Lichtenstein. «Knowing with Certainty: The Appropriateness of Extreme Confidence», *Journal of Experimental Psychology: Human Perception and Performance* 3, n.º 4 (1977): 552–64. https://doi.org/10.1037/0096-1523.3.4.552.

Fourcade, Marion, Etienne Ollion, e Yann Algan. «The Superiority of Economists», *Journal of Economic Perspectives* 29, n.º 1 (2015): 89–114. https://doi.org/10.1257/jep.29.1.89.

Franklin, Benjamin. *The Private Correspondence of Benjamin Franklin*, ed. William Temple Franklin, 2.ª edição, Londres: Henry Colburn, 1817.

Frederick, Shane, e George Loewenstein. «Hedonic Adaptation», *in Well-Being: The Foundations of Hedonic Psychology*, ed. Daniel Kahneman, Ed Diener, e Norbert Schwarz, Nova Iorque: Russell Sage Foundation, 1999: 302–29.

Gertner, Jon. «The Futile Pursuit of Happiness», *New York Times Magazine*, 7 de setembro de 2003. www.nytimes.com/2003/09/07/magazine/thefutile-pursuit-of-happiness.html.

Golden, Lonnie, e Barbara Wiens-Tuers. «To Your Happiness? Extra Hours of Labor Supply and Worker Well-Being», *Journal of Socio-Economics* 35, n.º 2 (2006): 382–97. https://doi.org/10.1016/j.socec.2005.11.039.

Gradisar, Michael *et al.* «Behavioural Interventions for Infant Sleep Problems: A Randomized Controlled Trial», *Pediatrics* 137, n.º 6 (2016). https://doi.org/10.1542/peds2015-1486.

Guala, Francesco. «Building Economic Machines: The FCC Auctions», *Studies in History and Philosophy of Science Part A* 32, n.º 3 (2001): 453–77. https://doi.org/10.1016/s0039-3681(01)00008-5.

Hardin, Garrett. «The Tragedy of the Commons», *Science* 162, n.º 3859 (1968): 1243-8. https://doi.org/10.1126/science.162.3859.1243.

Harford, Tim. *The Undercover Economist: Exposing Why the Rich are Rich, the Poor are Poor — and Why You Can Never Buy a Decent Used Car!* Oxford: Oxford University Press, 2006.

Hart, Hornell. *Chart for Happiness*, Nova Iorque: Macmillan, 1940.

Haushofer, Johannes, e Jeremy Shapiro. «The Short-Term Impact of Unconditional Cash Transfers to the Poor: Experimental Evidence from Kenya», *Quarterly Journal of Economics* 131, n.º 4 (2016): 1973–2042. https://doi.org/10.1093/qje/qjw025.

Hayek, Friedrich A. «The Trend of Economic Thinking», *Economica*, n.º 40 (1933): 121–37. https://doi.org/10.2307/2548761.

_______. *Studies in Philosophy, Politics and Economics*, Londres: Routledge & Kegan Paul, 1967.

_______. *Law, Legislation, and Liberty, Vol. 3: The Political Order of a Free People*, Chicago: University of Chicago Press, 1979.

Heilmann, Conrad, e Julian Reiss, eds. *The Routledge Handbook of Philosophy of Economics*, Nova Iorque: Routledge, 2021.

Helliwell, John, Richard Layard, Jeffrey Sachs, e Emmanuel De Neve, eds. *World Happiness Report 2021*, Nova Iorque: Sustainable Development Solutions Network, 2021.

Herrnstein, Richard J., e Charles Murray. *The Bell Curve: Intelligence and Class Structure in American Life*, Nova Iorque: Free Press, 1996.

Heyne, Paul T., Peter J. Boettke, e David L. Prychitko. *The Economic Way of Thinking*, 11.ª edição, Upper Saddle River: Prentice Hall, 2006.

Hitzig, Zoë. *Mezzanine: Poems*, Nova Iorque: HarperCollins, 2021.

Hornborg, Sara, e Henrik Svedäng. «Baltic Cod Fisheries — Current Status and Future Opportunities», RISE Report, 2019. http://urn.kb.se/resolve?urn=urn:nbn:se:ri: diva- 38343.

Hsee, Christopher K., Yang Yang, Naihe Li, e Luxi Shen. «Wealth, Warmth, and Well-Being: Whether Happiness is Relative or Absolute Depends on Whether It is about Money, Acquisition, or Consumption», *Journal of Marketing Research* 46, n.º 3 (2009): 396–409. https://doi.org/10/dgfc7x.

Jones, David S., e Scott H. Podolsky. «The History and Fate of the Gold Standard», *The Lancet* 385, no. 9977 (2015): 1502–3. https://doi.org/10.1016/S0140-6736 (15) 60742–5.

Kahneman, Daniel, e Angus Deaton. «High Income Improves Evaluation of Life But Not Emotional Well-Being», *Proceedings of the National Academy of Sciences* 107, n.º 38 (2010): 16489–93. https://doi.org/10.1073/pnas.1011492107.

Kaiser, Tim, Annamaria Lusardi, Lukas Menkho, e Carly Urban. «Financial Education Affects Financial Knowledge and Downstream Behaviors», *Journal of Financial Economics* 145, n.º 2 (2021): 255–72. https://doi.org/10.1016/j.jfineco.2021.09.22.

Keren, Gideon. «Facing Uncertainty in the Game of Bridge: A Calibration Study», *Organizational Behavior and Human Decision Processes* 39, n.º 1 (1987): 98–114. https://doi.org/10.1016/0749-5978(87)90047-1.

Kirwan, Desmond. «We Need to Change the Way We Talk About Climate Change», *Behavioural Scientist*, 11 de outubro de 2021. https://behavioralscientist.org/ we-need-to-change-the-way-we-talk-about-climate-change/.

Koriat, Asher, Sarah Lichtenstein, e Baruch Fischhoff. «Reasons for Confidence», *Journal of Experimental Psychology: Human Learning and Memory* 6, n.º 2 (1980): 107–18. https://doi.org/10.1037/02787393.6.2.107.

Kruger, Justin, e David Dunning. «Unskilled and Unaware of It: How Difficulties in Recognizing One's Own Incompetence Lead to Inflated Self-Assessments», *Journal of Personality and Social Psychology* 77, n.º 6 (1999): 1121–37. https://doi.org/10.1037/0022-3514.77.6.1121.

Kumar, Amit, Matthew A. Killingsworth, e Thomas Gilovich. «Waiting for Merlot: Anticipatory Consumption of Experiential and Material Purchases», *Psychological Science 25*, n.º 10 (2014): 1924–31. https://doi.org/10.1177/0956797614546556.

Leedham, Andrew. *Unstoppable Self-Confidence: How to Create the Indestructible Natural Confidence of the 1% Who Achieve Their Goals, Create Success on Demand and Live Life on Their Terms*, Londres: Unstoppable Media Group, 2019.

Levitt, Steven D., e Stephen J. Dubner. *Freakonomics: A Rogue Economist Explores the Hidden Side of Everything*, Nova Iorque: William Morrow, 2005.

Levy, David M., e Sandra J. Peart. «The Secret History of the Dismal Science. Part I. Economics, Religion and Race in the 19th Century», *EconLib* (blogue) 22 de janeiro de 2001. https://www.econlib.org/library/Columns/ LevyPeartdismal.html.

______. *The Street Porter and the Philosopher: Conversations on Analytical Egalitarianism*, Ann Arbor: University of Michigan Press, 2009.

Lichtenstein, Sarah, e Baruch Fischhoff. «Training for Calibration», *Organizational Behavior and Human Performance* 26, n.º 2 (1980): 149–71. https://doi.org/10.1016/0030-5073(80)90052-5.

Lichtenstein, Sarah, Baruch Fischhoff, e Lawrence D. Phillips. «Calibration of Probabilities: The State of the Art to 1980», in *Judgment Under Uncertainty: Heuristics and Biases*, ed. Amos Tversky, Daniel Kahneman, e Paul Slovic, Cambridge: Cambridge University Press, 1982: 306–34. https://doi.org/10.1017/CBO9780511809477.023.

Lundborg, Petter, Erik Plug, e Astrid Würtz Rasmussen. «Can Women Have Children and a Career? IV Evidence from IVF Treatments», *American Economic Review* 107, n.º 6 (2017): 1611–37. https://doi.org/10.1257/aer.20141467.

Lusardi, Annamaria, e Olivia S. Mitchell. «The Economic Importance of Financial Literacy: Theory and Evidence», *Journal of Economic Literature* 52, n.º 1 (2014): 5–44. https://doi.org/10.1257/jel.52.1.5.

Macchia, Lucía, e Ashley V. Whillans. «Leisure Beliefs and the Subjective Well-Being of Nations», *Journal of Positive Psychology* 16, n.º 2 (2021): 198–206. https://doi.org/10.1080/17439760.2019.1689413.

Marshall, Alfred. *Principles of Economics: An Introductory Volume*, 8.ª edição, Londres: Macmillan, 1920.

Marx, Karl. *The German Ideology: Including Theses on Feuerbach and Introduction to The Critique of Political Economy*, Amherst: Prometheus Books, 1998.

McCloskey, Deirdre N. *If You're So Smart: The Narrative of Economic Expertise*, Chicago: University of Chicago Press, 1990.

Medema, Steven G., and Warren J. Samuels, eds. *The History of Economic Thought: A Reader*, 2.ª edição, Londres: Routledge, 2013.

Mill, John Stuart. «The Negro Question», *Fraser's Magazine for Town and Country* 41 (1850): 25–31.

________. *The Subjection of Women*, Londres: Longmans, Green, Reader, and Dyer, 1869.

________. *Utilitarianism*, 7.ª edição, Londres: Longmans, Green and Co., 1879.

________. *J._S. Mill: «On Liberty» and Other Writings*, Cambridge: Cambridge University Press, 1989.

Moore, Don A. *Perfectly Confident: How to Calibrate Your Decisions Wisely*, Nova Iorque: HarperCollins, 2020.

Mullainathan, Sendhil, e Eldar Shafir. *Scarcity: The New Science of Having Less and How It Defines Our Lives*, Nova Iorque: Henry Holt and Co., 2013.

Murphy, Allan H., e Robert L. Winkler. «Probability Forecasting in Meteorology», *Journal of the American Statistical Association* 79, n.º 387 (1984): 489–500. https://doi.org/10.2307/2288395.

Myers, David G. *The Pursuit of Happiness: Who is Happy — and Why*, Nova Iorque: William Morrow, 1992.

Neyer, Ava. «I Read All the Baby Sleep Books», *Huffington Post* (blogue), 6 de dezembro de 2017. www.huffpost.com/entry/i-read-all-the-baby-sleep-advice-Books_b_3143253.

Nickerson, Raymond S. «Confirmation Bias: A Ubiquitous Phenomenon in Many Guises», *Review of General Psychology* 2, n.º 2 (1998): 175–220. https://doi.org/10.1037/1089-268.2.2.175. O'Donnell, Michael, Amelia S. Dev, Stephen Antonoplis, *et al.* «Empirical Audit and Review and an Assessment of Evidentiary Value in Research on the Psychological Consequences of Scarcity», *Proceedings of the National Academy of Sciences* 118, n.º 44 (2021): e2103313118. https://doi. org/10.1073/pnas.2103313118.

Oskamp, Stuart. «Overconfidence in Case-Study Judgments», *Journal of Consulting Psychology* 29, n.º 3 (1965): 261–5. https://doi.org/10.1037/ H0022125.

Oster, Emily. *Expecting Better: Why the Conventional Pregnancy Wisdom is Wrong — and What You Really Need to Know*, Londres: Penguin, 2014.

______. *Cribsheet: A Data-Driven Guide to Better, More Relaxed Parenting, from Birth to Preschool*, Nova Iorque: Penguin, 2020.

Ostrom, Elinor. *Governing the Commons: The Evolution of Institutions for Collective Action*, Cambridge: Cambridge University Press, 1990.

________. *Understanding Institutional Diversity*, Princeton: Princeton University Press, 2005.

______. «Beyond Markets and States: Polycentric Governance of Complex Economic Systems», *American Economic Review* 100, n.º 3 (2010): 641–72. https://doi.org/10.1257/aer.100.3.641.

Otteson, James R. *Seven Deadly Economic Sins: Obstacles to Prosperity and Happiness Every Citizen Should Know*, Cambridge: Cambridge University Press, 2021.

Pigou, Arthur C. *The Economics of Welfare*, 4.ª edição, Londres: Macmillan, 1932.

Rabin, Matthew. «Psychology and Economics», *Journal of Economic Literature* 36, n.º 1 (1998): 11–46. http://www.jstor.org/stable/2564950.

Reiss, Julian. *Philosophy of Economics: A Contemporary Introduction*, Nova Iorque: Routledge, 2013.

Robbins, Lionel. *An Essay on the Nature and Significance of Economic Science*, Londres: Macmillan, 1932.

Robinson, Joan. *Contributions to Modern Economics*, Oxford: Blackwell, 1978.

Ross, Don. «Economic Theory, Anti-Economics, and Political Ideology», in *Philosophy of Economics*, ed. Uskali Mäki, Amesterdão: North-Holland, 2012, 241–85. https://doi.org/10.1016/B978-0-444-51676-3-50010-5.

Roth, Alvin E. *Who Gets What — and Why: The New Economics of Matchmaking and Market Design*, Boston: Houghton Mifflin Harcourt, 2015.

Rubinstein, Ariel. *Economic Fables*, Cambridge: Open Book Publishers, 2012.

Scitovsky, Tibor. *The Joyless Economy: The Psychology of Human Satisfaction*, edição revista, Nova Iorque: Oxford University Press, 1992.

Seneca, Lucius Annaeus. *Dialogues and Essays*, trad. John Davie, ed. Tobias Reinhardt, Oxford: Oxford University Press, 2008.

Shiller, Robert J. *Narrative Economics: How Stories Go Viral and Drive Major Economic Events*, Princeton: Princeton University Press, 2019.

Smith, Adam. *An Inquiry into the Nature and Causes of the Wealth of Nations*, 5.ª edição, ed. Edwin Cannan, Chicago: University of Chicago Press, 1976.

________. *The Theory of Moral Sentiments*, 6.ª edição, ed. Knud Haakonssen, Cambridge: Cambridge University Press, 2002.

Steele, Katie. «Choice Models», *in Philosophy of Social Science: A New Introduction*, ed. Nancy Cartwright and Eleonora Montuschi, Oxford: Oxford University Press, 2014: 185–207.

Stevenson, Betsey, e Justin Wolfers. «Economic Growth and Subjective Well-Being: Reassessing the Easterlin Paradox», *Brookings Papers on Economic Activity* (primavera de 2008): 1–87. https://doi.org/10.1353/eca.0.0001.

________. *Principles of Economics*, Nova Iorque: Worth, 2020.

Svenson, Ola. «Are We All Less Risky and More Skillful Than Our Fellow Drivers?» *Acta Psychologica* 47, n.º 2 (1981): 143–8. https://doi.org/10.1016/0001-6918(81)90005-6.

Tarko, Vlad. *Elinor Ostrom: An Intellectual Biography*, Londres: Rowman & Littlefield International, 2017.

Tetlock, Philip E. «Theory-Driven Reasoning About Plausible Pasts and Probable Futures in World Politics: Are We Prisoners of Our Preconceptions?» *American Journal of Political Science* 43, n.º 2 (1999): 335–66. https://doi.org/10.2307/2991798.

Wrosch, Carsten, *et al.* «Adaptive Self-Regulation of Unattainable Goals: Goal Disengagement, Goal Reengagement, and Subjective Well-Being», *Personality and Social Psychology Bulletin* 29, n.º 12 (1999): 1494–1508. https://doi.org/10/cjmb8f.

Yakoboski, Paul J., Annamaria Lusardi, e Andrea Hasler. «Financial Literacy and Well-Being in a Five Generation America: The 2021 TIAA Institute-GFLEC Personal Finance Index» (outubro de 2021). www.tiaainstitute.org/publication/ financial-literacy-and-well-being-five-generation-america.

NOTAS

Introdução

[1] Consultar Ryan Bourne, *Economics in One Virus: An Introduction to Economic Reasoning Through Covid-19* (Washington, DC: Cato Institute, 2021).

[2] www.nationalgeographic.com / animals / article / coronavirus-linked-tochinese-wet-markets.

[3] www.nytimes.com /interactive / 2020 / 03 / 22 / world / coronavirus-spread.html.

[4] www.ecdc.europa.eu / en / publications- data / covid-19-guidelines-nonpharmaceutical-Interventions.

[5] Arthur C. Pigou, *The Economics of Welfare*, 4.ª edição (Londres: Macmillan, 1935), 5.

[6] Auguste Comte, *A General View of Positivism*, 2.ª edição, tradução de J. H. Bridges (Londres: Trübner and Co., 1865), 19.

[7] Pigou, The Economics of Welfare, 5.

[8] Friedrich A. Hayek, «The Trend of Economic Thinking», *Economica*, n.º 40 (1933): 122.

[9] Karl Marx, *The German Ideology: Including Theses on Feuerbach and Introduction to The Critique of Political Economy* (Amherst: Prometheus Books, 1998), 571.

[10] Alfred Marshall, *Principles of Economics: An Introductory* Volume, 8.ª edição (Londres: Macmillan, 1920), 1, 3.

[11] Lionel Robbins, *An Essay on the Nature and Significance of Economic Science* (Londres: Macmillan, 1932), 15.

[12] www.pgpf.org/ chart- archive/ 0053_defense- comparison

[13] Robbins, An Essay, 27.

[14] Para o leitor que gostaria de saber mais sobre as evidências subjacentes ao conselho, cada capítulo contém referências a livros recentes e artigos de pesquisa

que lhe darão uma ideia muito mais abrangente. Como quero discutir de onde vieram essas ideias, e não apenas no que os economistas acreditam agora, algumas das referências serão contributos clássicos à literatura. O facto de estarem datadas é intencional. Cada capítulo também contém referências a pelo menos um livro recente ou artigo de pesquisa com o material mais atualizado. Tudo isso pode ser encontrado na Bibliografia.

15 Paul T. Heyne, Peter J. Boettke, e David L. Prychitko, *The Economic Way of Thinking*, 11.ª edição (Upper Saddle River: Prentice Hall, 2006), ch. 1.

16 William Oliver Coleman, *Economics and Its Enemies: Two Centuries of Anti- Economics* (Londres: Palgrave Macmillan, 2002); Don Ross, «Economic Theory, Anti-Economics, and Political Ideology», in *Philosophy of Economics*, ed. Uskali Mäki (Amesterdão: North Holland, 2012), 241–85.

1. Como acabar com a pobreza

1 www.nytimes.com/1998/11/13/books/l-the-rich-are-different-907188.html

2 Alan O. Ebenstein, *Friedrich Hayek: A Biography* (Nova Iorque: Palgrave, 2001), 291–2.

3 O «Prémio Nobel da Economia» refere-se ao Prémio Sveriges Riksbank em Ciências Económicas em memória de Alfred Nobel. O prémio é concedido pela Academia Real Sueca de Ciências, em Estocolmo, na Suécia, de acordo com os mesmos princípios dos Prémios Nobel originais.

4 Friedrich A. Hayek, Law, Legislation, and Liberty, Vol. 3: *The Political Order of a Free People* (Chicago: University of Chicago Press, 1979), 55.

5 Abhijit V. Banerjee e Esther Duflo, *Poor Economics: A Radical Rethinking of the Way to Fight Global Poverty* (Nova Iorque: PublicAffairs, 2011); Abhijit V. Banerjee e Esther Duflo, *Good Economics for Hard Times: Better Answers to Our Biggest Problems* (Nova Iorque: Allen Lane, 2019); edição portuguesa Boa Economia para Tempos Difíceis, Actual Editora, 2020.

6 Banerjee e Duflo, *Good Economics for Hard Times*, 288–290 ; edição portuguesa Boa Economia para Tempos Difíceis, Actual Editora, 2020.

7 Ibid., 288–9.

8 Banerjee and Duflo, *Poor Economics*, ix; edição portuguesa Economia dos Pobres, Actual Editora, 2020.

9 Banerjee e Duflo, *Good Economics for Hard Times*, 326; edição portuguesa Boa Economia para Tempos Difíceis, Actual Editora, 2020.

[10] David S. Jones e Scott H.Podolsky, «The History and Fate of the Gold Standard», *The Lancet* 385, n.º 9977 (2015): 1502–3.

[11] Petter Lundborg, Erik Plug, e Astrid Würtz Rasmussen, «Can Women Have Children and a Career? IV Evidence from IVF Treatments», *American Economic Review* 107, n.º 6 (2017): 1635.

[12] Johannes Haushofer e Jeremy Shapiro, «The Short-Term Impact of Unconditional Cash Transfers to the Poor: Experimental Evidence from Kenya», *Quarterly Journal of Economics* 131, n.º 4 (2016): 1973–2042.

[13] Ibid., 2026.

[14] Banerjee e Duflo, *Good Economics for Hard Times*, 326; edição portuguesa Boa Economia para Tempos Difíceis, Actual Editora, 2020.

[15] Sendhil Mullainathan e Eldar Shafir, *Scarcity: The New Science of Having Less and How It Defines Our Lives* (Nova Iorque: Henry Holt and Co., 2013).

[16] Ibid., 169.

[17] Ibid., 4.

[18] Ibid., 7.

[19] Ibid., 13.

[20] Laurel Aynne Cook e Raika Sadeghein, «Effects of Perceived Scarcity on Financial Decision Making», *Journal of Public Policy & Marketing* 37, n.º 1 (2018): 68–87.

[21] Ibid., 76.

[22] Colin F. Camerer *et al.*, «Evaluating Replicability of Laboratory Experiments in Economics», *Science* 351, n.º 6280 (2016): 1433–6.

[23] Michael O'Donnell *et al.*, «Empirical Audit and Review and an Assessment of Evidentiary Value in Research on the Psychological Consequences of Scarcity», *Proceedings of the National Academy of Sciences* 118, n.º 44 (2021): e2103313118.

[24] Mullainathan and Shafir, *Scarcity*, 15.

[25] Cook e Sadeghein, «Effects of Perceived Scarcity on Financial Decision Making», 76–9.

[26] Mullainathan e Shafir, *Scarcity*,13.

[27] Ibid., 231.

[28] Ibid., xxii–xxiii.

[29] Ibid., 171.

[30] Thomas Carlyle, *Occasional Discourse on the [N-Word] Question* (Londres: Thomas Bosworth, 1853),9.

[31] «dismal, n. and adj.» OED Online. March, 2021. Oxford University Press. www.oed.com/view/Entry/54731(consultado a 5 de março de 2021).

32 John Stuart Mill, *Utilitarianism*, 7.ª edição (Londres: Longmans, Green and Co., 1879), cap. II.

33 Jeremy Bentham, *An Introduction to the Principles of Morals and Legislation*, nova edição (Oxford: Clarendon Press, 1823), 5.

34 Mill, Utilitarianism, cap. III.

35 John Stuart Mill, *The Subjection of Women* (Londres: Longmans, Green, Reader, and Dyer 1869), caps. I–II.

36 Jeremy Bentham, «Principles of the Civil Code», in *The Works of Jeremy Bentham*, vol. I, ed. John Bowring (Nova Iorque: Russell & Russell, 1838), 345.

37 Jose Harris, «Mill, John Stuart (1806–1873)», *Oxford Dictionary of National Biography*, 5 de janeiro de 2012, https://doi.org/10.1093/ref:odnb/18711

38 David M. Levy and Sandra J. Peart, *The Street Porter and the Philosopher: Conversations on Analytical Egalitarianism* (Ann Arbor: University of Michigan Press, 2009).

39 Adam Smith, *An Inquiry into the Nature and Causes of the Wealth of Nations*, 5.ª edição, ed. Edwin Cannan (Chicago: University of Chicago Press, 1976), 19–20.

40 John Stuart Mill, «The Negro Question», *Fraser's Magazine for Town and Country* 41 (1850): 29.

41 David M. Levy e Sandra J. Peart, «The Secret History of the Dismal Science. Part I. Economics, Religion and Race in the 19th Century», *EconLib* (blogue) 22 de janeiro de 2001, www.econlib.org/library/Columns/LevyPeartdismal.html.

42 Richard J. Herrnstein e Charles Murray, *The Bell Curve: Intelligence and Class Structure in American Life* (Nova Iorque: Free Press, 1996).

43 Ibid., 91.

44 Ibid., xxii–xxiii.

45 Ibid., 25, 10.

2. Como criar crianças felizes e manter a sanidade

1 Ava Neyer escreveu e fez uma divertida publicação no blogue sobre esta temática «I Read All the Baby Sleep Books», *Huffington Post* (blogue), 6 de dezembro de 2017, www.hu_post.com/entry/ i-read-all-the-baby-sleep-advice-books-b_3143253.

2 Michael Gradisar *et al.*, «Behavioral Interventions for Infant Sleep Problems: A Randomized Controlled Trial», *Pediatrics* 137, n.º 6 (2016).

[3] Emily Oster, *Expecting Better: Why the Conventional Pregnancy Wisdom is Wrong — and What You Really Need to Know* (Londres: Penguin, 2014); Emily Oster, *Cribsheet: A Data-Driven Guide to Better, More Relaxed Parenting, from Birth to Preschool* (Nova Iorque: Penguin, 2020).

[4] Oster, Cribsheet, xiii–xxv.

[5] Oster, Expecting Better, 77.

[6] Ibid., 85.

[7] Oster, Cribsheet, 118–19.

[8] www.bbc.com/news/ magazine-22751415.

[9] Bryan Douglas Caplan e Zach Weinersmith, *Open Borders: The Science and Ethics of Immigration* (Nova Iorque: First Second, 2019).

[10] Bryan Caplan, *Selfish Reasons to Have More Kids: Why Being a Great Parent is Less Work and More Fun Than You Think* (Nova Iorque: Basic Books, 2012).

[11] Ibid., 5.

[12] Ibid., 84–6.

[13] Ibid., 5.

[14] Ibid., 88–9.

[15] Ibid., 4–5.

[16] Ibid., 14.

[17] Ibid., ch. 4.

[18] Ibid., 6–7.

[19] Ibid., 4.

[20] www.usda.gov/media/blog/2017/01/13/cost-raising-child

[21] Oster, Cribsheet, xix.

[22] «Yale or jaile», na edição original.

[23] www.ft.com/content50007754- ca35-iidd-93e5-000077b07658.

[24] As *«pattern predictions»* são «previsões de tendência». [N. do E.]

[25] Friedrich A. Hayek, *Studies in Philosophy, Politics and Economics* (Londres: Routledge & Kegan Paul, 1967), 27–9.

3. Como resolver as alterações climáticas

[1] https://clcouncil.org/economists-statement/.

[2] https://clcouncil.org/our-story/.

[3] https://clcouncil.org/faqs/.

[4] Desmond Kirwan, «We Need to Change the Way We Talk About Climate Change», *Behavioral Scientist*, 11 de outubro de 2021.

[5] Julius J._Andersson, «Carbon Taxes and CO2 Emissions: Sweden as a Case Study», *American Economic Journal: Economic Policy* 11, n.º 4 (2019): 1–30.
[6] Ibid., 1.
[7] Ariel Rubinstein, *Economic Fables* (Cambridge: Open Book Publishers, 2012), 78.

4. Como alterar os maus comportamentos

[1] https://washdata.org/monitoring/inequalities/open-defecation.
[2] www.unicef.org/protection/child- marriage.
[3] www.who.int/ news- room/ fact- sheets/detail/female-genital-mutilation.
[4] Cristina Bicchieri, *The Grammar of Society: The Nature and Dynamics of Social Norms* (Cambridge: Cambridge University Press, 2005); Cristina Bicchieri, *Norms in the Wild: How to Diagnose, Measure, and Change Social Norms* (Oxford: Oxford University Press, 2017).
[5] Julius J. Andersson, «Carbon Taxes and CO2 Emissions: Sweden as a Case Study», *American Economic Journal: Economic Policy* 11, n.º 4 (2019): 1–30.
[6] https://thepenngazette.com/ the- philosopher-queen-of-unicef/.
[7] www.coursera.org/learn/norms.
[8] Cristina Bicchieri, «Norms, Conventions, and the Power of Expectations», *in Philosophy of Social Science: A New Introduction*, ed. Nancy Cartwright e Eleonora Montuschi (Oxford: Oxford University Press, 2014), 226.
[9] Damon Centola *et al.*, «Experimental Evidence for Tipping Points in Social Convention», Science 360, n. 6393 (2018): 1116–19.
[10] Bicchieri, *Norms in the Wild*, ch. 3.
[11] Ibid., 114–18.
[12] www.mitti.se/nyheter/ en-fjardedel-farre-p-boter-i-innerstan-pa-sju-ar/repvaA!og5bOAoOmfKW5lchOVBirg.
[13] Ver a definição de «economia». OED Online, www.oed.com/view/ Entry/59393 (consultado a 19 de março de 2021).

5. Como dar às pessoas aquilo de que elas precisam

[1] www.kidneyfund.org/ kidney- donation- and-transplant/transplantwaiting-list/.

[2] Se ainda não registou a sua decisão sobre a doação de órgãos, faça-o agora! A lei varia de país para país. Se mora no Reino Unido, este *link* irá dizer-lhe o que fazer: www.organdonation.nhs.uk/ uk laws/.

[3] Esta ideia não deve ser confundida com o Princípio de Pareto, que tem o nome da mesma pessoa. O Princípio de Pareto é a ideia de que 20% dos funcionários produzem 80% do valor, que 20% das pessoas causam 80% dos problemas, etc.

[4] Alvin E. Roth, *Who Gets What — and Why: The New Economics of Matchmaking and Market Design* (Boston: Houghton Mifflin Harcourt, 2015).

[5] Ibid., 32ff.

[6] Ibid., 196.

[7] Ibid., 34.

[8] Ibid., 36.

[9] Ibid., 45.

[10] Ibid., 51.

[11] Ibid., 41.

[12] www.organdonation.nhs.uk/ become-a-living-donor/.

[13] www.nobelprize.org/prizes/ economic-sciences/2012/summary/.

[14] Roth, *Who Gets What*, cap. 8.

[15] Ibid., ch. 9.

[16] Francesco Guala, «Building Economic Machines: The FCC Auctions», *Studies in History and Philosophy of Science Part A* 32, n. ° 3 (2001): 453–77.

[17] www.nobelprize.org/prizes/economic-sciences/2020/press-release/.

[18] Roth, *Who Gets What*, 27.

[19] Ibid., 8ff.

[20] Ibid., cap. 12.

6. Como ser feliz

[1] Benjamin Franklin, *The Private Correspondence of Benjamin Franklin, vol. I, ed. William Temple Franklin*, 2.ª edição (Londres: Henry Colburn, 1817), 19–20.

[2] Hornell Hart, *Chart for Happiness* (Nova Iorque: Macmillan, 1940), 16.

[3] Ibid., v.

[4] Hart, *Chart for Happiness*, 19.

[5] Richard A. Easterlin, «Does Economic Growth Improve the Human Lot? Some Empirical Evidence», *in Nations and Households in Economic Growth: Essays*

in Honor of Moses Abramovitz, ed. Paul A. David e Melvin W. Reder (Nova Iorque: Academic Press, 1974): 89–125.

6 Hart, *Chart for Happiness*, 19.

7 John Helliwell *et al.*, eds., *World Happiness Report 2021* (Nova Iorque: Sustainable Development Solutions Network, 2021).

8 Ibid., 20–22, fig. 2.1.

9 www.newstatesman.com/international/2021/08/ would- extinction- be-so--bad.

10 Easterlin, «Does Economic Growth Improve the Human Lot?», 100.

11 Betsey Stevenson e Justin Wolfers, «Economic Growth and Subjective Well--Being: Reassessing the Easterlin Paradox», *Brookings Papers on Economic Activity*, Spring 2008, 2.

12 De forma confusa, o rendimento é, por vezes, traçado na chamada «escala logarítmica». Nesse caso, a relação que descrevi pode parecer uma linha reta.

13 Daniel Kahneman e Angus Deaton, «High Income Improves Evaluation of Life But Not Emotional Well-Being», *Proceedings of the National Academy of Sciences*, 107, n.º 38 (2010): 4.

14 Bentham, «Principles of the Civil Code», 305.

15 Jon Gertner, «The Futile Pursuit of Happiness», *New York Times Magazine*, 7 de setembro de 2003, 86.

16 Erik Angner, *A Course in Behavioral Economics*, 3.ª edição (Londres: Red Globe Press, 2021), sec. 3.2.

17 Lonnie Golden e Barbara Wiens- Tuers, «To Your Happiness? Extra Hours of Labor Supply and Worker Well-Being», *Journal of Socio-Economics* 35, n.º 2 (2006): 382.

18 Lucía Macchia e Ashley V._Whillans, «Leisure Beliefs and the Subjective Well--Being of Nations», *Journal of Positive Psychology* 16, n.º 2 (2021): 198–206.

19 Shane Frederick e George Loewenstein, «Hedonic Adaptation», *in Well-Being: The Foundations of Hedonic Psychology*, ed. Daniel Kahneman, Ed Diener, e Norbert Schwarz (Nova Iorque: Russell Sage Foundation, 1999), 302–29.

20 Adam Smith, *The Theory of Moral Sentiments*, 6.ª edição, ed. Knud Haakonssen (Cambridge: Cambridge University Press, 2002), 172.

21 Ibid.

22 Tibor Scitovsky, The Joyless Economy: *The Psychology of Human Satisfaction*, edição revista (Nova Iorque: Oxford University Press, 1992), 59.

23 Ibid., 137.

24 www.theatlantic.com/business/archive/2014/10/buy-experiences/381132/.

[25] Amit Kumar, Matthew A. Killingsworth, e Thomas Gilovich, «Waiting for Merlot: Anticipatory Consumption of Experiential and Material Purchases», *Psychological Science* 25, n.º 10 (2014): 1924–31.

[26] Scitovsky, *The Joyless Economy*, 143–4.

[27] O provérbio continua: «A tristeza partilhada é metade da tristeza.»

[28] Citado em David G. Myers, *The Pursuit of Happiness: Who is Happy — and Why* (Nova Iorque: William Morrow, 1992), 57.

[29] Lucius Annaeus Seneca, *Dialogues and Essays*, trad. John Davie, ed. Tobias Reinhardt (Oxford: Oxford University Press, 2008), 189.

[30] Carsten Wrosch *et al.*, «Adaptive Self-Regulation of Unattainable Goals: Goal Disengagement, Goal Reengagement, and Subjective Well-Being», *Personality and Social Psychology Bulletin* 29, n.º 12 (2003): 1494–1508.

[31] Christopher K. Hsee *et al.*, «Wealth, Warmth, and Well-Being: Whether Happiness is Relative or Absolute Depends on Whether It is About Money, Acquisition, or Consumption», *Journal of Marketing Research* 46, n.º 3 (2009): 396–409.

7. *Como ser humilde*

[1] www.cnn.com / 2004 / TECH / space / 07 / 21 / apollo.crew / .

[2] Don A. Moore, *Perfectly Confident: How to Calibrate Your Decisions Wisely* (Nova Iorque: HarperCollins, 2020), 22.

[3] Ola Svenson, «Are We All Less Risky and More Skillful Than Our Fellow Drivers?», *Acta Psychologica* 47, n.º 2 (1981): 143–8.

[4] Moore, *Perfectly Confident*, 22–3.

[5] www.imdb.com / title / tt0090525 / .

[6] Aristotle, *Nicomachean Ethics*, tradução Terence Irwin, 2.ª edição (Indianapolis: Hackett, 1999), 24.

[7] Ibid., 29.

[8] Sarah Lichtenstein, Baruch Fischhoff e Lawrence D. Phillips, «Calibration of Probabilities: The State of the Art to 1980», in *Judgment Under Uncertainty: Heuristics and Biases*, ed. Amos Tversky, Daniel Kahneman, e Paul Slovic (Cambridge: Cambridge University Press, 1982), 306–34.

[9] Baruch Fischho, Paul Slovic e Sarah Lichtenstein, «Knowing with Certainty: The Appropriateness of Extreme Confidence», *Journal of Experimental Psychology: Human Perception and Performance* 3, n.º 4 (1977): 554.

[10] Baruch Fischho, «Debiasing», *in* Daniel Khaneman, Paul Slovic e Amos Tversky (eds.), *Judgment Under Uncertainty: Heuristics and Biases* (Cambridge: Cambridge University Press, 1982): 422–44, 432.

[11] Stuart Oskamp, «Overconfidence in Case- Study Judgments», *Journal of Consulting Psychology* 29, n.º 3 (1965): 261–5.

[12] Lichtenstein, Fischhoe Phillips, «Calibration of Probabilities», 437.

[13] J. J. Christensen-Szalanski e J. B. Bushyhead, «Physicians Use of Probabilistic Information in a Real Clinical Setting», *Journal of Experimental Psychology: Human Perception and Performance* 7, n.º 4 (1981): 928–35.

[14] Fischho, Slovic e Lichtenstein, «Knowing with Certainty».

[15] Brad M. Barber e Terrance Odean, «Trading is Hazardous to Your Wealth: The Common Stock Investment Performance of Individual Investors», *Journal of Finance* 55, n.º 2 (2000): 773–806.

[16] Brad M. Barber e Terrance Odean, «Boys Will be Boys: Gender, Overconfidence, and Common Stock Investment», *Quarterly Journal of Economics* 116, n.º 1 (2001): 261–92.

[17] Moore, *Perfectly Confident*, 36–37.

[18] www.biblegateway.com/verse/en/Proverbs%2016:18.

[19] Moore, *Perfectly Confident*, 38.

[20] Ibid., 170.

[21] Andrew Leedham, *Unstoppable Self-Confidence: How to Create the Indestructible Natural Confidence of the 1% Who Achieve Their Goals, Create Success on Demand and Live Life on Their Terms* (Londres: Unstoppable Media Group, 2019).

[22] Erik Angner, «Economists as Experts: Overconfidence in Theory and Practice», *Journal of Economic Methodology* 13, n.º 1 (2006): 14.

[23] https://quoteinvestigator.com/2019/04/10/one-handed/.

[24] Raymond S. Nickerson, «Confirmation Bias: A Ubiquitous Phenomenon in Many Guises», *Review of General Psychology* 2, n.º 2 (1998): 175–220.

[25] Matthew Rabin, «Psychology and Economics», *Journal of Economic Literature* 36, n.º 1 (1998): 27.

[26] Baruch Fischhoff, «Hindsight ≠ Foresight: The Effect of Outcome Knowledge on Judgment Under Uncertainty», *Journal of Experimental Psychology: Human Perception and Performance* 1, n.º 3 (1975): 288–99.

[27] Rabin, «Psychology and Economics», 28.

[28] Justin Kruger e David Dunning, «Unskilled and Unaware of It: How Difficulties in Recognizing One's Own Incompetence Lead to Inflated Self-Assessments», *Journal of Personality and Social Psychology* 77, n.º 6 (1999): 1121–34.

[29] Ibid., 1130.

[30] Ibid.

[31] David Dunning, «The Dunning– Kruger Effect and Its Discontents», *The Psychologist* 35 (abril de 2022): 2–3.

[32] John Stuart Mill, *J. S. Mill: «On Liberty' and Other Writings»* (Cambridge: Cambridge University Press, 1989), 21.

[33] Allan H. Murphy and Robert L. Winkler, «Probability Forecasting in Meteorology», *Journal of the American Statistical Association* 79, n.º 387 (1984): 489–500.

[34] Gideon Keren, «Facing Uncertainty in the Game of Bridge: A Calibration Study», *Organizational Behavior and Human Decision Processes* 39, n.º 1 (1987): 98–114.

[35] Lichtenstein, Fischhoff, e Phillips, «Calibration of Probabilities».

[36] Sarah Lichtenstein e Baruch Fischhff, «Training for Calibration», *Organizational Behavior and Human Performance* 26, n.º 2 (1980): 149–71.

[37] Philip E. Tetlock, «Theory-Driven Reasoning About Plausible Pasts and Probable Futures in World Politics: Are We Prisoners of Our Preconceptions?», *American Journal of Political Science* 43, n.º 2 (1999): 351.

[38] Asher Koriat, Sarah Lichtenstein, e Baruch Fischhoff, «Reasons for Confidence», *Journal of Experimental Psychology: Human Learning and Memory* 6, n.º 2 (1980): 107–18.

[39] Ibid., 117.

[40] Moore, *Perfectly Confident*, 51.

[41] Ibid., 169.

[42] Ibid.

[43] www.berkshirehathaway.com/letters/1996.html.

[44] www.tilsonfunds.com/Bu_ettNotreDame.pdf.

[45] Ibid.

[46] Ibid.

[47] Angner, «Economists as Experts: Overconfidence in Theory and Practice».

[48] Ken Binmore, «Why Experiment in Economics?», *Economic Journal* 109, n.º 453 (1999): F17.

[49] Robbins, *An Essay*, 1932, 119.

8. Como enriquecer

[1] www.bankrate.com/banking/savings/ emergency-savings-survey-july-2021/.

[2] Angner, *A Course in Behavioral Economics*, sec. 8.2.

[3] www.spglobal.com/marketintelligence/en/ news-insights/latest-newsheadlines /s-p-500-returns-to-halve-in-coming-decade-8211-goldmansachs-59439981.

[4] A proposta dizia: «Em geral, na ausência de qualquer informação privilegiada, um investidor em ações pode esperar obter melhores resultados mantendo um fundo indexado passivo bem diversificado e com taxas baixas do que mantendo algumas ações.» Na investigação realizada em 2019, 57% concordaram veementemente, 36% concordaram e 7% não responderam. Ninguém estava indeciso ou discordou. Consulte www.igmchi cago.org/surveys/diversified-investing-2/.

[5] Deirdre N. McCloskey, *If You're So Smart: The Narrative of Economic Expertise* (Chicago: University of Chicago Press, 1990), 112.

[6] Barber e Odean, «Trading is Hazardous to Your Wealth».

[7] www.bankrate.com/banking/savings/credit-card-debt-emergencysavings-2021/.

[8] https://edition.cnn.com/2021/11/09/economy/fed-household-debtinflation/index.html.

[9] www.bea.gov/news/2021/ personal- income- and-outlays-november-2021.

[10] www.statista.com/statistics/817911/ number-of-non-business-bankruptcies--in-the- united- states/.

[11] www.biblegateway.com/verse/en/Proverbs%2022%3A7.

[12] www.cnbc.com/2021/02/16/map-shows-typical-payday-loan-rate-in-each--state.html.

[13] http://thresholdresistance.com/2015/04/16/mcdonalds-new-thirdpounder--may- not- add- up/.

[14] Annamaria Lusardi e Olivia S._Mitchell, «The Economic Importance of Financial Literacy: Theory and Evidence», *Journal of Economic Literature* 52, n.º 1 (2014): 5–44.

[15] Ibid., 10.

[16] As respostas corretas são: 1(a), 2(c) e 3(b).

[17] Ver Capítulo 7.

[18] Lusardi e Mitchell, «The Economic Importance of Financial Literacy», 17.

[19] Ibid., sec. 5.

[20] Paul J. Yakoboski, Annamaria Lusardi, e Andrea Hasler, «Financial Literacy and Well Being in a Five Generation America: The 2021 TIAA Institute- GFLEC Personal Finance Index», 20 de outubro de 2021.

[21] Tim Kaiser *et al.*, «Financial Education Affects Financial Knowledge and Downstream Behaviors», *Journal of Financial Economics* 145, n.º 2 (2021): 255–72.

[22] Ibid., 16.

[23] Ibid., 15.

[24] Lusardi e Mitchell, «The Economic Importance of Financial Literacy», 15.
[25] www.ft.com/content/ b6a8107c-99f4-4ª43-8adc-9686e6bd603e
[26] Lusardi e Mitchell, «The Economic Importance of Financial Literacy», 5–6.
[27] Robert J. Shiller, *Economia Narrativa: Como as Histórias se Tornam Virais e Impulsionam Grandes Acontecimentos Económicos* (Coimbra: Actual Editora, 2022).
[28] Angner, *A Course in Behavioral Economics*, 114.

9. *Como construir uma comunidade*

[1] Peter Brusewitz, e Åse Lo Skarsgård, «Simskolan och barnen som drunknade», *in Stora Rör: Berättelser och hågkomster*, ed. Elisabeth Nilsson, Åse Lo Skarsgård, e Karl Arne Eriksson (Högsrum: Högsrums hembygdsförening, 2014), 37–38.
[2] Elinor Ostrom, Understanding Institutional Diversity (Princeton: Princeton University Press, 2005), 3; Vlad Tarko, *Elinor Ostrom: An Intellectual Biography* (Londres: Rowman & Littlefield International, 2017), 6.
[3] Ostrom, *Understanding Institutional Diversity*, 3.
[4] Tarko, *Elinor Ostrom*, 15.
[5] Elinor Ostrom, *Governing the Commons: The Evolution of Institutions for Collective Action* (Cambridge: Cambridge University Press, 1990).
[6] Tarko, *Elinor Ostrom*, 20.
[7] Sara Hornborg e Henrik Svedäng, «Baltic Cod Fisheries — Current Status and Future Opportunities» (RISE Report, 2019).
[8] https://news.yahoo.com/iceland-tries-bring-back-trees-razed-vikings-031502923.html.
[9] Jacob Dembitzer *et al.*, «Levantine Overkill: 1,5 Million Years of Hunting Down the Body Size Distribution», *Quaternary Science Reviews* 276 (2022): 107316.
[10] Ostrom, *Governing the Commons*, cap 1.
[11] Ibid., 3–5.
[12] Garrett Hardin, «The Tragedy of the Commons», Science 162, n.º 3859 (1968): 1243–8; Ostrom, *Governing the Commons*, 2–3.
[13] Elinor Ostrom, «Beyond Markets and States: Polycentric Governance of Complex Economic Systems», *American Economic Review* 100, n.º 3 (2010): 644–5.
[14] Ostrom, *Governing the Commons*, 3.
[15] Ibid., 6.
[16] Ibid., 18–20.
[17] Ibid., 21.

18 Ostrom, «Beyond Markets and States», 642.
19 Ostrom, *Governing the Commons*, 15.
20 Ostrom, «Beyond Markets and States».
21 Ostrom, *Governing the Commons*, xiii.
22 Ibid., 88–102; *cf.* Ostrom, «Beyond Markets and States», 652–3.
23 Ostrom, «Beyond Markets and States», 643.
24 Ostrom, *Understanding Institutional Diversity*, 283ff.
25 Ostrom, *Governing the Commons*, 12–13; Tarko, *Elinor Ostrom*, 89–92.
26 Ostrom, *Governing the Commons*, 10; Tarko, *Elinor Ostrom*, 87–89.
27 Ostrom, «Beyond Markets and States», 664.
28 Tarko, *Elinor Ostrom*,7; *cf.* Steele, «Choice Models», in Cartwright e Montuschi (eds.), *Philosophy of Social Science*, 203–4.
29 Ostrom, «Beyond Markets and States», 665.
30 Tarko, *Elinor Ostrom*, 16.

Conclusão

1 www.npr.org/sections/money/2020/01/07/793855832/economics-still-has-a-diversity-problem.
2 Amanda Bayer, Syon P. Bhanot, e Fernando Lozano, «Does Simple Information Provision Lead to More Diverse Classrooms? Evidence from a Field Experiment on Undergraduate Economics», *AEA Papers and Proceedings* 109 (2019): 110–14.
3 Marion Fourcade, Etienne Ollion, e Yann Algan, «The Superiority of Economists», *Journal of Economic Perspectives* 29, n.º 1 (2015): 89–114.
4 Hayek, «The Trend of Economic Thinking», 137.
5 Steven D. Levitt e Stephen J. Dubner, *Freakonomics: O Estranho Mundo da Economia* (Editorial Presença, 2006); Tim Harford, *O Economista Disfarçado* (Editorial Presença, 2014).
6 Joan Robinson, *Contributions to Modern Economics* (Oxford: Blackwell, 1978), 75.
7 www.aeaweb.org/research/charts/an-empirical-turn-in-economicsresearch.
8 Erik Angner, «We're All Behavioral Economists Now», Journal of Economic Methodology 26, n.º 3 (2019): 195–207.
9 Robbins, *An Essay*, vii.